実戦！
問題解決法

大前研一
齋藤顯一

小学館

実戦！問題解決法

はじめに

マッキンゼーの新人研修からスタートした問題解決法

私は経営コンサルタントとして30年間にわたり、企業を側面支援する仕事に携わってきた。その体験を踏まえて作り上げた学習プログラム「経営管理者育成プログラム／本質的問題『発見』コース」は、問題解決法（プロブレム・ソルビング・アプローチ＝ＰＳＡ）のノウハウを凝縮したものである。『マッキンゼー＆カンパニー』の東京事務所時代に、私は５００人以上のコンサルタントを採用・育成したが、そこでは1つの工夫が必要だった。アメリカのマッキンゼーは毎年、ハーバードをはじめとする一流ビジネススクールから大量に新人を採用していたが、当時の日本ではビジネススクールからの大量採用は不可能だったからである。そこで東京事務所は、学卒の採用を始めた。ただし学卒であっても世界のマッキンゼーの人たちと伍していけるような能力を身につけてもらわねばならないので、新しい問題に直面した時の解決法、すなわち問題解決法のスキルを軸に、しっかりとした新人研修プログラムを作って厳しくトレーニングした。

私はマッキンゼーを１９９５年に退社したが、当時の〝弟子〟たちが訪ねてくると、みんな異口同音にこう言う。

「大前さん、あの時のトレーニングが今でも役立っています。どこへ行っても使えるので、とても感謝しています」

最近はロジカル・シンキング（論理思考）や問題解決法に関するマッキンゼー的手法の本がマッキンゼーの出身者や現役の人たちによって相次ぎ出版されている。このため「マッキンゼー流問題解決法とはいったい何なのか？」とよく質問される。マッキンゼー流問題解決法は、商品市場の戦略やポートフォリオによる経営管理の方法、あるいは技術管理の方法といった目的別技法の土台となる、さらに基礎的な問題解決の技法であり、長い間、東京事務所の中だけで使っていたものなので、これまで体系的にまとめた〝指南書〟は存在しなかった。

しかし、ここへきてマッキンゼー流問題解決法の本が何冊も出たことで、それに対する関心がＭＢＡ（経営学修士）やＣＰＡ（アメリカ公認会計士）などの資格に対する関心と同じように高まっている。日本のビジネスマンは問題解決に関しては全く訓練されていないし、現在の日本が置かれている状況を考えると、世界に通用する人材を育てなければならないというニーズが非常に高まってきたからである。

今や日本のビジネスマンは「私はこういうスキルを持っています」「したがって年俸はこのぐらいです」という名札と値札がつかなければ生き残っていくことは難しくなっている。しかし、日本企業の中でゼネラリストとして育ってきた普通のビジネスマンは、名札も値札もつかない人がほとんどだ。このため企業社会では自己投資、あるいは人材に対する投資ということが声高に叫ばれるようになってきた。

実際、私が運営している衛星放送のビジネス専門チャンネル『ビジネス・ブレークスルー』(スカイパーフェクTV! 757ch)、トップ・マネージメント向けのサイバー道場『大前経営塾』、起業家養成学校『アタッカーズ・ビジネススクール』の視聴者や受講者からも、「本当に基礎的な問題解決のスキルはどうすれば身につくのか?」という質問が頻繁に寄せられる。そういう声を聞くたびに私は「マッキンゼー時代に構築した新人研修プログラムを、いつの日か世に出さなければ」と考えていた。

そして今回、その機会が訪れた。私の愛弟子の一人である齋藤顯一氏(フォアサイト・アンド・カンパニー代表取締役)の全面協力を得て制作したこの本とCD-ROMには、大学3年生ぐらいから会社に入ったばかりの新人、あるいは企業の管理者まで、問題解決の力を身につけたいという意欲のある人たちにとって最初に必要な「基礎編」のエキスが詰まっている。齋藤氏は、マッキンゼー東京事務所が採用した学卒第1号である。また、社内研修を一手に引き受けてきたこの道の第一人者で私が最も頼りにしていた人である。この約１００時間の研修プログラムは、それを最新のデータを用いて再現した革新的なものだ。すでに研修を終わった人々から彼の講座に対して圧倒的な支持が寄せられているが、これは本書及びＣＤ-ＲＯＭを見れば納得できるだろう。

ただし本来、「経営管理者育成プログラム／本質的問題『発見』コース」は、総学習時間約１００時間の講座を約1年間かけて学習する構成になっている。講義が約50時間と演習が約50時間の配分だ。今回のコンテンツは、それがどのような内容のものなのか、1年かけても習得する価値があるのかを判断してもらうために、1冊の本と1枚のＣＤ-ＲＯＭにまとめてある。本格的にこの力を身につけたい人は『ビジネス・ブレークスルー』（フリーダイヤル０１２０－４８－３８１８　Web:www.LT-empower.com/）に問い合わせ、e-ラーニングによる全講座を受講していただきたい。初級の「本質的問題『発見』コース」を修了したら、中級の「本質的問題『解決』コース」も用意されている。さらに今後は上級の「分析検証力発展コース（仮称）」、そして特級の「施策展開力強化コース（仮称）」を開講する。特級まで修了すれば、いつでも経営者、トップ・マネジメントとして事業の経営、事業の創造ができる人材となることを目指している。毎年１つずつ（約１００時間）こなして4年間で、トップマネジメントの素養がすべて身につく、ということを目的として制作しているのだ。

他人とは違う「ビジネス・ウエポン」が身につく

では、「経営管理者育成プログラム」にどのような特徴があるのか、それぞれの段階で何を勉強するのか、ということを説明しよう。

会社の問題というのは、そんなにあるものではない。たくさんあることは珍しい。普通は1つの問題が、いろいろな形でいろいろな所に悪さをしている。だから問題解決法は、まず最も重要な問題は何なのかを見つけ、それに対する改善策を作っていく。

初級の「本質的問題『発見』コース」では、そのために必要な基本的なこと、すなわちデータの収集と分析、本当の問題を抽出していく手法、論理展開の仕方、表現の仕方、そしてそれらをまとめて人に説明するプレゼンテーションのやり方が中心となる。収集・分析したデータは、チャートや図にして表現するのだが、これはそう簡単に作れるものではない。なるほどチャートを見て初めて分かった、図を見て目からウロコが落ちた、というチャートの作り方、図の描き方を学ばなければならない。

カリキュラムは、なるべく短く分けた講義と演習から成り、講義の内容をしっかり理解したかどうかを演習で確認していく。演習をすることで、自分なりの分析やプレゼンテーションを出し、それを人前で発表できるようになることを目指している。つまり、上司や社長から「君、うちの会社の業績が思わしくない原因はどこにあるのかね?」と質問された時、まさに経営コンサルタントのように短期間で問題を発見して「その理由はこうです。証拠はこれです」と説明できるようにするのだ。

初級コースを修了すれば一応の分析はできるようになるので、どんな問題に直面しても、もう恐れることはない。他人とは違うユニークな問題解決の力、すなわち「ビジネス・ウエポン」を1つ得たことになる。これを正規に修了すると、財団法人生涯学習開発財団から「経営管理指導士3級」の資格が認定される。また、教育訓練給付制度も得られるようになっている。当然履歴書にも書ける「名札」となる。

中級の「本質的問題『解決』コース」も、演習を含め全講座で100時間余りになる。ここでは本質的な問題を解決するために最も有効な手段を見つけ、具体的な実行計画を作っていくという問題解決法のコアを身につけるのだ。プロジェクト・マネジャーや部門を統括し、人を動かすようになった時に役立つ。

上級の「分析検証力発展コース(仮称)」は、さらに突っ込んだ分析技術を学ぶ。財務分析の技術や企業分析・業界分析の技術、そして顧客分析の技術、マーケティングにおけるコンジョイントやクラスター分析の技術など、マッキンゼーの中で長年使われているプロの分析手法である。

ただし、技術を習得しただけでは経営者になることはできない。トップ・マネジメントは分析技術などのハード面のスキルに加え、人をどうやって動かしていくのか、どうやって評価していくのか、お客さんに自社の商品やサービスをどうやって買ってもらうのか、合弁などで相手とどのように交渉するのか、といったソフト面のスキルが要求される。特級の「施策展開力強化コース(仮称)」は、そのために必要なリーダーシップ、コーチング、チームワーク、ネゴシエーションなど主として人を動かす技術を身につける。

私の計算では、このプログラムの受講を大学3年生で開始して1年に1コースのペースで特級まで修了すれば、20代後半で社長業が務まるようになるはずだ。実はこれは世界標準であり、世界の企業はそういうトレーニングを施してきたから、若い経営者が安定した経営をできるようになっているのだ。

一方、大半の日本企業の場合は、狭い分野の業務を長い間やらされるから、40歳、50歳になって会社全体を管理するポジションを任されても、財務が分からなかったり、人事が分からなかったり、企業や業界を分析する技術が分からなかったりして、なかなかトップ・マネジメントの仕事ができない。

私は、日本のビジネスマンも世界標準に肩を並べてもらいたい。30歳そこそこでトップの視点と実力で問題解決ができるようになってもらいたい。何か1つ事業を任せられるようになってもらいたい。新しい事業を創造できるようになってもらいたい。そういう思いを込めて「経営管理者育成プログラム」を作ったのである。しかし、100時間以上の学習時間になかなか踏み切れないという若い人の声も聞くので、このたび小学館の要請もあり書籍の形で紹介版を作ることにした。一部ではあるが、学べることも多いと思う。ここからe‐ラーニングに慣れてもらい、「本質的問題『発見』コース」さらに中級→上級→特級へとトップ・マネジメントへの道を進んでいただければ幸いだ。

最後になったが、この本を企画し、制作に協力してくれた小学館の熊谷ユリさん、ジャーナリストの中村嘉孝さんに深謝したい。

大前研一

2003年5月

＊本書付録のCD-ROMはパソコンによっては再生できない場合があります。詳しい動作環境については本書53ページをご覧下さい。

お問い合わせ先
株式会社ビジネス・ブレークスルー
フリーダイヤル 0120ー48ー3818

実戦！問題解決法

第1部

PART 1

数学やコンピュータ、語学を○×式で教えても何の意味もない

答えのない時代を乗り切るためにはロジカル・シンキングを身につけよ

日本の学力および技術力が落ち続けていると言われて久しい。スイスのビジネススクールIMD（経営開発国際研究所）が毎年発表している国・地域別の国際競争力ランキングでも、日本は1993年度の首位を最後に後退を続け、2002年度は総合で30位という散々な内容だ。ランキング上位に進出している国はIT分野で伸びている小国が多い。世界に通用するIT力を生む頭脳とそれを支える教育とは、どのようなものなのか。

丸暗記の知識は役に立たない

「IT頭脳」とは、私に言わせれば、ボーダレスに通用するロジカル（論理的）な頭脳である。では、ボーダレスに通用するロジカルな頭脳をつくるために教育がやるべきことは何か？　私は2つしかないと思う。1つはロジカル・シンキング（論理思考）の回路を確立すること、もう1つは英語などの語学とITを身につけることである。

ロジカル・シンキングの回路とは、物事を論理的に考える回路である。新しい問題、前例のない問題に直面した時、答えを丸暗記しただけの〝知識〟は何の役にも立たない。得られた情報を基に自分なりのアプローチで論理的に考え、答えを見つけて問題を解決していかねばならない。そのための土台となるロジカル・シンキングは、これからの世の中で最も重要な技術であり、社会人になる前に必ず身につけておかねばならない技術である。

ところが、日本の教育は「欧米に追いつけ追い越せ」という明治時代の教育から、ほとんど進歩していない。すなわち、最初から答えがあって、その答えをいかに早く覚えるか、ということだけが重視されている。方程式を丸暗記し、それに数字を入れて早く答えを出した人間が受験戦争に勝つ。しかし、過去の例を振り返ると、そういう人間は世の中に出てから大きな間違いを犯す危険性が高い。

日本の社会人たちに、学校で習ったことのうち、世の中に出てから何を使ったか質問してみたらい い。「ツルカメ算」を使ったことがあるか？「対数」を使ったことがあるか？「微分積分」を使ったことがあるか？ と。おそらく大半の人は、加減乗除以外は使ったことがない、と答えるだろう。つまり、日本の教育は人生に必要のないものばかり教えているのだ。

その一方で、世の中に出てから使わなければならないものは十分に訓練されていない。語学はもとより、ロジカル・シンキングも、最近はＩＴも、学校は何らかの形で教えている。しかし、それが全く自分のものになっていないところに日本の教育の致命的な欠陥があるのだ。

加えて、最近の文部科学省をはじめとする日本の教育機関や教育者は、π（円周率）を３・１４から３にするとか、台形の面積を求める公式を教えるか否かといった、アホなことばかり言っている。

これは本来やるべき本質的な教育議論から全くかけ離れている。

たとえば、台形だけでなくすべての多角形の面積は、長方形の面積を求める方法（縦×横）さえ覚えていれば、全部計算できてしまう。なぜなら、すべての形は三角形の組み合わせだからである。そして、三角形は同じものを2つ合わせて平行四辺形（長方形）にすると底辺×高さ（縦×横）で2倍の面積が出てくるから、1つの三角形の面積はその2分の1になる。同じように台形も三角形の組み合わせと考えて順番に計算していけば、最終的に（上辺＋下辺）×高さ÷2という計算式が導き出されるのだ。

ただし、この方法で面積を計算できない形が1つだけある。円である。円は、いくら三角形に細分化していっても曲線に囲まれた部分が必ず残るので、絶対に答えが出ない。だからアプリオリ（無前提）にπを置き、π×r（半径）の二乗という計算式を用いるわけだ。つまり、ここではπの概念を教えることが重要であり、それが3なのか3・14なのかということは全く重要ではないのである。四角形の面積は縦×横、円の面積はπを使うという2つのことさえ覚えていれば、あとはその応用によってすべての形の面積が計算できるということを教えるのが、本当の意味の教育なのである。

もちろん、これは面積を求める方法に限ったことではない。そういう教育を受けると、何事に関しても基本を教わりさえすればすべての応用ができる。どんな問題でも原則に戻り、アプローチを取り直して必ず答えにたどり着く力が身につく。そして、それこそが世の中で最も役に立つ能力であり、ロジカル・シンキングおよびビジネスに必要不可欠な「問題解決法」の基礎となるのである。この力さえあれば、どんなに難しい問題でも解くことができる。たとえば、電磁学では「マックスウェルの電磁方程式」という基本的な方程式がある。本当に能力のある人間は、これさえ学んだら、あとはすべてそこから計算できてしまうので、それ以上の方程式は覚える必要がない。ただし、そういう人間は試験の点数はえてして悪い。基本から展開して計算していくのは大変なので、限られた時間内では間に合わないかもしれないからだ。しかし、このタイプの人間のほうが世の中では勝つ。社会に出てから問題を解く時は、時間切れになることはないからだ。

ロジカル・シンキングこそリーダーの必須条件

教育の目的が本来そういうものだと私が初めて分かったのは、ＭＩＴ（マサチューセッツ工科大学）の博士課程に留学した時である。ＭＩＴのクラスメイトに、ハンス・ウィドマーという非常に頭の良いスイス人がいた。のちに『マッキンゼー＆カンパニー』に入社して私と一緒にディレクターになった人物である。彼は何でも本質から議論を始める癖があり、答えや結論を先に言うと怒った。優秀だが要領が悪く、計算もマックスウェルの電磁方程式のように基本的な数式から始めて何枚も紙を使わないと、複雑な数式にまで進めない。だから試験の成績は悪い。しかし、どんな難問でも必ず解いてしまう。私は驚愕した。アインシュタインはこういう人間だったのではないか、と思った。

ロバート・フレデリクソンというアメリカ人もそうだった。やはりすべて原理から始める。必ず自分で黒板の前に出て行き、じっくり時間をかけて問題を解いていく。忙しい期末試験の期間中にニューオーリンズのカーニバルを見に行ったり、我々が図書館で必死で勉強している時に女性と遊んだりしていたが、成績はいつもクラスで1位。しかも、クラスルームで議論をすると、本質論者で独創的な発想をする。だからクラスで一番尊敬されていた。ウィドマーやフレデリクソンのような人間は、日本では見たことがなかった。こういう連中がアメリカの科学や経済をつくり、ＮＡＳＡ（米航空宇宙局）をリードしてきたんだな、と痛感した。

当時の私を含め日本人は、答えを知っていることで最初は尊敬されるのだが、半年も経つとメッキが剝がれてしまう。リーダーは答えを知っている必要はない。答えに至るプロセスを知っている人間がリーダーになるのだ。日本人は〝攻略本〟ばかり見て答えを出すから、プロセスを説明できない。リーダーはロジックを組んで周りの人たちにプロセスを説明できる人間、言い換えればアプローチを示せる人間でなければ務まらないのだ。これは日本と欧米の教育の間に横たわる極めて大きなギャップである。

私自身はＭＩＴ入学1年目にウィドマーやフレデリクソンのすごさを目の当たりにして「参った」と思い、2年目にどんな問題を与えられても本質的な議論からスタートできるように自己改造し、3年目でリーダーシップをふるえるようになった。その後、『日立製作所』の原子炉設計者からマッキンゼーの経営コンサルタントに転職し、同社の世界6000人の組織の中で、7人の最高意思決定機関エグゼクティブ・コミッティ・メンバーに最年少で選ばれた。なぜ、日本人の私がそうなれたのか？　理由はただ1つ。ＭＩＴでロジカル・シンキングの基礎訓練を受け、何事も基本からすべての応用ができる力、原則に戻りアプローチし直して必ず答えにたどり着く力を身につけていたからである。

ロジカル・シンキングの基礎は、アリストテレスの論理学だ。アリストテレスの論理学ではA＝B、B＝C、よってA＝Cというロジック（論理）を使う。また、全体をTとすれば、それはAとBから成り立ち、他にモレもダブリもない、という論理の組み立てをする。つまり、AでなければBであり、BでなければAである、という「二律背反」の議論である。この2つがロジカル・シンキングの真髄であり、言語に関係なく世界中で不変的な真理なのである。

それゆえロジカル・シンキングは、世界のどこに行っても通用する。ロジックは世界共通の言語であり、世界中すべての人が理解する。私はこのアプローチを使っているから、経営コンサルタントとして世界中どこの国で議論や講演をしても、本を出版しても、理解してもらえるのだ。

語学もITも「使えてナンボ」だ

次に、語学とITについて説明しよう。語学とITは非常に似ている。どちらも始める年齢が早ければ早いほどいい。そして両方とも〝知識〟ではなく、ボーダレスにコミュニケーションを取ったりボーダレスに仕事をしたりするための〝手段〟である。それ自体は学科でもなければ目的でもない。単なるツール（道具）として使いこなせさえすればよいのである。

ところが、日本の教育は知識としての語学、知識としてのITを教えようとしている。これまた明治時代の教育方法のままである。すなわち、すでに答えがあってそれを早く覚えた者が勝ち、というやり方である。

そもそも、ツールである語学とＩＴを学科にして○×式の対象にすることが間違っている。ツールは人により使い方が異なるものだから○も×もない。「上手」と「下手」があるだけだ。それを○×式の対象にするからツールにならないのである。

もはや英語は○×式をやめるべき時期にきている。それに代わる教え方としては「あなたが反日感情の強い韓国に行って、もうお互いにいがみあうのはやめよう、と英語で説得してごらんなさい」といったテーマを与えるのがいいだろう。そういう実践的な訓練をしなければ、ツールとしての英語は絶対に身につかないと思う。また、ＩＴ教育の場合も学科として教えるのではなく、最初からコンピュータに触らせてインターネットやワープロ、表計算などを体験させるべきである。

ツールというのは使えるか使えないか、である。「使えてナンボ」なのである。したがって語学とＩＴの教育は、毎日使うことを最も重視しなければならない。たとえ試験の時に答えが合っていても、毎日使っていない人は錆びついてしまう。それがツールというものだ。

21世紀はどこにも答えがない時代である。文明の葛藤が起こり、アメリカといえども答えを見つけることができない時代である。そういう時代には、ロゴスの世界で人を説得していくしかない。いまや記憶だけなら「Google（グーグル）」などのインターネットの検索エンジンが勝ってしまう。だから単に知識をたくさん詰め込んだ人間よりも、ロジカル・シンキングの回路を確立して語学とＩＴを身につけた人間のほうが絶対に強い。そういう人間を育てることが、21世紀の教育の目標なのである。

PART 2

形骸化した「改善運動」が、いかに企業をだめにしているかを知れば、やるべきことは見えてくる

ＰＳＡ(プロブレム・ソルビング・アプローチ)を会得すればあなたは企業を立て直すヒーローだ

先が見えない時代と言われる今だからこそ、勝ち組となるためには戦略的な思考が必要となる。ただし、このスキルは自然と身につくわけではない。

まず問題点がどこにあるのか見つける、次は、それを解決するために何をしたらよいかを考えていく――この自分で答えを見つける方法論こそが問題解決法、すなわちＰＳＡ（プロブレム・ソルビング・アプローチ）だ。書店のビジネス書のコーナーにもＰＳＡ関連のものが散見されるようになった。とはいえ、ＰＳＡは突如として出てきたわけではない。そもそもＰＳＡはどのようにして体系化されてきたのか。

日本人が苦手なＰＳＡ

日本のビジネス・パーソンに最も欠けている能力は、問題を発見して解決する「問題解決のスキル」である。問題を解決するためには、まず自分の会社、事業、仕事において解決すべき問題は何なのか

を正確に把握しなければならない。そして、その問題に対して設問を何度も繰り返し、それに答えていかねばならない。そうすることで問題の本質的な原因が明らかになり、解決策が導き出されるのだ。どのように問題を発見し、どのように設問し、どのように答えていくのか——この解決策に至る道筋を見いだすための技術がＰＳＡ（プロブレム・ソルビング・アプローチ＝問題解決法）である。しかし、このＰＳＡが日本人は非常に苦手である。

では、日本人にＰＳＡを身につける資質がないのかというと、そんなことはない。なぜなら、かつて日本企業は製造部門でＱＣ（品質管理）／ＴＱＣ（総合的品質管理）、ＺＤ（ゼロ・ディフェクト＝無欠陥）運動、あるいはＶＡ（価値分析）／ＶＥ（価値工学）をやってきたからである。

ＱＣやＴＱＣは、もともとＡＴ＆Ｔ（アメリカ電話電信会社）などのアメリカ企業が始めた品質の開発・保持・改善の努力を行うための手段の体系である。ＺＤ運動も１９６２年にアメリカのマーチン社が国防総省からミサイルの製造注文を受けた時、納期が2週間も短縮されたにもかかわらず、１つのミスもなくミサイルを完成させたことが起源となっている。品質を落とさずにコストを削減するためのＶＡ／ＶＥもアメリカが発祥の地である。

つまり、これらの品質改善運動や生産性改善手法は、すべてアメリカで生まれたものなのだ。ところが、なぜか本家のアメリカはそれを忘れてしまい、人件費の上昇と円高によって生産性の抜本的な改善を迫られていた70～80年代の日本で根付いたのである。

たとえば、かつて私が勤めていた『日立製作所』は全社を挙げてＺＤ運動を展開し、年中行事のように工場長や社長の前で事例発表会を開いていた。目的は、欠陥が出る原因を徹底的に追究し、それをできるだけ上流に遡って止めることであり、その究極的な姿がジャスト・イン・タイムで在庫をなくし、極限まで合理化を追求した『トヨタ自動車』の「かんばん方式」である。

ここで重要なのは、日本の工場に導入されたQC／TQC、ZD運動、VA／VEのアプローチが極めて科学的なものである、ということだ。ロジカル・シンキング（論理思考）と統計手法を使い、人の意見ではなく事実（fact）に基づいて仮説を立て、そして実証する。このアプローチは、まさにPSAそのものなのである。だから、日本人にPSAの資質がないということはありえない。きちんとトレーニングさえすれば、必ずできるはずなのだ。

ところが、日本企業はその後どういうわけかバブル期以降の「魔の15年」とか「失われた10年」と言われる期間にそういうやり方の原点を忘れてしまった。今や進むべき方向を見失って焦ってしまい、ものを考えずに改善しようとしたり、コストを下げようとしている。国内生産が立ち行かなければ中国に行ってしまえ、という雑な思考になっている。日本ではなぜPSA的思考法が消えたのか？ その理由は4つある。

1つ目は、QC／TQC、ZD運動、VA／VEなどを徹底的に推し進めていった結果、同じ手法ではそれ以上の改善効果があまり出てこないレベルまで行ったことである。たしかに、従来の生産性改善手法は限界効用に達しており、抜本的に改善するにはIT（情報技術）を活用したサプライチェーン・マネジメント（原材料から在庫、製品の総合的管理）やCRM（顧客との関係の管理）、SFA（営業部隊の支援ツール）、CTI（通信回線を通じた顧客との接点の管理手法）などの従来と全く違う手法を導入するしかなくなっているのは事実だ。しかし、QCやZD運動などの思考法自体は今でも十分に使える。欠陥が出る原因をとことん分析し、その原因を見つけてトドメを刺す、仮説を立てて事実を証明していき、証拠を見つけて正しいものに収斂（しゅうれん）していく――この思考方法は間違っていないのに、それを手法と捉えたために、手法そのものに対して忌み嫌うような風潮が広がった。そのため、製造部門におけるＰＳＡがある意味で葬り去られてしまったのである。

２つ目は、生産性向上の過程で工場に自動化装置が入り、大半の仕事は機械がやるようになったことである。それまで生産ラインで作業する人の癖などを分析しながら血のにじむような生産改善計画を作っていたにもかかわらず、全く欠陥を出さない半導体製造装置（ステッパー）やプリント基板の表面実装装置などが導入されたことで問題をすべて機械が解決するようになり、伝統的な生産性改善手法が日本企業の工場から消えていったのである。

３つ目は、トップが自分たちの若い頃と同じようなエネルギーで取り組まなくなったことである。品質管理や生産性改善はだんだんトップの関心事ではなくなり、役割を下にデリゲート（委任）していった。もちろん現在もＱＣ／ＴＱＣやＺＤ運動やＶＡ／ＶＥをやっている会社はあるが、非常に儀式化してしまい、トップが先頭に立っている、という雰囲気ではない。経営的に言うと、担当レベルが2段階か3段階下がり、その結果、会社の価値観の中からＰＳＡの思考方法が失われてしまったのである。

４つ目は、70～80年代のＰＳＡは製造部門に入っただけで、営業、経理、設計、購買などホワイトカラーの間接部門には当時も全く入っていなかったことである。だが、前出のサプライチェーン・マネジメント、ＣＲＭ、ＳＦＡ、ＣＴＩは、まさに間接部門のＰＳＡである。アメリカから入ってきた難しいシステムですね、という声をよく聞くが、それらは製造部門で使ってきた思考方法を間接部門に適用しただけであり、なんら難解なものではない。日本の間接部門にＰＳＡの経験がないだけの話なのだ。

方向を間違えたまま仕事を速くしても意味がない

しかし、日本はこの間に製造業中心の国から就業人口の70％以上がサービス産業に従事する国になった。メーカーの社内でも、70％以上の社員がホワイトカラーになった。その人たちは工場で使ってきた問題解決手法が自分たちの仕事にも使えるとは思っていないし、使ったこともない。したがって、かつてはこの手法を使える能力があったにもかかわらず、少なくとも過去15年ぐらいは会社のどこでもトライされなくなり、盲腸のようになってしまったのである。

だが、製造現場でやれたことが間接部門でやれないわけがない。日本人にＰＳＡを使える能力は絶対にある、というのが私の信念だ。私は人生最初の著書『企業参謀』（プレジデント社）でＰＳＡについて書き、『マッキンゼー＆カンパニー』東京事務所の新入社員にそのやり方を3か月のトレーニングで徹底的に叩き込んだ。その後、一人前の経営コンサルタントに成長して現在あちこちで活躍している彼らのほとんどは「今、私が通用しているのは、あの教育のおかげです」と口をそろえる。ＰＳＡはそれほどインパクトのある、どんな分野の企業にも有効な〝万能薬〟なのだ。

ところが、日本の会社は人事制度や教育制度でＰＳＡと逆さまのことをやっている。それが大胆に改革できない最大の理由である。

新入社員はまず、営業、経理、設計、購買などの業務を教え込まれる。それをうまく覚えれば能力があるとみなされ、その人がベテランになると次の新入社員にまた同じことを教えていく。つまり、古い仕事のやり方をそのまま延々と引き継いでいく。これは不幸なことである。業務を覚えても、覚えられるような業務の大半はコンピュータやロボットに置き換えられてしまうからだ。しかも、仕事のやり方に問題があると指摘されたら、自分の染色体が責められているように感じて拒絶反応を示してしまう。たとえば、経理の業務を覚えた人は、「経理は電子会計ソフト『クイッケン』を使えば素人でも入力できて、ミスがあるかどうかもＡＩ（人工知能）でチェックしてくれるんですよ」と言われたら、「この野郎！」と思うのだ。

業務を覚えてしまった人にとって、方向転換は恐怖である。自分自身の陳腐化につながるかもしれないからだ。したがって「改善しろ」と言われると、「速くやります」とか「2倍努力します」とか、従来のやり方のままスピードと程度で勝負する。経営トップも社員に要求するのはスピードと程度のことばかりだ。「君たち、このままいったらわが社はダメになる、もっとがんばれ」と檄を飛ばす。何をがんばるのか具体的な指示を仰いだら、「オールを速く漕げ」と言うだけ。しかし、今、日本の会社がコケているのは、もともと進む方向を間違えているからだ。たとえば、日本国内のコストの安い所で製造するといっても、人件費が20分の1の中国で同じことができるようになったら、何の意味もない。つまり、舵を操るコックスに問題があるのにオールを速く漕ぐから、間違った方向にいっそう速く突き進み、いっそう早く壁にぶつかるわけだ。

要するに、日本の企業人たちには、根本的な問題がどこにあるのか、ということを考える癖がないのである。だから、日本の会社組織の中では問題点を感じない。感じた場合には言わない。潜在意識としては「このまま行ったらダメだな」と感じているのだが、それを口に出すと本当にそうなるかもしれないという恐怖感があるから、言うのをやめる。「舵の向きを変えろ」と叫ぶ人がいないのだ。

分かりやすい例は、倒産した『そごう』や『マイカル』、あるいは危機的状況に陥っている『ダイエー』である。流通業界はこの10年間で抜本的に変化し、お客の入り（＝売り上げ）は必ずしもロケーション（立地）では決まらなくなっている。ところが、この3社はロケーションがすべてと思い込んでいた。商店街の人と飲み食いしながら10年かけて大規模店舗法を通し、駅前の一等地に出店できさえすれば商売繁盛間違いなしと信じていた。

しかし、実はもはやロケーションは関係ない。駅前でもガラガラのデパートやスーパーは多々あるし、遠くて不便な場所でも『ドン・キホーテ』などにはお客が群がっている。東京駅の真ん中にある『大丸』が地域一番店になっていないのだから、それ以上の説明は不要だろう。今や流通業界におけるKFS（キー・ファクターズ・フォー・サクセス＝成功の鍵）はガラリと変わってしまったのだ。

では、新たなKFSは何なのか？　それは世界中から最も良い物を最も安く仕入れてくる調達力である。その分野で圧倒的に強いのはフランスの『カルフール』とアメリカの『ウォルマート』だ。強さの秘密は、インターネット上のBtoBのトレード・エクスチェンジにある。たとえば『カルフール』が経営しているトレード・エクスチェンジには10万社以上のサプライヤー（供給者）が来ている。そこから最も良くて最も安い物を調達してくる力が『カルフール』の強さの源泉になっているのだ。

これに対して日本のスーパーは改善方法がスピードと程度だけだから、うちも価格を2割下げます、店舗改装を2年に1回にします、というように変わり映えのしない営業努力をしたり、少しずつコストを削ったりして帳尻を合わせようとする。ところが、それは蜃気楼みたいなもので、自社内の構造的なコストアップに追いつかれ、すぐに元の木阿弥になる。抜本的に改善するためには『カルフール』や『ウォルマート』並みの調達力をつけねばならない。しかも、それは電子商取引によって、世界中の最適地から最も良くて最も安い物を見つけていく力でなければならない。

しかし日本のスーパーは、たとえ電子商取引のシステムを導入していても業務のやり方は変えないため、システムに投資した分だけコスト増になる。これではグローバルレベルの調達力がつくはずもないし、体質改善が進むはずもない。

今、日本企業が抱えている問題は深刻である。この膠着状態から抜け出すためには、方向を転換する大きな戦略代替案を考え、それを果敢に実行していくしかない。だからこそ、その道筋を見いだすためのＰＳＡが改めて重要になっているのだ。

PART 3

現象に惑わされずに真の解決法を見つけるには？

PSAがすぐ理解できる「3つの原則」と「3つのステップ」

PSAの原則❶ すべての問題は解決できる、という強い信念を持て

ＰＳＡ（問題解決法）の前提は「すべての問題は解決できる」ということだ。英語に「セルフ・フルフィリング・プロフェシー（Self Full-filling Prophecy）」という言葉がある。日本語に訳すと、良く言えば「言った通りになる」、悪く言えば「自ら墓穴を掘る」という自己暗示のような意味合いである。日本人は何か問題に突き当たると、すぐに「しょうがない」と言う。しかし、「しょうがない」と言ったら、問題を解決できないと認めることになる。「しょうがない」と思った時点で思考は停止してしまい、解決できる問題も解決できなくなってしまう。ＰＳＡを身につけたければ、絶対に「しょうがない」という言葉を使ってはいけない。

すべての問題には解決策がある、という信念を持ち、必ず今よりも良くなると信じて考え、行動する。それがプロブレム・ソルバー（問題解決者）に求められる最も大切な態度である。問題解決は、その人が持っている意欲と目線の高さに比例して可能になるという不思議な一面がある。優秀なプロ

ブレム・ソルバーは、強い棒高跳びの選手がバーの高さを5メートル80センチからいきなり6メートルに上げて挑戦するように、自ら高い目標を設定してそれをクリアしていくのだ。

逆に、問題解決において一番ダメなのはルーザー（負け犬）と呼ばれる人々である。ルーザーはいつも「しょうがない」「できない」と言う。3回それを言っている間にやる気がなくなり、4回言うとやっている人がバカに見えてきて、その人たちの足を引っ張り始める。

今の日本は、国全体がまさに「ルーザー」状態だ。バイオリズムが非常に低下して、個人も、会社も、地方自治体も、みんな目線が下がっている。日本はダメだ、どうしようもない、このままいったら中国に呑み込まれる、と言っている間にそうなっている。悪い意味の自己暗示にかかって、挑戦さえしなくなっている。

しかし、挑戦しなければ問題は絶対に解決しない。『ＮＩＫＥ』のフィル・ナイト会長の言葉にも「チャレンジしなかったら、成功するかどうかさえ分からない」という名言がある。ゴルフで穴に入れようと思ったら、穴より遠くに打たなければ絶対に入らない。にもかかわらず、今の日本は１メートル先に穴があるのに、わざと自分でスリーパットを刻んでいる。

経営危機に陥った『ダイエー』にしても、政府のいかさまに頼る前に自分たちでできることがいくらでもあったはずだ。2兆４０００億円の負債を減らすために、『ローソン』はこうします、『福岡ダイエーホークス』と『福岡ドーム』と『シーホークホテル&リゾート』の3点セットはこうします、と自分から主体的に答えを出すべきだったのに、何も出さなかった。結局、売れるものは全部売って借入金を１兆円ぐらいに減らし、年間利益を５４０億円にして健全な体質に戻すと言っているが、できるはずがない。540億円の利益で1兆円の債務を返すには20年以上かかってしまう。そんなに長くマーケットが待ってくれるわけがないだろう。

日本は万事がこの調子で、流通もゼネコンも銀行も、最後は身ぐるみ剝いでいってくださいと、ただ横たわっている。〝ゾンビカンパニー〟と『ニューズウィーク』に書かれたが、まさにその通りだ。問題を解決しようという意欲がなく、「しょうがない」「打つ手がない」と思い込んで何もしない。だから事態はどんどん悪くなり、ますます何もしなくなって、そのままズルズルと倒れていく。これが日本の現状である。

PSAの原則❷ 常に「What, If……?」と考えよ

PSAでは「もし答えがあるとすれば、どういう範囲にあるのか、どういう感じなのか」と考えてみる。すなわち「What,If……?」という設問をするのだ。「もし状況がこうなったら、どのように考え（あるいは行動、反応し）たらよいか」ということである。言い換えれば「What,If……?」と考える癖を身につけることが、PSAの基本なのである。

PSAの原則❸ 原因と現象を混同するな

私の経験では、ほとんどの場合、5割以上のウエートを持っている原因は1つだけ存在する。たく

さん問題がありそうに思えても、1つの原因が現象としていろいろな形で問題として出てくるだけなのだ。原因と現象の区別がつかない人は、問題がたくさんあり過ぎて解決のしようがない、という言い方をする。だが、現象に1つ1つにいちいち対処しても、それこそしょうがない。原因をつぶさなければ、絶対に問題は解決しないのだ。

日本でQC（品質管理）／TQC（総合的品質管理）、ZD（無欠陥）運動、VA（価値分析）／VE（価値工学）が盛んなりし頃は、欠陥品が出る原因を上流まで遡り、それをつぶして欠陥品をなくすということを見事にやってのけていた。

たとえば、ある工場でいくら検査を厳しくしても5％の欠陥品が出る、という問題があった。徹底的に原因を調べていったら、生産ラインの上に空気の吹き出し口があり、そこから落ちてきたホコリが原因だと分かった。したがって、空気の吹き出し口を違う場所に移すことで問題は簡単に解決した。

このように、原因はたいてい1つに集約されるのだが、現象はいろいろなところに出てくるから、PSAを使わないと、現象と原因をはき違えて的はずれな対策を講じてしまうことになる。

つまり、現象を原因だと思い込み、現象に対して対症療法を施し始めるのだ。しかし原因は直っていないから、また別な形で問題が出てくる。それに対してまた対症療法を施す。そうやって際限なく見当違いの対症療法を繰り返す羽目になり、コストばかりがかさんでいく。

たとえば、セールスマンに元気がなくて商品が売れない、という問題があったとする。この場合、典型的な現象に対する対症療法は、社長が各支店・営業所を回ってセールスマンを激励する、という方法だ。車座になって酒を飲んだら、みんな言いたいことを言って明るくなった、元気が出たな、と社長は喜ぶ。ところが、すべての支店・営業所を回り終えたのに、売り上げはまだ落ちている。そのうちに誰かがセールスマンに元気がないのは固定給のせいで、いくら働いても報奨金が出ないことが問題なんです、と言い始める。分かった、じゃあ売り上げの多いセールスマンはボーナスを2倍にしてやろう、となって動機づけ、すなわちインセンティブ制度を作る。それでも売り上げは落ち続ける。すると、また誰かが、実はインセンティブ制度だと勝者と敗者に差がつきすぎるため、敗者がやる気をなくしているんです、と言ってくる。それはまずい、ということで、今度はみんな2割ぐらい増して固定給に戻す。しかし、やはり売り上げは落ち続ける。そこで再びインセンティブの議論に戻り、いくら働いても差がつかないから、できるセールスマンほど辞めていく、となる。ところが、セールスマンに同行してみると、車のトランクにゴルフバッグがあって、増えた給料がゴルフのプレー代や練習場代、クラブ代に化けていたことが分かる。

現象に対する対症療法を頻繁にやっていく会社は全部これである。常にその時その時に最大の問題ですと言われた現象に対策を打っていくから、コストだけ高いものについて、結局、何も効果がない。だが、そういう状況でも、売り上げが落ちている原因は1つ、最大で2つしかない。ＰＳＡを使って原因を探っていくと、問題は全く違うところにあることがほとんどだ。先ほどの会社の場合だと、製造部門は一生懸命やっているから、この2年で4回も製品が変わった。しかし、セールスマンは新しい製品に関する知識が不足している。そればかりか潜在的なお客さんを見つけるスキルもなければ、お客さんを説得していくスキルもない。つまり、セールスマンとしての基本的なトレーニングができていないことが原因だったりするのだ。

実践ステップ①　足して100になる質問で問題の原因をあぶり出す

ＰＳＡの第１のステップは「足して１００になる」議論をすることである。ＡとＢを足せば全体像になり、それ以外に漏れているものもなければ重複もしていない。こういう論理構造を「自己無撞着」と言う。人間は男と女からできている、と言えば、これは足して１００になるから自己無撞着である。しかし、人間は男と若者からできている、と言うと、若者には男と女が混じっているから自己無撞着ではない。あるいは、哺乳類は人間と鯨である、と言ったら、これも自己無撞着ではない。哺乳類は人間と人間以外の哺乳類である、と言えば自己無撞着である。

そういう「足して１００になる」議論を、非常に緻密な論理を組んでやっていかなければならない。なぜなら、原因が、指摘している問題の外側にある可能性もあるからだ。

したがって、最初に問題を見つけていくための設問の中で、絶対にその外側に問題はないという論理構成をする。

たとえば、やる気をなくしているのは男か女か？　という設問は足して１００になるから、やる気をなくしているのは男性社員ですという答えが出たら、男性社員がやる気をなくしている原因を見つければよい。東の地域か西の地域か？　事務系出身者か工学系出身者か？　という設問もＯＫだ。しかし、営業成績が悪いのは女子社員か若い社員か？　という設問だと、漏れと重複があるため、答えを言われても原因が別のところにあって対策を間違える可能性があるわけだ。

実践ステップ② 問題の本質が見えてきたら仮説を立てる

初期の間に「足して100になるAとBのどちらか?」という設問を山のように繰り返して、そのプロセスで、これではない、これでもないと捨てていき、原因のレンジを狭めていく。そして、もしかしたらこれかもしれないな、というものが見つかったら仮説を立てる。これがPSAの第2のステップである。

実践ステップ③ 仮説を実証するためデータを収集し証明する

第3のステップは、その仮説を実証するために証拠となるデータ、事実を集め、その証拠からそれに違いないということを証明していくことである。証明されたら、その解決策でトータル100%のうちの何%まで解決できるのか、という感度が分かってくる。この証明のプロセスではA=B、B=C、であればA=Cであるという論理を使う。最初から単純にA=Cと証明できてしまうことは滅多にないからだ。これがロジカル・シンキング(論理思考)というものであり、問題解決アプローチの中で最も重要なプロセスである。

◆車のセールスでケーススタディ

具体的に車のセールスで説明しよう。車のセールスマンの場合、どの会社でも売る人は月に8～9台、売れない人は0台、平均は4台ぐらいだ。では、売る人と売れない人の優劣の差は何によるのか。自動車販売会社は、これをまず調べていく必要がある。なぜなら、平均4台を4・5台にするだけで11％もシェアが上がるからだ。11％上がったら、車の世界では革命である。ということは8台売っている人の秘訣を全員に普及できれば、8台にはならなくても6台になる可能性があるから、これは抜本的な問題解決につながる。

ところが、普通の会社はそういうアプローチを取らない。よくあるケースは、売らない人をクビにして、売る人に報奨を与える。しかし、それは現象に対して対症療法を行っているだけである。売らない人をクビにしても、また0台の人がたくさん出てくるかもしれない。新しい人を採用したら、平均が3・5台に下がってしまうかもしれない。8台の人に報奨しても、12台売るとは限らない。そうではなく、まず、なぜ0台と8台の間に散らばるのか、ということが最大の問題なのである。その原因を調べるために、年齢別、地域別、経験年数別などのありとあらゆる相関関数を分析していく必要がある。

◆社長や所長の予想とは違うところにある「答え」

原因というのは、原因の原因があり、さらにその原因の原因の原因がある。つまり、原因の深さがここで問題になる。改善策は一番深い原因に対して立てないと意味がない。たとえば、大きな差は経験年数で、8台売っている人は入社10年以上のベテラン、0台の人は新人が多い、となると経験年数の関数のように見えてしまう。経験年数だけが原因だったら、教育制度を拡充して新人でも早く車が売れるようにトレーニングをすることが解決策になる。

ところが、実態は経験年数ではない可能性もある。表面的には経験年数の関数に見えるかもしれないが、実はベテランが効率の良いテリトリー（地域）を独占していて、新人は営業所から遠い悪いテリトリーを割り当てられているのかもしれない。小さなテリトリーのうえに往復4時間もかかるため、新人は行くだけでくたびれて、ごく少数の顧客に「こんにちは」「さよなら」と言って帰ってくるだけだから、結果的に売れない。そうなると、原因は経験年数ではなく、テリトリーのアサインメント（割り当て）が不公平なことにある、という可能性も出てくるわけだ。

第2のステップで「テリトリーのアサインメントが不公平」という仮説を立てたら、第3のステップではそれをデータや事実で証明しなければならない。つまり、セールスマンがみんな同じ台数を売れるようなアサインメントをしているのかどうかを調べるのだ。たとえば、潜在需要（登録台数）250台ごとに1人のセールスマンを割り当てているのなら、セールスマン1人当たりのマーケットの大きさは同じになる。マーケットの大きさが同じなのに結果が違うとすれば、それは本人の能力だろう、ということになる。しかし、ベテランは営業所から近い潜在需要1000台のテリトリーを持っていて、新人は営業所から遠い潜在需要100台のテリトリーを任されているとしたら、テリトリーのアサインメントがフェアでない。本来、セールスマンは誰でも同じ台数を売らなければならないという結論があるとすれば、その前提はテリトリーのアサインメントが正しいということだから、それを最初に検証しなければ、次の質問に進むことはできない。

その結果、アサインメントがフェアでイコールチャンスだったら、それ以外の原因を調べなければならない。だが、アサインメントが正しくないと分かったら、それを改善すればいい。たとえば、その会社の場合、潜在需要250台の地域にアサインすると月に平均4台売れるとする。ところが、ベテランが潜在需要1000台のテリトリーで8台しか売っていなければ、本当は16台売ってもいいはずである。8台という数字だけを見たら優秀なセールスマンだが、持っているテリトリーから見ると、こいつはサボっている、ぬくぬくと8台で報奨金をもらっている、となる。

それが分かれば、改善策は簡単だ。一度テリトリーをガラガラポンして、アサインメントをやり直せばいいのである。ベテランからテリトリーを削って新人に譲る、営業所からの往復移動距離を1日3時間以内にするなどして、アサインメントをフェアにしてイコールチャンスにする。これが問題に対する答えである。そうしたうえで競争させたら、実は8台売っていたベテランも1台も売れなかった新人もセールス能力に大きな差はなかった、ということになるかもしれない。最後の答えは、往々にしてその会社の社長や営業所長の予想とは違ったものになるのだ。

このように「A or B」の厳密な論理回路を積み重ねて原因を突き詰め、仮説を立ててそれを事実やデータで証明し、そこから導き出した本当の原因に対して改善策を講じるのがPSAというものだ。

まずは、このPSAの流れを理解して欲しいわけだが、これを理解するだけで、実際のビジネスの現場で直面する問題を解決できるわけではない。このような思考回路に加えて、問題解決力の基盤となるスキル、具体的には、データの収集と分析のスキル、得られた結果から本質的な問題・課題を論理的に抽出するスキル、その内容を分かりやすく、的確にチャート化して表現するスキル、そして経営トップに対して正しいロジックで効果的にプレゼンテーションするスキルをしっかりと身につける必要がある。このようなスキルを身につけて初めて、実戦でＰＳＡを進めることができるようになるのだ。

「経営管理者育成プログラム／本質的問題『発見』コース」は、このようなスキルを学ぶトレーニング・プログラムであり、第2部では、このコースの中から抜粋した重要な講義を紹介する。メインの教材はＣＤ－ＲＯＭなので、これを繰り返し繰り返し視聴していただきたい。ただし、講義の概要はこの本にも収めてあるので、視聴する前に該当ページに目を通し、講義の全体の流れとポイントを把握しておくとよいだろう。そのほうが理解しやすいと思う。

また、この本専用の演習問題もＣＤ－ＲＯＭに収録してある。いきなり解答を見ずに、紙と鉛筆とインターネットを用意して自分の頭を使ってチャレンジしていただきたい。初めに答えを見てしまうと簡単で当たり前のように見える問題でも、いざ自分の頭で解こうとすると手も足も出ない人が多いと思う。しかし、満足のいく解答が作れなくても心配はいらない。このようなスキルは繰り返し繰り返し訓練すれば、誰にでも身につくものである。言い換えれば、問題解決の知識を得ても、訓練しない限り身につかないスキルとも言える。私たちの身の回りには訓練の題材はいくらでもある。演習問題で自分自身の今の力を理解したうえで、いろいろな機会を捉えて訓練を続けていただきたい。

第2部

実戦！問題解決法

問題解決者になるために

今、日本企業の業績はどんどん悪化している。売り上げでも、生産性でも、収益性でも、確実に悪化し続けている。多くの企業で企業変革が重要であると言われているのも、しごく当然のことだ。にもかかわらず、その変革が進んでいない。これは、企業の役員だけではなく、経営企画部や社長室など、本来、問題解決を考えなければならない人や部門が、まともに機能していないことを明示している。そのことは多くの読者も理解し、体感されていると思う。

だからこそ、我々一人一人が問題解決者にならなければならない。問題解決者になるのは非常に難しいことではある。だが、基本をしっかり押さえれば、決して不可能ではないのだ。

最も大事なことは、「問題解決するためにはまず、問題を発見する」ということだ。「問題を発見する」ためには、今までのありきたりの情報だけではなく、問題の原因を理解するための〝良い情報〟が必要となる。良い情報があれば、良い分析ができるだろうし、その結果、今まで気がつかなかった新しい発見、意味のある発見ができるのだ。そして発見したものを再び統合し、「要は何が起こっているのか？」ということを把握しない限り、本質的な問題は絶対に発見できない。

問題を発見するためには、1つのアプローチがある。そのアプローチは、「問題解決とはどういうことなのか」ということを十分理解したうえで、「環境を理解するとはどういうことなのか」「情報を集めるとはどういうことなのか」「データをチャート化するとはどういうことなのか」「フレームワークでまとめるというのはどういうことなのか」といったことを学ぶことにより体得できる。

別に格好いい分析を求めているわけではない。ただ、事実を正確に理解していこう、何が起こっているか理解しよう、ということを述べているだけなのだ。そして、この姿勢こそが基本である。分析を一歩一歩進める中でも、この基本姿勢を維持することを忘れてはならない。それが実現できてこそ、問題を理解できるのだ。

問題解決というのは問題を発見した時点で、おそらく作業の6割程度が終了したと考えてもよいと思う。逆に言えば、問題の発見ができた時にのみ、具体的な解決のための選択肢を思い描くことができるのだ。ただ、問題発見は一夜でできるものではない。仮説に従って情報を集め、それを分析し、何が起こっているかを理解し、また、それを要約するというプロセスを経なければならない。

非常に地道な作業だが、問題解決者（プロブレム・ソルバー）になるために最初の入り口として、このテキストをしっかり学んでいただきたい。その内容を知っているか知らないかで、大きな違いが生まれるはずだ。まず一連の作業を十分に理解し、何度も繰り返す。繰り返すことによって自分の身についていく。その結果、問題解決者の門の扉を叩き、開くことができる。そして「問題解決者になる」ということは、あなた自身が会社の変革の担い手になるということにほかならない。

この本とCD-ROMで述べていることは「経営管理者育成プログラム／本質的問題『発見』コース」の一部にすぎない。もし、あなたがこの本を読み、CD-ROMを視聴して奮起し「問題解決者になってやろう」と思ったなら、「本質的問題『発見』コース」全体にぜひ挑戦してもらいたい。繰り返しになるが、何度も練習すれば、誰でも問題解決者の一員になれる。私の考えを理解し、プログラムに参加していただけるなら、こんなにうれしいことはない。

なお、「本質的問題『発見』コース」の内容作成には、弊社コンサルティング・スタッフの武田さと子、佐藤円香、松澤美帆、八木美樹、またインターンの学生たちが大きな貢献をした。この紙面を借りて感謝したい。

2003年5月

齋藤顯一

第2部の教材の位置づけと使い方

講義について

「経営管理者育成プログラム／本質的問題『発見』コース」は４つの講座から構成されています。本書にはその中の「問題解決基礎スキル講座」の講義の中から基本となるところを抜粋し、１枚のＣＤ-ＲＯＭと第2部にまとめられています。ここに収録されている講義は別表（２６５ページ）の通りです。

演習問題について

「本質的問題『発見』コース」では、演習問題を最も重要な教材と位置づけています。なぜなら、実戦で使える問題解決力を鍛えるには、手法を知るだけでは不十分であり、繰り返しの「トレーニング」が不可欠だと考えるからです。

問題解決力は、いわば「技能」と言えます。その技能は、数多くの具体的なビジネス上の問題について、筋道を立てて考える、その考えを紙に書く、そして紙に書いた自分の考えを眺めながら「これで良いかどうか」とまた考える、そのトレーニングを何度も何度も繰り返すことによって初めて身につくものです。

問題解決力を身につけるということは、同時に「自分の頭で考える」ことを習慣化することでもあります。「自分の頭で考える」ことができるようになれば、どんな問題に対しても積極果敢に挑む勇気が出てきます。

その意味で演習問題が最も重要な教材となりますが、残念ながら本書に「本質的問題『発見』コース」の演習問題は収録できませんでしたので、新たに演習問題を作成し収録しました。実戦で使える問題解決力を鍛えるためには、問題数が十分とは言えませんが、トレーニングの醍醐味を味わってください。

第2部の学習の進め方

講義の受講の仕方

教材のCD-ROMを繰り返し繰り返し視聴してください。視聴するたびに新しい発見があります。学習の進め方は個人個人によって異なるとは思いますが、次の手順をお勧めします。その際、学習ノートを用意しておくとよいでしょう。

① 講義の目次（別表）を見て、講義構成の全体像を把握する。
② 学習する講義を選び、第2部の該当ページにざっと目を通し、講義の全体の流れとポイントを把握する。
③ CD-ROMの講義は、ノートに理解できたことやポイント、および不明な点などをメモしながら受講するとよい。特に1回目の視聴では、細かいところにこだわらず、大きなメッセージをつかむつもりで受講すること。
④ 講義を最後までひと通り視聴したら、学習ノートのメモを基に、レクチャーの内容を箇条書きにしてまとめてみる。第2部の該当ページに目を通して、抜けているところがあれば補う。
⑤ 繰り返し視聴し、学習ノートがまとまってきたら、それを使って他の人に講義の内容を説明してみる。うまく説明できないところは、十分に理解できていない内容と考えられるので、その点に留意して再視聴すること。

演習問題の取り組み方

問題に取り組む前に「解答への道筋」は見ないようにしてください。最初に模範的な解答を見てしまうと、その解答は当たり前であり簡単な問題だと感じますが、解答を見ずに自分自身で答えを作ろうとすると、手が止まってしまい納得のいく解答はなかなか作れないものです。

第2部に収められている演習問題も同じです。安易に答えを見ずに、まずは自分の頭で考えてください。「自分の頭で考える」習慣を身につけること。これが問題解決力を習得するための大きなポイントです。

①　演習問題を視聴する。
②　その回答を自分の頭で筋道を立てて考え、その考えを紙に書く。
③　そして紙に書いた自分の考えを眺めながら「これで良いかどうか」と考える。
④　不十分だと思う点、不明確だと感じる点があったら、それを補うように回答を練り直す。
⑤　「①〜④」を何度も何度も繰り返す。
⑥　「解答への道筋」を視聴しアプローチの仕方を学ぶ。

本書の演習問題では携帯電話市場について調べます。インターネットが使える方は、ぜひそれを利用して情報収集をしながら解答を作ってください

「解答への道筋」の見方ですが、演習問題の解答に正解はありません。したがって「解答への道筋」はいわゆる「正解」ではなく、問題を解くための考え方だと理解してください。

満足のいく解答が作れなかった方は、ご自身の考え方と講師の考え方の「違い」に重点をおいて視聴してください。「答えを知ること」「覚えること」が目的ではありません。講師の考え方と「どこが違い」「なぜ違うのか」をじっくりと考えてください。

演習の取り組みは、孤独な作業ですが、自分一人で考え続けるほかありません。すぐには答えが見つからない方が多いと思います。しかし、早急に答えを見つけようと焦らずに、しばらく付き合うつもりでじっくりと考え続けてください。人によっては数か月かかる人もいるでしょう。あきらめずに取り組んでください。

経営管理者育成プログラム
ディレクター　田中　健一
コンテンツ・プロデューサー　金子　勝俊
お問い合わせ先　Web：www.LT-empower.com/

CD-ROMの起動

1 起動

CD-ROMドライブに、CD-ROMを装てんすると、自動再生機能により、自動的に起動します。起動画面の「§1問題解決とは何か」をクリックすると、1図のようなメニューが表示されます。

※自動で起動されない場合は、マイコンピュータのCD-ROMのアイコンをダブルクリックして起動させてください。

2 受講の準備

①プラグインのインストール：初めてCD-ROMのコンテンツを再生する場合には、そのためのプラグインをインストールする必要があります。2図のような警告の画面が表示されますので、「はい」をクリックしてください。

※Windows Media Playerの準備：本コースのCD-ROMコンテンツを再生するためには、Windows Media Playerのバージョン7以上が必要です。それよりも古いものでは再生されません。最新版はマイクロソフト社のサイトからダウンロードすることができます。

(http://www.microsoft.com/japan/windows/windowsmedia/)

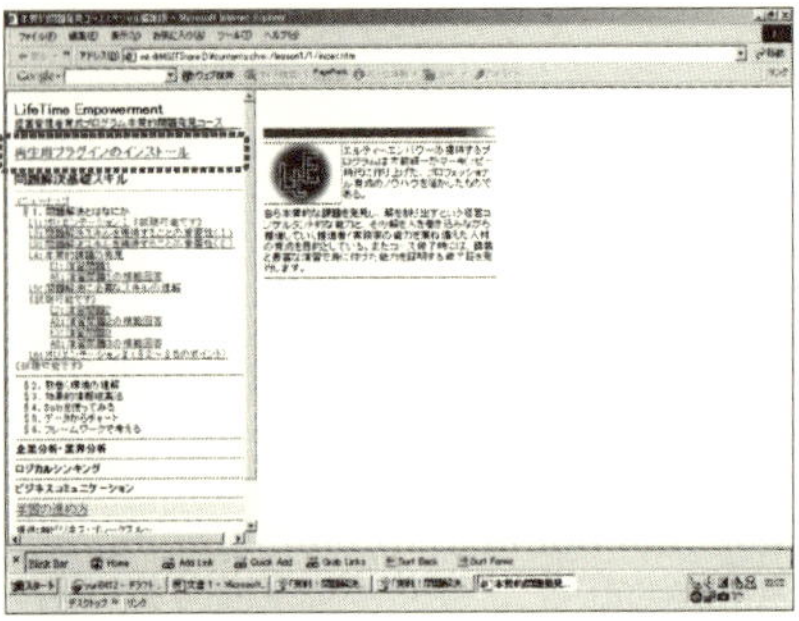

1 起動

2 受講の準備

3 講義の選択

②表示されたメニューから受講したい講義をクリックし、選択します（視聴できる講義には「視聴可能です」と表示されています）。

③講義を選択すると、メニューの右側に、その講義内のチャプターの一覧と講義概要が表示されます。

講義の最初のチャプターから受講開始するためには、「受講」の下にある講義名をクリックします。

また、任意のチャプターから受講開始したい場合は、「チャプター毎の受講」の下にあるチャプター名をクリックします。

4 オープニング

任意の講義を選択し、受講を開始すると、メニューとは別にブラウザーが立ち上がり、4図のようなオープニングムービーが流れます。

④ムービーが流れている間に「受講」ボタンをクリックすると、このムービーをスキップして、講義が開始されます。

5 受講の開始

オープニングムービーが流れ終わると、当該講義のトップ画面が表示されます。

⑤ここで「受講」ボタンをクリックすると、講義が開始されます。

⑥「一時停止」ボタンをクリックすると、その時点で講義が中断します。講

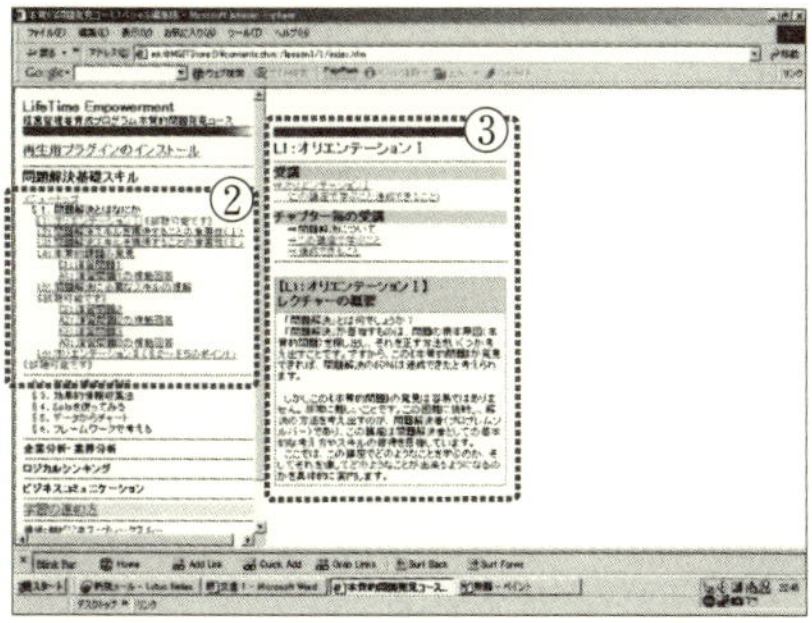

3 講義の選択

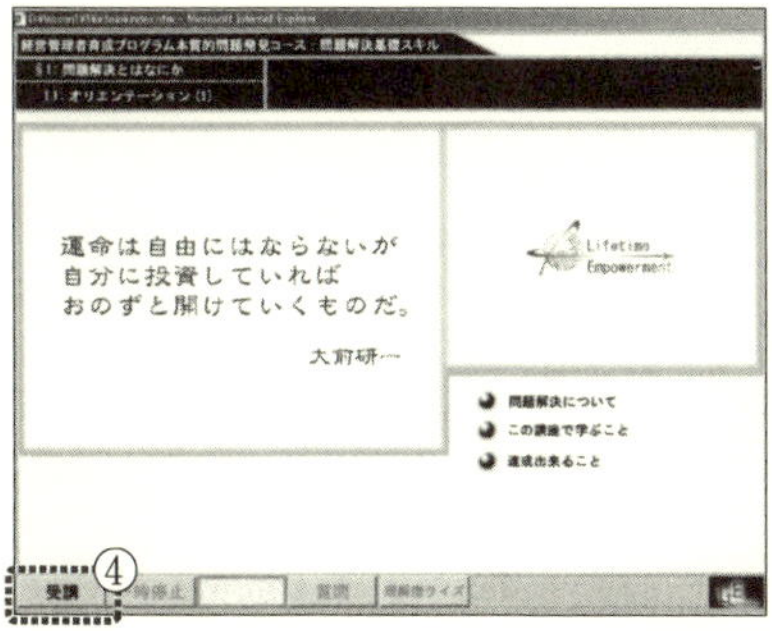

4 オープニング

義を再開したい場合は、「再開」ボタンをクリックします（一時停止中は、受講ボタンが再開ボタンに変わっています）。

⑦講義の時間と経過時間が表示されます。たとえば「03／16」は、講義の時間が約16分間で、今3分が経過していることを示します。

⑧講義内のチャプターが一覧表示され、今、そのうちのどのチャプターを受講しているかが分かります（チャプター名の前にある表示が緑色になっています）。

6 ブレークタイム

講義によっては最後にその講義の「まとめ」がありますが、その受講の前にブレークタイムがあります。

このブレークタイムでは、いったん講義を中断し、当該講義におけるポイントに関する質問が表示されます。この質問を頼りに講義全体を振り返り、確実に理解するようにしてください。

⑨まとめに進む場合は「再開」ボタンをクリックします。

7 講義の終了

講義が終了すると、7図のような画面になります。

⑩再度受講したい場合は「受講」ボタンをクリックしてください。最初から講義が開始されます。

⑪終了したい場合は、画面右上の［×］マークをクリックして、画面を閉じて終了させてください。

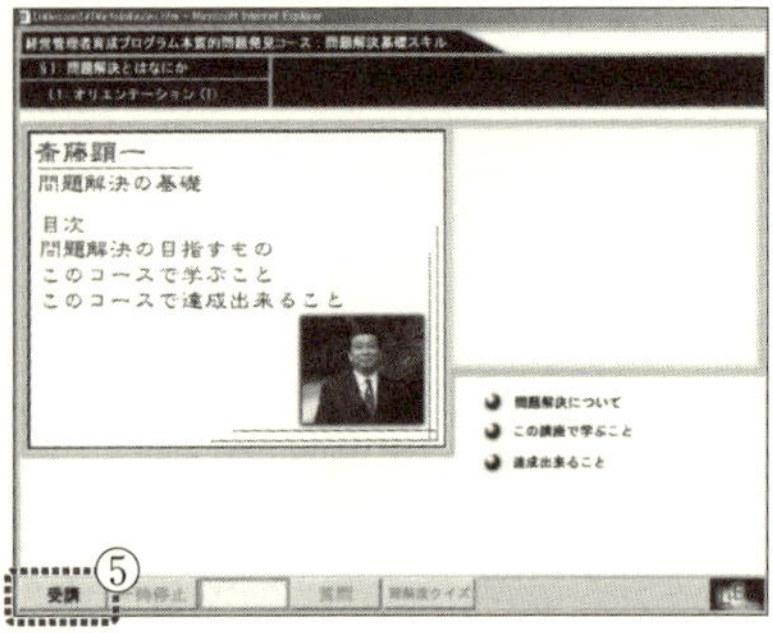

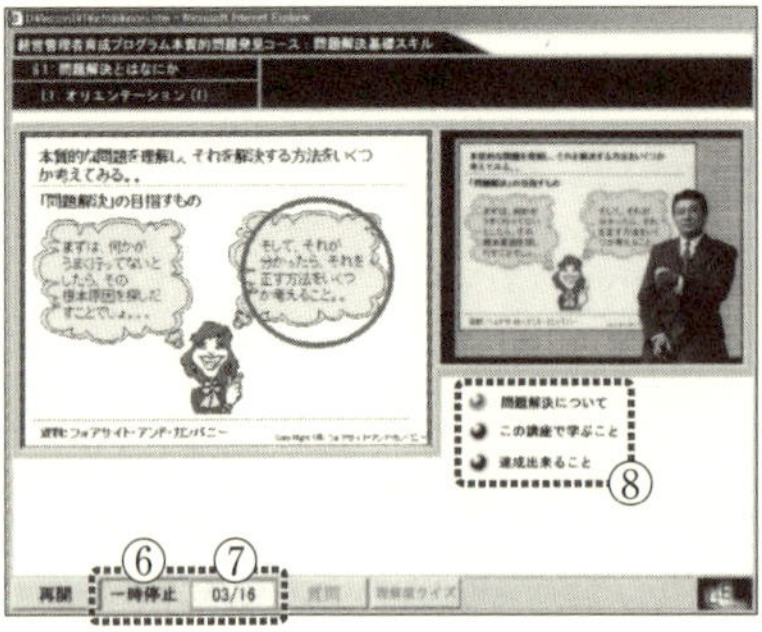

5 受講の開始

注：「質問」ボタンと「理解度クイズ」ボタンは、「本質的問題『発見』コース」受講生用です。当CDでは操作できません。

■CD－ROM再生に必要な環境■

CD－ROMの再生には、以下のスペックのパソコンとソフトウェアが必要ですので、視聴の環境を準備してください。うまく再生できない場合は、経営管理者育成プログラムのホームページにFAQを用意しておりますので、ご参照ください。http://www.LT-empower.com/faq/no-01.html

なお、パソコンによっては、CD－ROMを再生できない場合があります。その場合は、他のパソコンでお試しください。

推奨コンピュータスペック

PentiumⅢ　866MHz以上のCPU
メモリー　256Mb以上
30倍速以上のCD-ROMドライブ
グラフィックチップメモリー　16Mb以上

必要なソフトウェア

インターネットエクスプローラ5.5　Windows Media Player 7.01（ネットスケープナビゲーターには対応しておりません）

このプログラムはWindowsシステム（Windows98/2000/Me/XPのシステム）のみの対応で、Macシステム・Unix系システムには対応しておりません。

お問い合わせ先

株式会社ビジネス・ブレークスルー／フリーダイヤル　0120-48-3818

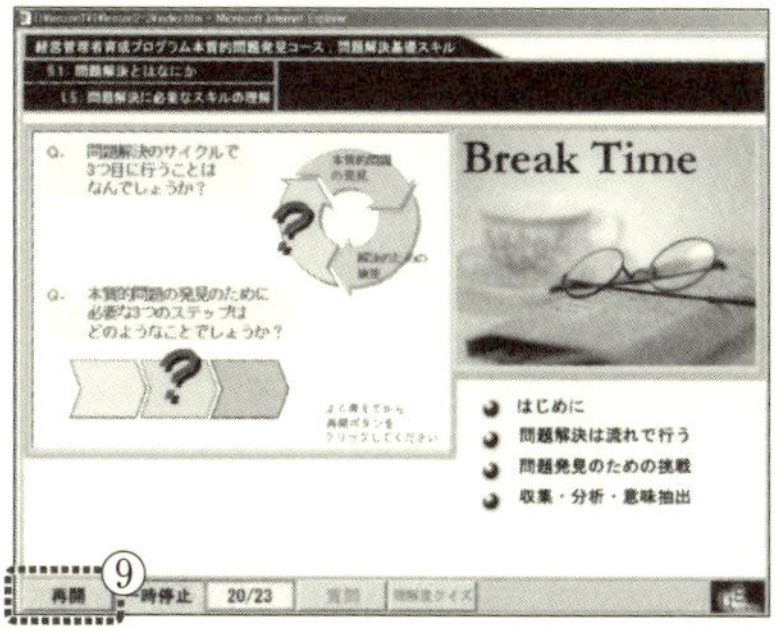

6 ブレークタイム

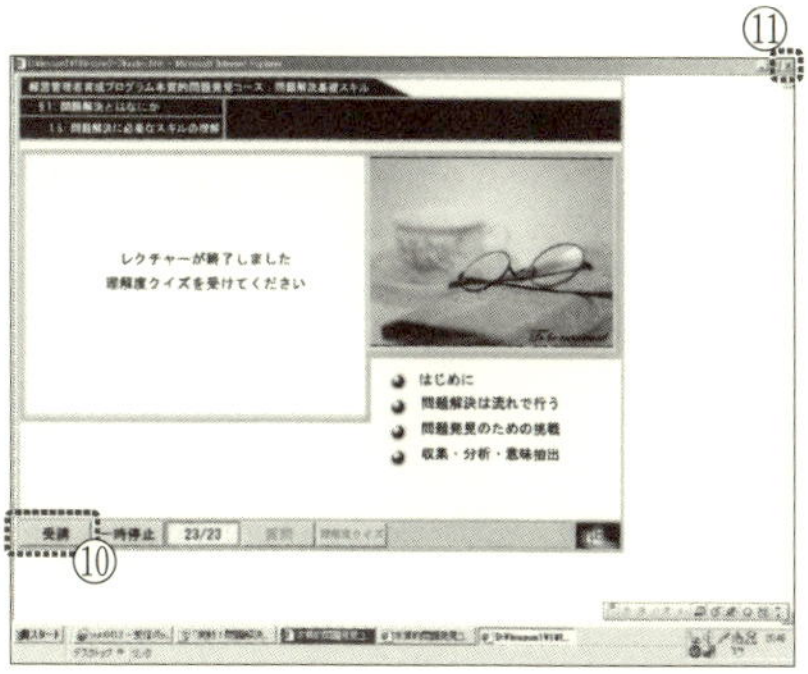

7 講義の終了

第1章 問題解決とは何か

◎時代は問題解決者を求めている
◎問題解決に必要なスキルを理解する
◎問題解決のための4つのプログラム

時代は問題解決者（プロブレム・ソルバー）を求めている

CD-ROM §1・L1

「問題解決」とは何か？

「問題解決」が目指すものは、問題の根本原因（本質的問題）を探し出し、それを正す方法をいくつか考え出すことである。だから、この本質的問題が発見できれば、問題解決の60％は達成できたと考えられる。

しかし、本質的問題の発見は容易ではない。この困難に挑戦し、解決の方法を考え出すのが、問題解決者（プロブレム・ソルバー）であり、この講座は問題解決者としての基本的な考え方やスキルの習得を目指している。

ここでは、この講座でどのようなことを学ぶのか、それを通してどのようなことができるようになるのかを具体的に案内する。

■まずは「何が問題か」を発見する

問題解決をしようと思っても、本質的な問題を発見しないと絶対にできない。したがって、現在のように先が見えない時代、新しい成長モデルが見いだせない時代こそ、本質的な問題を発見し、解決できる人材が必要になってくる。

では、問題解決とは何か、ということについて説明しよう。おそらく、ほとんどの人は問題解決という言葉にはなじみがなかったのではないか。このため、たとえば「私は行動派だから」とか「私は営業だから」といった理由で、問題解決なんて必要ないんじゃないか、という考え方を持っている人が多いと思う。問題を作るのは得意だが、解決なんてやったことない、という人もいるかもしれない。あるいは、数字の分析は難しそうだし、文系だから問題解決とか分析とかデータにはあまり触れたくない、という人もいるだろう。しかし、

「問題解決」という言葉自体、あまり使われないため、なんとなく親近感がもてないのが現状ではないだろうか

「問題解決」という言葉の印象

行動派の私には、
関係ないのでは??
問題を作るのは
得意だけど、
解決??
なんか数字の
分析とか、難しそう。
文系だしな…

資料：フォアサイト・アンド・カンパニー

それはちょっと違う。

問題解決の第一歩は、何かがうまくいっていない場合に、まず、その根本原因を探し出すことである。多くの人は「何が問題なのか」ということを十分に理解しないまま、すぐに「これはこうしたらいいんじゃないか」「ああしたらいいんじゃないか」と言い出して正しい答えにたどり着けなくなってしまう。しかし、根本原因が分かってしまえば、それを解決していく方法はいくつも考え出すことができる。つまり、問題解決においては本質的な問題を発見することが最も重要なことであり、本質的な問題を発見すれば問題解決の6割ぐらいの仕事が終わったと考えていいだろう。言い換えれば、最も難しいのは本質的な問題を発見することなのである。

問題解決のスキルは才能ではない。多くの経営コンサルティング会社の場合、問題解決を全く知らないで入社してくる大多数の人たちに入社後それを教えている。つまり、問題解決のスキルは学習によって身につけることができるのだ。

したがって、現時点で問題解決を知らなくても、全く悲観的になる必要はない。正しいことを十分に学びさえすれば、必ず問題解決はできるようになる。

■問題解決者になるための5つのステップ

では、このコースでどういうことを学ぶのか、順番に説明しよう。

第1は、問題解決の基本を理解する。すでに少し説明したが、そもそも問題解決とは何か？　とい

問題解決の技は、学習によって身につけることができる

「問題解決」は才能か

数字に慣れているとか、考えるのが好きとか、違いはあるものの、
学ぶべきことを、地道に行えば問題解決はできるようになる……

一生懸命、努力して

資料：フォアサイト・アンド・カンパニー

うことを、まず知っていただく。物事というのは何でも細かいところから入るのではなく、全体を理解することが重要である。全体を頭の中に描いたうえで細かいところに下りていくほうが、理解しやすいからである。

第2は、取り巻く環境を理解する。これは、どういうことを知ったらどんなことが分かるのか、ということである。しっかりと分析することを教えてもらったことのない人たちは、自分が知りたいことを最初に調べてしまうケースが多い。しかし、それでは問題解決はなかなかうまくいかない。だから、こんなことを知るとこんなことが分かる、あるいは大きなところ（全体）から小さいところ（細部）へ下りながら、どういうことを考えていけばいいのか、といった考え方を知っていただきたい。

また、皆さんの中には、一生懸命に資料作成を

したのにあまり上司から褒められなかった、という人がいると思う。それは、本当は価値のあるものを作れる才能はあるのに、単に作り方を知らなかったから、評価をされなかったということが多いのだ（上司の能力が欠如している可能性ももちろんある）。では、どうすれば価値のある成果物が得られるのか、といったことについてもここで学んでいただきたいと思う。

第3は、効果的な情報収集法を学ぶ。つまり、情報を集めるにはどうすればいいのか、ということである。これは私たちが実際に経営コンサルティングの仕事を通じて学んできた「カンどころ」を中心に述べたいと思う。

第4は、データをチャート化する。これは単にデータをチャートにして美しく見せるだけでなく、チャート化することを通じて考える、ということを知っていただきたい。つまり、ビジュアル化することによって理解を進めることができるわけだ。

第5は、フレームワークを使いこなす。フレームワークを日本語で言うと「枠組み」である。皆さんもいずれ直面すると思うが、集めた情報やデータが多すぎて、あるいはその中から見いだしたものがあまりにも漫然としすぎて、意味が読み取れないということが、しょっちゅう起きる。そういう時に、どのようにして理解を進めればいいのか？　答えは「箱に入れる」、すなわち枠組みを作ってその中に入れればいいのである。

世の中には我々の先輩たちが考え出し、使い慣れたフレームワークがけっこうあって、それをそのまま使うことができる。たとえば、人・モノ・金もフレームワークだと思う。そういう枠組みを使い

コースで学ぶこと LEARNING POINT

- 問題解決の基本を理解する
- 取り巻く環境を理解する
- 効果的な情報収集法を学ぶ
- データをチャート化する
- フレームワークを使いこなす

ながら、こういうふうに分類すればこういうことが分かるのか、ということを理解していただきたい。さらに、フレームワークを使って「要は何なのか？」という考え方についても学んでみたい。この「要は何なのか？」というのは、たくさんある情報の中から、それを咀嚼（そしゃく）してひと言で言うと何になるのか？　ということだ。少々難しいが、非常に重要な考え方なので、ぜひ身につけていただきたい。

■今までのような仕事の仕方は終わりだ

このコースを修了したらどういうことが達成できるのか、ということについても触れておこう。

1つ目は、日常業務の中で積極的に問題に取り組む姿勢ができる。今までのように、漫然と仕事をやっていて、何かうまくいかないから飲みにでも行くか、ということにはならないだろう。

2つ目は、情報源を知り、目的に応じて使い分けられるようになる。ありきたりの情報や、ふだん皆さんが扱っている情報やデータだけでは、新しい発見は絶対にできない。だから皆さんは、こういうことを知るためにはどんな情報源にあたればいいのか、ということを知らなければならない。こういうところにはこういう内容の情報やデータがあると分かれば、自由度が増える。あるテーマに対して、それにはこういうところのこういうデータを使えるぞ、とか、まずこういうアプローチで調べてみよう、ということが、すぐに頭の中に浮かんでくるようになれば、しめたものだ。このコースを最後まで学べば、おそらくそうなれるはずである。

3つ目は、集めた情報からメッセージを抽出できる。いくら情報を集めても、それで何を言いたいのか分からなければ意味がない。集めた情報の

OBJECTS

コースで達成できること

- 日常業務で積極的に問題に取り組む姿勢
- 情報源を知り、目的に応じて使い分けられる
- 集めた情報からメッセージを抽出できる
- 基本的なチャートが書ける
- 情報をフレームワークで整理することができ、より状況や問題点の理解を深めることができる
- 自ら学ぶ方法を身につけ、日常訓練できる

中からメッセージを引き出す方法を身につけることで、情報を消化して自分なりの意見を持つことができるようになる。

4つ目は、基本的なチャートが書ける。すでに述べたように、チャートは考えるための大切な道具だが、同時に誰かにメッセージを伝えるための道具にもなる。だから、雑然としたチャートよりも美しいチャートのほうがいいに決まっているし、そこにメッセージが含まれていて見ただけで感動するようなチャートであれば、そのチャートの説得力は飛躍的に高まるであろう。

5つ目は、情報をフレームワークで整理でき、状況や問題点の理解を深めることができる。つまり、たくさんの情報を既存のフレームワークや自分で考え出したフレームワークで整理し、それによって理解度を高めることができるようになる。

6つ目は、自ら学ぶ方法を身につけ、日常訓練ができるようになる。誰かに強制されたり教えられて学ぶのではなく、ヒントやきっかけを与えてもらえば、そこから独力で考えていくことができるようになるのだ。日頃から自分自身で勉強する態度が身につくわけで、これはビジネスマンにとって極めて重要な姿勢である。

問題解決に必要なスキルを理解する

CD-ROM §1・L5

問題解決はプロセス（流れ）で行う。まず、何のために問題解決をするのか、その目的と達成すべき目標を理解し、目標達成のための本質的問題を発見し、問題解決の施策を立案し、実行し、進捗をモニターするという流れがある。

しかし、その本質的な問題を発見するうえで、私たちは3つのことにチャレンジしなければならない。

このレクチャーでは、どのようにすれば「情報収集」「情報分析」「意味合いの抽出」という3つのチャレンジを的確にクリアすることができるのか、ということを学んでいく。

■問題を発見し、施策を考え、実行する

　ここからは「問題解決に必要なスキルの理解」について述べていきたい。

　皆さんには本質的な問題を発見するにあたっての阻害要因がある。思い込みがあったり、部分しか分からなくて全体が見えなかったり、客観的になれなかったりする。ということは、本質的な問題を発見しようと思ったら、その逆をやればいいということになる。つまり、思い込みをなくしたり、全体を見るように、客観的になるように気をつけたりすればいいのである。ところが、実はそう簡単にはいかない。長年しみついた〝考え方〟や〝感じ方〟を変えることは、非常に難しい。それは癖になっていて、頭でいくら客観的になろうと考えていても、実際に言っていることは、思い込み発言になっているからだ。それだけでも、問題解決を行ううえでの大きな阻害要因なのに、まだまだ大きな問題はある。たとえ皆さんが客観的に事実を評価・分析して、本質的問題を発見できたとしても、次には、それを解決するための施策を考えなければならない。これも決して楽な仕事ではない。解決のための施策を考えたら、次にはそれを実行させるようにしなければ本当の意味での問題解決者、プロブレム・ソルバーではないのだ。問題解決者には机上で解決法を立案するだけではなく、それを実行するための仕組みや仕掛けも考えてもらいたい。いくら素晴らしい施策であっても実行しなければ、成果にはつながらない。私、考える人。誰か、実行する人、ではなく、変化を起こさせる担い手である必要がある。問題を発見し、解決の施策を考え、それを実行する方法を考える、このサイクルを問題解決の基本形として理解して欲しい。

問題を発見し、それを解決するための施策を考え、実行する。わざわざこんな当たり前のようなことを言うのは、今まで素晴らしい施策があったにもかかわらず、実行しなかった会社がたくさんあるからだ。会社というのは、経営者の問題ではなく、部門に下りていった時に実行しきれなかった、というケースがたくさんある。だから、問題を発見する→それを解決するための施策を考える→その施策を実行する、という基本サイクルをしっかり理解し、成果を確認するところまでやって欲しいのだ。

■流れで考えれば漏れがない

次に、問題解決はプロセスで考えてもらいたい。つまり「流れ」で考えるのだ。流れは重要な論理性であり、流れで考えれば漏れがない。たとえば、67ページ下の図に「会社や事業部門・業務部門の使命や達成目標を理解したうえで」とわざわざ書いてある。なぜ、ここでこんなものが出てきたのか、不思議に思った人もいるかもしれない。だが、よく考えて欲しい。そもそも仕事や作業は、何かのためにするものである。ということは、その目標を理解していなければならない。目標を理解したうえで、それを達成するための施策を考えよう、となるはずだ。

ところが、企業はよく、3年前に作った事業計画の数字をちょっと入れ替えただけで翌年度の事業計画にする。あれは問題解決のプロセスとはかけ離れている。本来は、まず目標を明確にする→目標が明確になったら、それを達成するための施策を考える→施策ができたら、それを実行する→施策を実行したら、進捗の度合いをチェックして修正する、という流れになるはずだ。

問題解決は本質的問題の発見をまず行うことにある

問題解決のサイクル

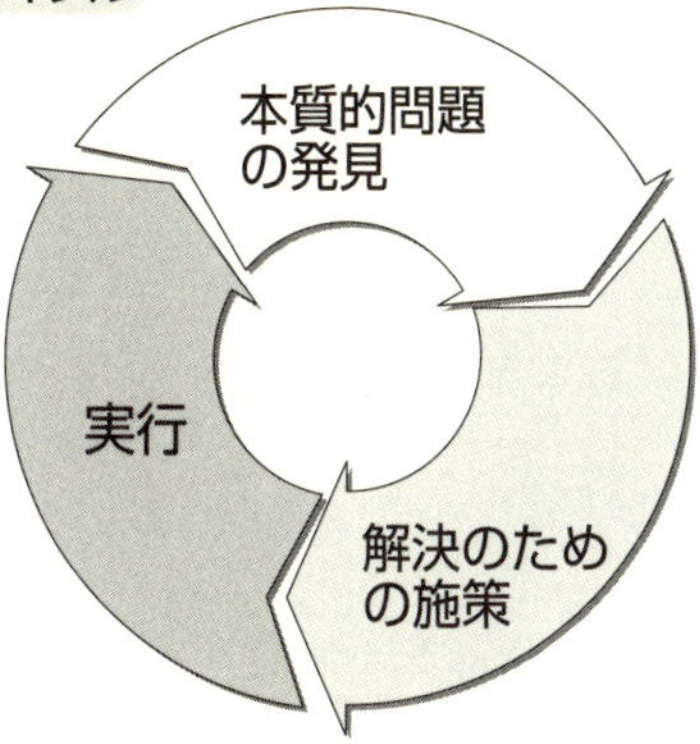

資料：フォアサイト・アンド・カンパニー

問題解決とは、会社や事業部門・業務部門の使命や達成目標を理解したうえで、本質的な問題を発見し、解決の方法を考え、説得し、それを実行し、成果につなげることを言う

問題解決のプロセス

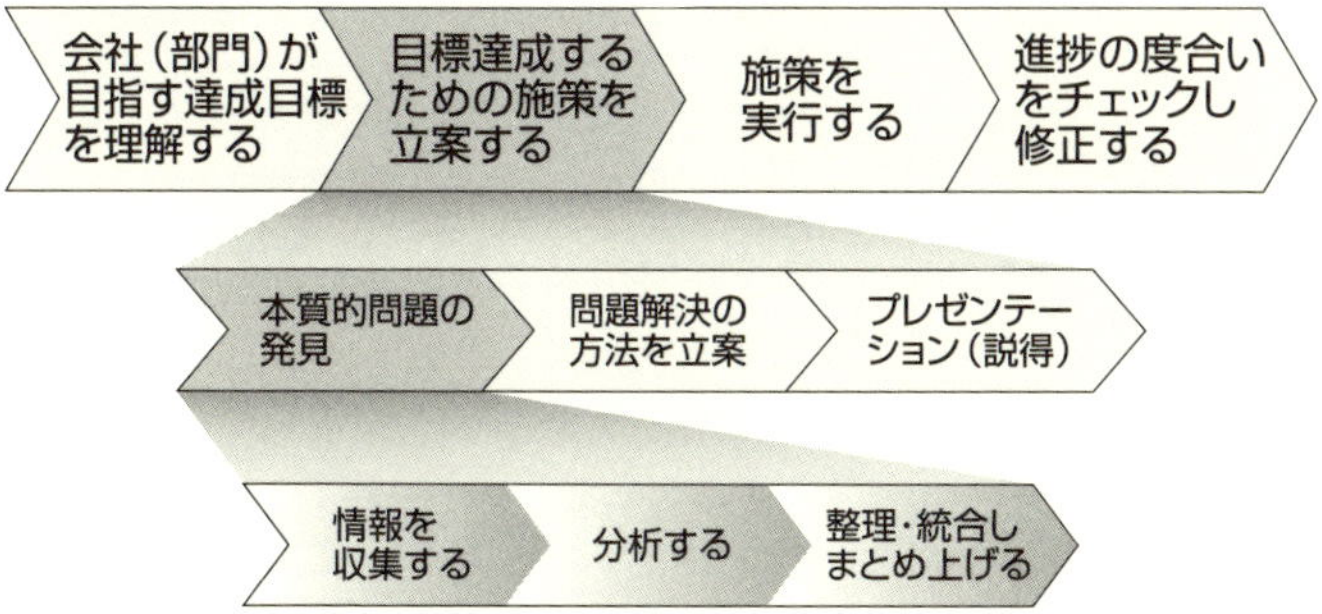

資料：フォアサイト・アンド・カンパニー

目標を明確にしたら、当然その目標を達成する上での阻害要因が出てくる。それを十分に理解した上で、施策を立案するのだ。本質的問題の発見は、目標を達成するための施策を考える中で最初のプロセスとして入ってくる。その次のプロセスで問題解決の方法を立案し、さらにそれを誰かに伝えるためにプレゼンテーション（説得）の技が必要になる。この3つのプロセスによって「目標を達成するために施策を考える」というプロセスが構成されるのだ。

さらに本質的な問題の発見は、情報を収集し、分析し、整理・統合する、という3つのプロセスで構成される。このうち最も難しいのは最後の「整理・統合してまとめ上げる」ことである。つまり、情報を収集し、分析していろいろなことが分かったら、それをひとことで言う、ということである。それができれば、大きな一歩なのである。

一般的に三重苦の世界に住んでいると考えたほうがいい

三重苦の世界

どんな情報を
集めたらいいのか？
収集した情報を
どのように整理し、
理解したらいいの？
整理はできたけど、
要は何なの？
分からん！

資料：フォアサイト・アンド・カンパニー

普段収集している情報と、問題発見に必要な情報との間には大きな乖離がある。だから分からない

必要な情報の見極め

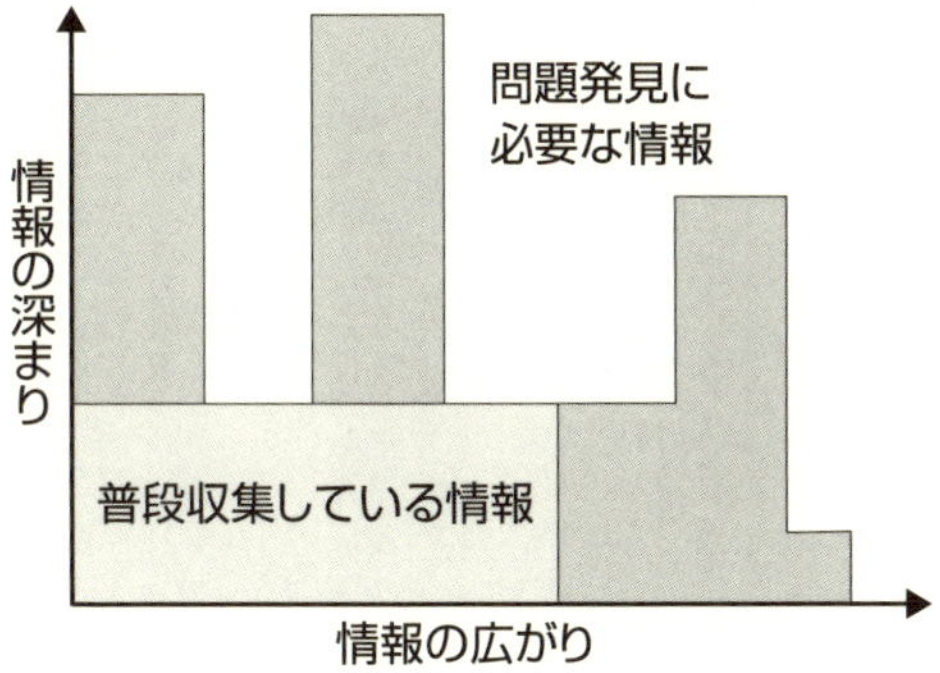

資料：フォアサイト・アンド・カンパニー

■スキルの基本は3つ

さて、ここまで述べてきて皆さんに理解してもらいたいことは「我々は三重苦にあえいでいると考えたほうがいい」ということだ。①どんな情報を集めたらいいのか分からない、②収集した情報をどのように整理し、理解したらいいのか分からない、③たとえ整理できたとしても、要は何なのか分からない、という三重苦だ。

では、この三重苦から逃れるためには、どうすればいいのか？　実は、それを知ることが問題解決スキルの基本になる。１つ目は「必要な情報の見極め」である。皆さんが普段収集している情報と問題発見に必要な情報との間には、大きな乖離(かいり)がある。普段、自分がどのような情報の集め方をしているか、思い出していただきたい。「こんなデータはありませんか？」と関連部門に聞く。「あいにく、こういうデータしかありません」と

いう答えが返ってくる。「じゃあ、それでいいからください な」と、なっていないだろうか。多くの場合、そうなっていると思う。社内にあるデータや情報が、仕事や作業をしたり物事を考えたりする時の基本になっているのだ。

だが、それで問題解決ができるだろうか？　本質的な問題を発見し、それを解くためのカギを見つけられるだろうか？　できるはずがないだろう。皆さんが今までうまくいかなかった原因は、ここにある。すなわち、必要な情報が何なのか分かっていないのだ。

69ページのチャートのように横軸に情報の広がり、縦軸を情報の深まりとして図示すると、皆さんが普段収集している情報にはある程度の広がりがあり、ある程度の深まりもある。整った形をしている。しかし、問題発見に必要な情報は、ある部分については広がりがなく、ある部分については深まりがない。つまり、いびつな形をしている。

なぜ、問題発見に必要な情報はいびつな形になるのか？　我々が問題を理解していくうえで重要な情報は限られているからだ。すべてを見ないと分からないのではなく、あるものを深く、あるいは広く見ることによって理解が進むのである。もし、皆さんが情報の収集で徹夜ばかりしているとしたら、整った形で集めようとしているからだ。しかし、重要な情報や必要とされる情報はこういうものだ、という見極めがつけば、格段に効果的で効率的な情報収集ができるようになるはずだ。

2つ目は「収集された情報の意味の理解」である。たとえ情報収集がうまくいったとしても、それをバラバラに分析したら意味が分からなくなってしまう。皆さんは、そうなっていないだろうか。も

バラバラに分析しても意味が分からない。
関連性を理解しながら分析を進める必要がある。
ただ、分析をすれば良いというものではない

● 収集された情報の意味の理解

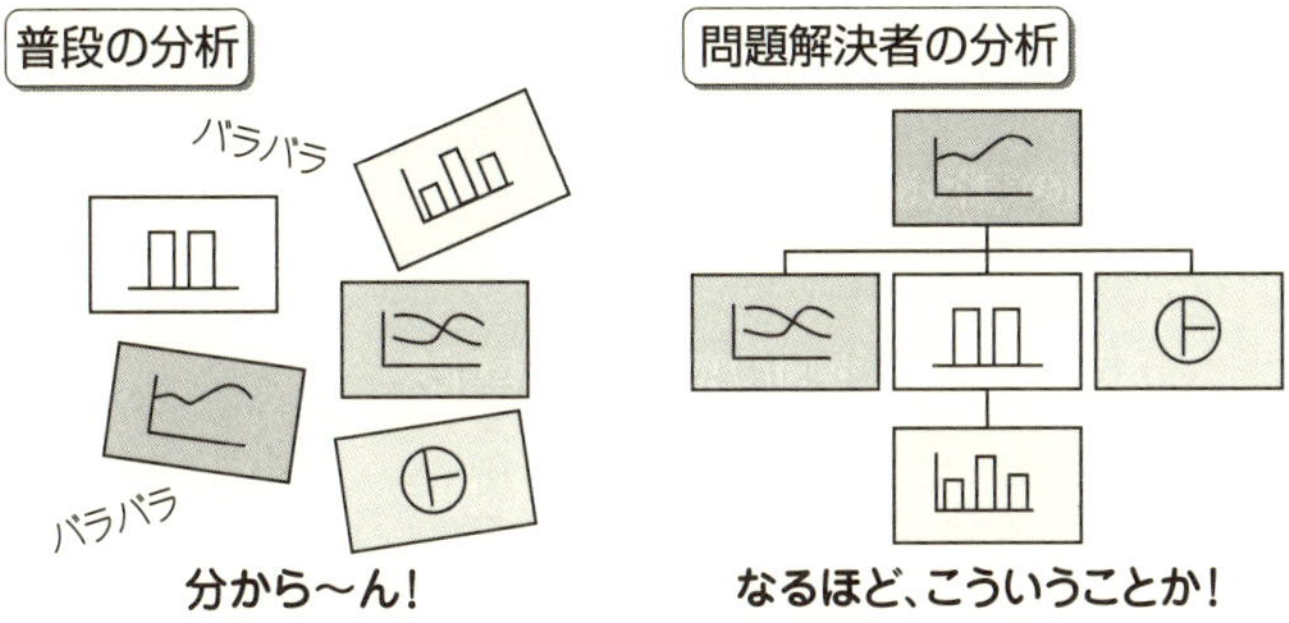

資料：フォアサイト・アンド・カンパニー

分析の結果、いろんなことが分かったとしても、
それを統合しなければ、"要は"が分からない。
やっぱり、まとまりのない世界

● 要は何なのか?

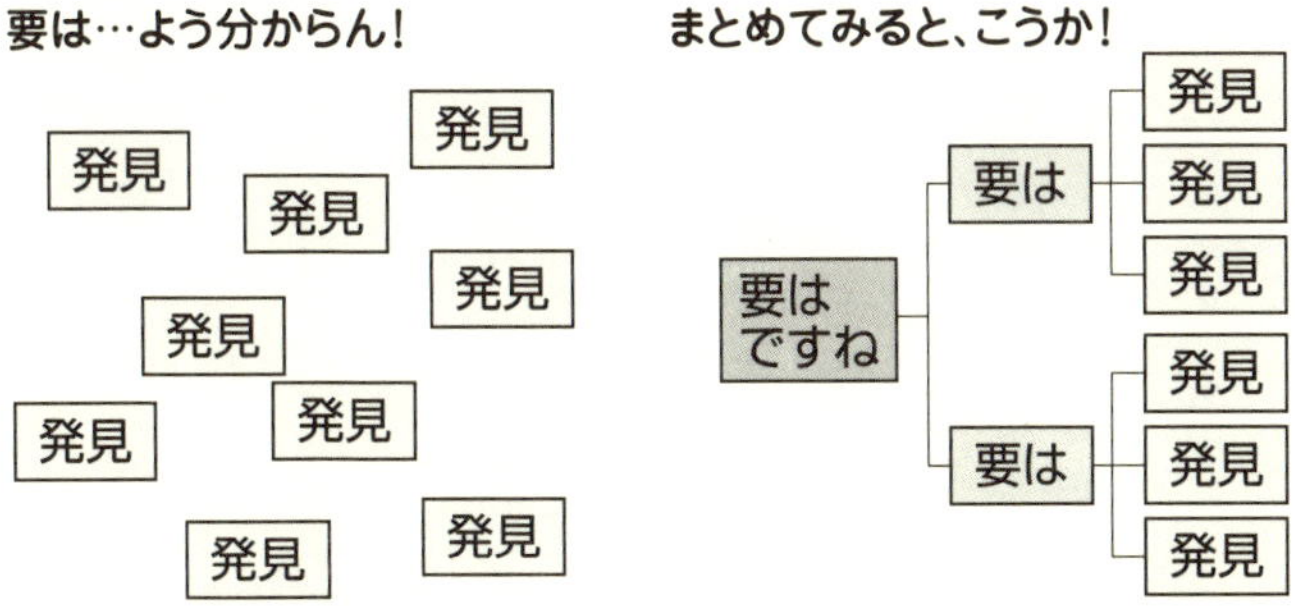

資料：フォアサイト・アンド・カンパニー

し、そうなっているとしたら、おそらく一貫した脈絡、一貫した流れで作業をしていないからである。一方、問題解決者の分析には必ず流れがあり、必ず整然と構成されてピラミッド型になっている。1つのものを縦に深掘りしていくだけでなく、横の関係についても関連付けて見ていくというやり方をしているのだ。このやり方を覚えれば、分析に今までのような苦労をしなくても済むようになる。

3つ目は「要は何なのか?」である。情報を分析した結果、たまたまそれを関連付けて意味合いを引き出すことに成功したとする。しかし、ここで難しいのは、いろいろ発見すると収拾がつかなくなってしまうケースが多いことだ。分析したらこんなことが分かった、あんなことも分かった、と大きな進歩を得るには得たが、それを並べてみたら「要は、よう分からん」となってしまうのだ。

そういう場合は、いったいどうすればいいのか? 「要は、よう分からん」ではなく「要は、こういうことだよね」と言えるようにすればいいのである。つまり、発見したもの、意味合いを引き出すことに成功したものを、共通項でひとくくりにしていけば「要はこういうことなんだな」と分かってくる。そういうまとめ方をしなければならないのだ。

ここまでのポイントを整理してみよう。まず、問題解決はプロセス(流れ)である、ということだ。その意味で、何のためにその仕事をするのかという大きな目標、あるいは会社の使命や部門の使命を理解していることも重要である。そういう目標や使命を達成するためには、そのための施策を立案し、実行し、進捗の度合いをモニターしなければならない。施策を立案するためには本質的な問題を発見し、問題解決の方法を立案し、誰かにプレゼンテーション(説得)しなければならない。そして、本

ここまでのポイント　CHECK POINT

- 問題解決はプロセス（流れ）で行う。目標を理解する、問題を発見する（情報を集める、分析する、整理・統合する）、問題を解決する施策を立案する、実行し活動をモニターする
- 問題を発見するうえで、3つの大きなチャレンジがある
- 必要な情報の見極めと収集、その意味を理解するための分析、そして意味合いの抽出

質的な問題を発見するためには情報を集め、分析し、整理・統合しなければならない。このうち最も難しいのは、整理・統合することである。

次は、問題を発見するうえで3つの大きなチャレンジがある、ということだ。どういう情報を集めるのか、その中からどういう発見をするのか、それをどう要約するのか、である。必要な情報を見極めて収集し、その意味を理解するための分析を行い、意味合いを抽出する。そして発見したものを共通項でひとくくりにして「なるほど。要は、こういうことだ」と言えなければならない。

たしかに問題解決は難しい。だが、プロセスで考え、3つのチャレンジを的確にクリアすることによって、その第一歩が始まるのだ。

問題解決のための4つのプログラム

CD-ROM §1・L6

ここまで、問題解決は「本質的問題」が何かを捉えることが必要だということを学んできた。そして、その本質的問題は《必要情報の見極め→その意味の理解→要は何なのかの理解》という流れで考えることによって可能になるのだ。

第2章以降は、「取り巻く環境の理解」「効果的情報収集法」「データからチャートへ」「フレームワークで考える」という4つのプログラムを通して、本質的問題を発見するための流れを具体的かつ実践的に学習し、問題解決のためのスキルを習得していく。

これからの学習は、我々自身が問題解決者（プロブレム・ソルバー）となって、組織に貢献するための第一歩となる。そのポイントを説明しておこう。

■プロブレム・ソルバーへの道は4プログラム

問題解決はプロセスで考える、流れで考えるということを述べてきた。ここでは皆さんにもう一度繰り返し理解してもらいたいことと、今後の進め方について詳しく説明したい。

これから先は大きく分けて4つのことを述べていく。先述したように、本質的問題の発見は、必要情報を見極める→その意味を理解（分析）する→要は何なのかを理解する、という流れで考えることによって可能になる。それをプログラムにすると、4つに分かれるのだ。

1つ目のプログラムは「取り巻く環境の理解」。皆さんの会社を取り巻いている環境を理解することによって、まず必要情報を見極め、さらにその中で数字というものをどういう形でどのように分析したら、どんなことが分かるのか、ということを学んでもらう。

今後、大きく分けて4つのプログラムで、理解度を高める

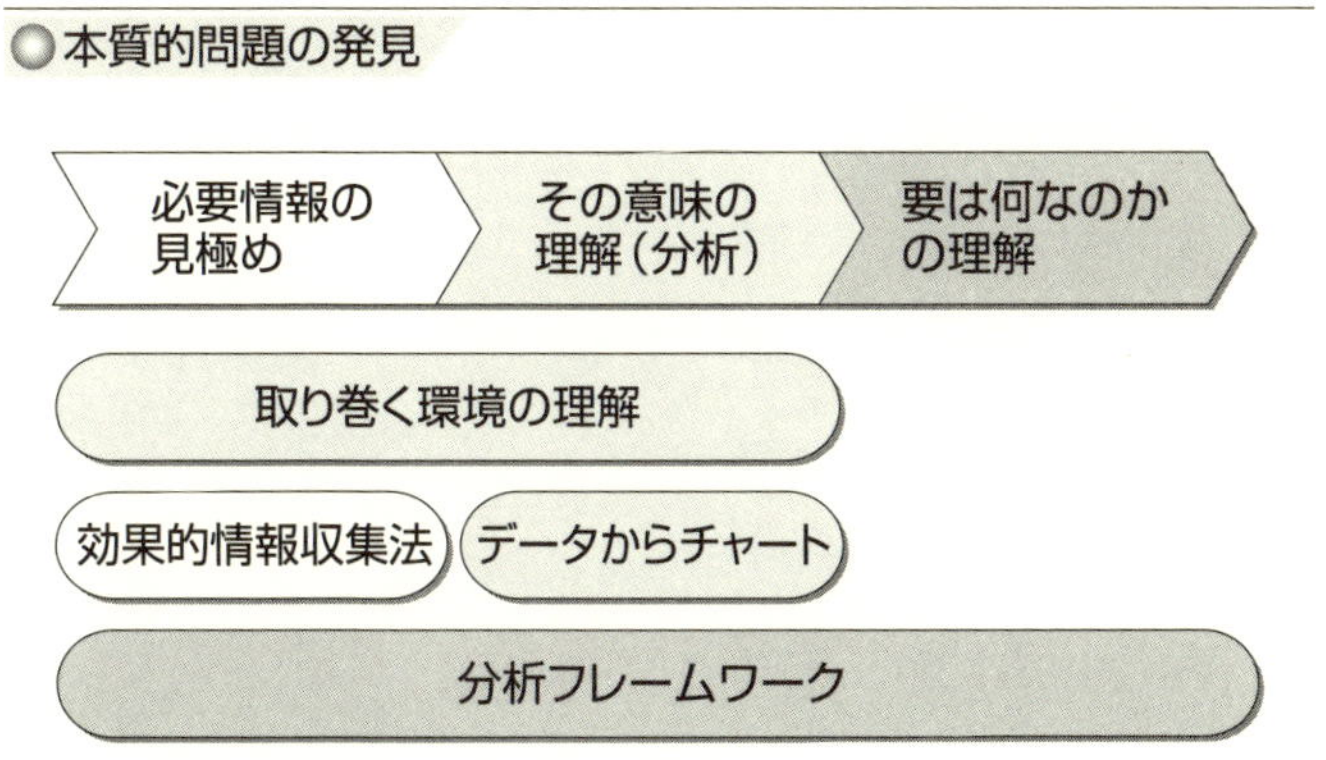

資料：フォアサイト・アンド・カンパニー

2つ目のプログラムは「効果的情報収集法」。すでに述べたように、皆さんが普段やっている情報の集め方は限られたものである。そこで、目標を達成するために必要な情報は何か、それを集めてくるためにはどうすればいいのか、ということを学んでもらう。これは流れで言うと「必要情報の見極め」のところに入る。

3つ目のプログラムは「データからチャートへ」。データをチャート化することによって分析することを学んでみよう、ということである。これは流れで言うと「その意味の理解（分析）」のところに入る。「データをチャート化する」と聞くと、何となくビジュアルで説得するプレゼンテーションのところに入ると思うかもしれないが、ここではむしろ、チャート化することによって分析の仕方を学んでもらう。

そして4つ目のプログラムは「フレームワークで考える」。フレームワークの使い方について学んでもらう。

以上4つのプログラムを具体的に説明すると、まず「取り巻く環境の理解」は、最初の取っ掛かりである。要は、情報を集めて分析していくということだが、おそらく皆さんの多くは、体系的に情報を集め、それを何らかの形で流れによって分析した経験はないと思う。だが、ここでは最初から聞いたこともないような分析手法を覚えるのではなく、そもそも知ることとは何なのか、自分の周りを知るというのはどういうことなのか、企業を取り巻く環境を理解すればどんなことが分かるのか、という初歩的な話からスタートするので、今まで分析をしたことがない人でも容易に理解できるはずだ。

まずは、最初の取っ掛かり。企業の場合、取り巻く環境を理解するとはどんなことなのか、そのあたりから始めてみよう

取り巻く環境の理解

今まで、分析なるものをしたことがない人でも、ちゃんと分かりますよ

- どんな時、どんなことを知る必要があるのか
- 何を知れば、どんなことが分かるのか
- 価値を高めようとすると、どんなことを工夫すればいいのだろう

資料：フォアサイト・アンド・カンパニー

分析には情報やデータがいる。それが良ければ良い分析ができるし、悪ければ悪い分析しかできない。

ここを、おろそかにすると、後はなし

効果的情報収集法

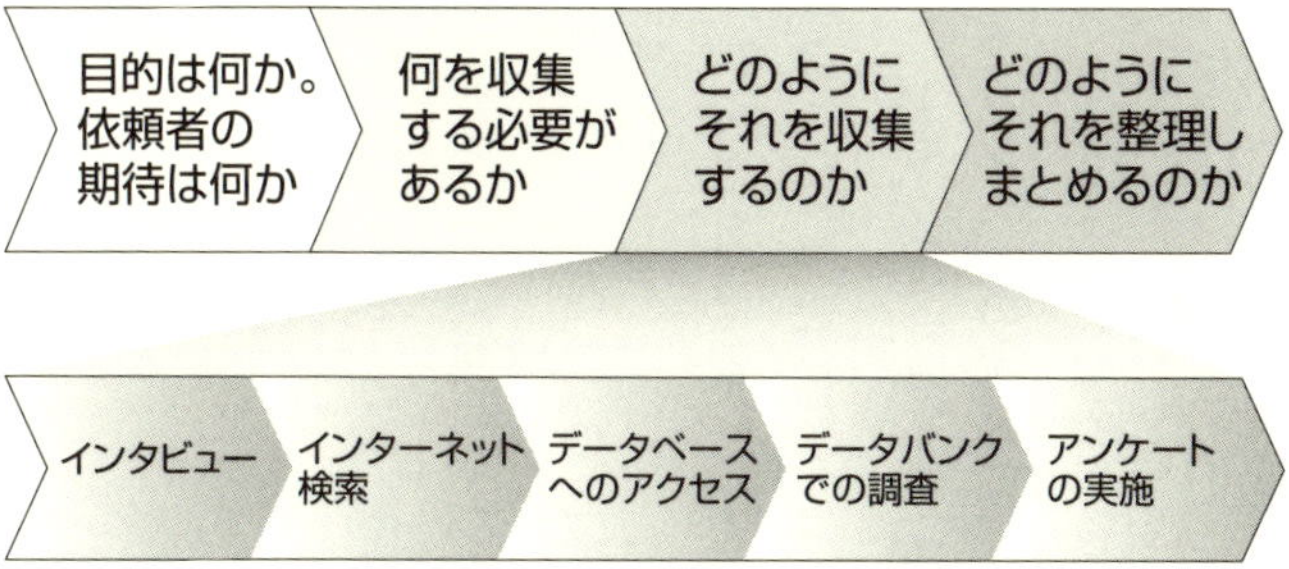
目的は何か。依頼者の期待は何か
何を収集する必要があるか
どのようにそれを収集するのか
どのようにそれを整理しまとめるのか
インタビュー
インターネット検索
データベースへのアクセス
データバンクでの調査
アンケートの実施

資料：フォアサイト・アンド・カンパニー

また、どんな時にどんなことを知る必要があるのか、何を知ればどんなことが分かるのか、ということにも言及する。この「何を」は具体的なＧＤＰ（国内総生産）であったりもするだろうし、あるいは、もっと細かい企業のレベルまで下りていくこともあるだろう。

■なぜ努力しても良い結果を得られないのか

さらに、価値を高めようとすると、どんなことを工夫すればいいのだろうか、ということを述べる。つまり、皆さんが一生懸命努力していろいろな作業をしても、必ずしもそれが良い結果に結びつかなかったり、上司に褒められなかったりする。なぜか？　価値を高めるための工夫をしなかったからである。そういう問題についても触れてみたい。

「効果的情報収集法」は流れで言うと、目的は何か、依頼者の期待は何か→何を収集する必要があるか→どのようにそれを収集するか→どのようにそれを整理し、まとめるか、という話である。これを流れに沿って説明する。とくに3番目の「どのようにそれを収集するか」は何通りものやり方がある。インタビュー、インターネット検索、データベースへのアクセス、データバンクでの調査、そしてアンケートの実施である。それぞれのコツをつかむと、かなりいい仕事ができるようになる。

「データからチャートへ」では、まずチャート作成の目的、すなわちチャートは考える道具である、という話をする。それからチャートのメリットやチャート作成の基本ルールを説明し、最適のチャートで表現する方法について詳しく述べる。

データのチャート化は、ビジュアルによる
表現法だけの話ではない。数字をチャート化することで、
分析力の向上に役立つ

◎データからチャート

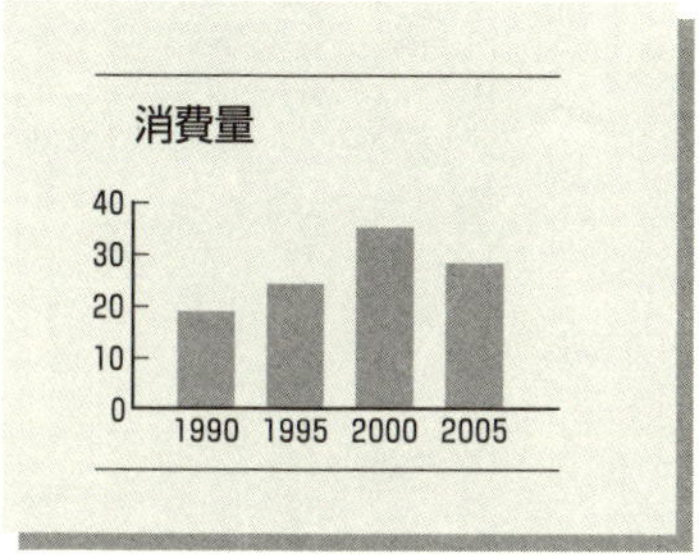

ーチャートは考える道具

ーチャート作成の基本ルール

ー最適のチャートで表現する

資料：フォアサイト・アンド・カンパニー

たくさんある情報を理解するには、フレームワークで
整理してみるとよい。論理性を磨くのにも、役に立つ。
“要は”を理解する助けになる

◎フレームワークの使い方

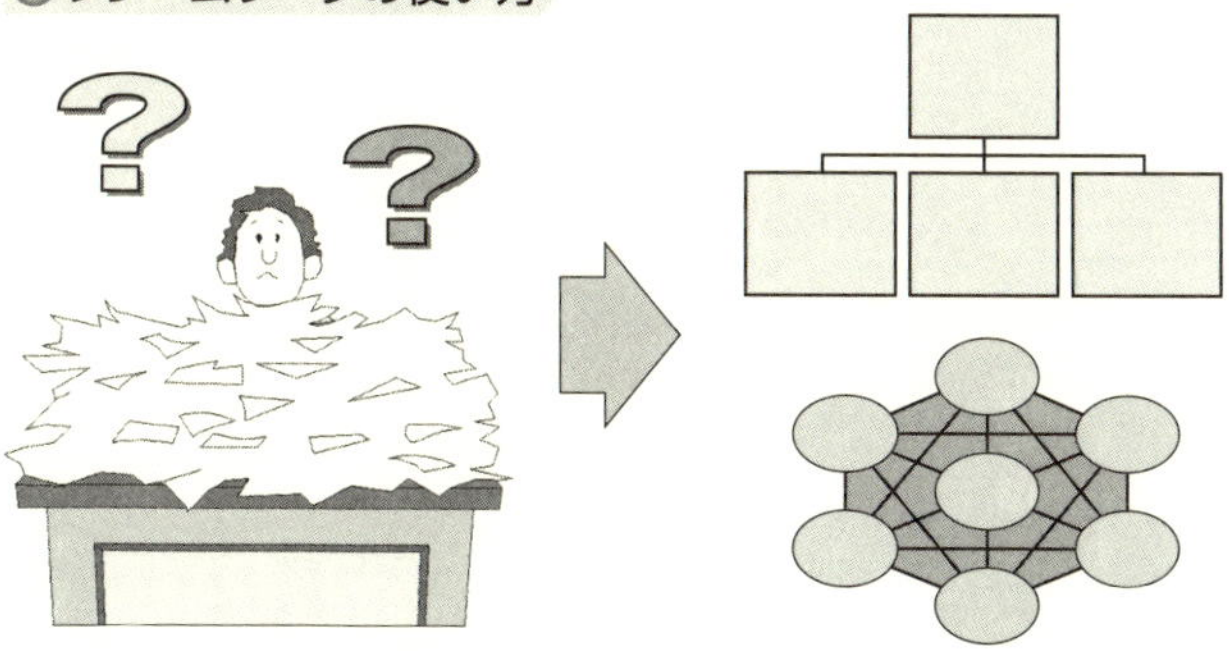

資料：フォアサイト・アンド・カンパニー

問題解決のための4つのプログラム

最後の「フレームワークの使い方」では、いくつかのフレームワークの効果的な活用法を解説する。たくさんある情報を理解するには、フレームワークで整理してみると分かりやすい。論理性を磨く時も役に立つし、「要は何なのか？」を理解する助けにもなる。

というわけで、いよいよプロブレム・ソルバー（問題解決者）への道がスタートする。私たちは世の中がいかに大変であっても、自分自身がプロブレム・ソルバーとなって、企業の業績を高めていくことに貢献しなければならない。しかしながら、これまで述べてきたように、問題解決というのは非常に難しい。我々は思い込んでしまいやすいし、客観的にもなれないからである。だからこそ、これまで「物事を流れで考えてみよう」と、しつこく繰り返してきた。流れさえつかめば、その中でさらに細かく見ていくことによって、割と簡単に問題解決のスキルがつかめるのだ。そのことをしっかりと肝に銘じて、プロブレム・ソルバーへの道を踏み出していただきたい。

第2章

取り巻く環境の理解

- 流れで周りを理解するⅠ
- 流れで周りを理解するⅡ
- 流れで周りを理解するⅢ
- 成果物の価値を高める

流れで周りを理解するI

CD-ROM §2・L8

私たちは普段、すぐに具体的なことや細かいところに目が行ってしまい、そこから問題の解決策を検討しがちである。

しかし、それでは本質的な問題を捉え損ねてしまう。本質的な問題を捉えるためには、大きな視点から始めて、徐々に細かいところを見ていくことが必要だ。

たとえば、日本経済全体の動き→市場の動き（顧客や競合）→自社の状態→自部門の問題というように、周りで起こっていることを「流れ」で捉えていかねばならないのである。

だから、この項では「流れ」で理解する第1ステップとして、マクロな動向を捉える方法と、そのポイントについて具体的に学んでいく。

■全体像を見てから細部へ

このセクションでは、3つのことを学ぶ。①流れで、周りに起こっていることを理解する。②その中で自社の立場を理解する。つまり、全体で起こっていること、周りで起こっていることを流れで知り、その次に自分の会社がどのような立場にあるのか、ということを理解する。そして③成果物（アウトプット）の価値を高める。

③について補足説明すると、私たちはたいがい誰かに頼まれて仕事をしている。その相手はお客さんであったり、上司であったり、あるいは同僚であったりする。その時にどのような形で成果物として出すかによって、仕事の出来具合いは変わってくる。同じ内容でもちょっと組み合わせを工夫をしたり、データをもう1つ取ってみたりすると、格段に出来栄えが良くなるケースがたくさんある。そのことを知っているのと知らないのでは

このセクションでは3つのことを学ぶ　OBJECTS

- 流れで、周りに起こっていることを理解する
- その中で、自社の立場を理解する
- 成果物の価値を高める

大違いだ。

したがって今回は、まず例や数字で全体像を見ながら細部に下りていき、最後に内容を良くするための方法について触れてみたい。

流れで周りを理解するためには、まず全体を理解しなければならない。次に市場全体と、簡単に取れる分類項目で市場の細部を見てみる。つまり、大きいものを見てから小さいものに下りていくわけだが、多くの場合に困るのは「小さいもの」というのはどういう項目なのか？　どのように細分化すればよいのか？　ということである。しかし、そこで頭を悩ませる必要はない。理解度を高めることが目的だから、まずは簡単に取れる分類項目、あるいはすぐに想像できる分類項目で見てみればよいのだ。

続いて、競争環境もどうなっているのか、平均値を押さえてみる。つまり、どこか1つの会社ではなく、競争に参入している企業の平均値ではこういうような状況だ、ということを理解する。それによって全体像を理解することができる。

私たちの生き方は大なり小なり周りの影響を受けている。影響を与える要素は、生活環境や余暇の過ごし方、職場、家族や友達などである。それと同じように企業行動も周りの影響を受けている。つまり、企業が周りを決めているのではなく、顧客や競争相手、あるいは規制緩和や技術革新などの外的要因によって、非常に大きな影響を受けているのだ。

影響を受けている要因の中で最も大事なのは顧客である。今までは、自分たちは良い商品や良いサ

流れで周りを理解する　LEARNING POINT

- まずは全体を理解する
- 市場全体と、簡単に読みとれる分類項目で市場の細部を見てみる
- 競争環境も、どうなっているのか平均値（全体像）を押さえてみる

自分の生き方も周りの影響を受けている

自分に影響を与える要素

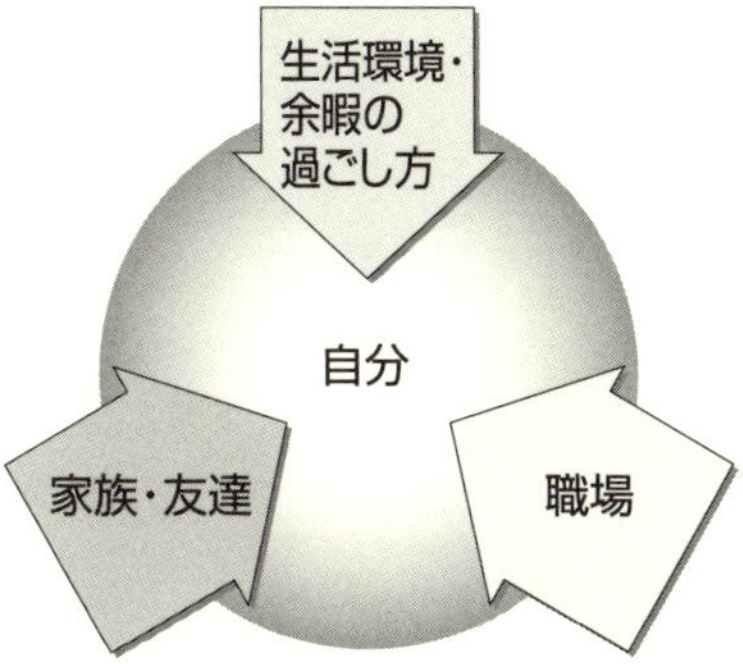

資料：フォアサイト・アンド・カンパニー

ービスを提供している、だから顧客がそれを買うのは当然だ、という「提供者の論理」が幅を利かせていた。しかし現実には、顧客は自分たちの価値観やライフスタイルなどによって買う商品やサービスをどんどん変えていく。となれば、企業もそれに合わせて商品やサービスを変えていかなければならない。

また、競争相手については「誰が競争相手なのか？」と、自分で自分に問いかけていなければならない。したがって私たちは、常に世の中で何が起こっているのか、ということに目を凝らし、耳をそばだてていなければならない。まず、その意識を持つことが重要なのである。

たとえば、海外で活躍する企業や海外情勢に影響を受ける企業の場合、マクロと言った時には、まずグローバルな視点が必要になる。一方、ローカルな企業の場合は、まず日本経済の視点、次に市場の視点、それから会社全体の視点が必要になる。つまり、ここでも大きなところ（全体）から小さなところ（細部）へ下りていき、グローバル→日本→市場→会社という「流れ」で見ることが重要なのである。

それを「もし、あなたが自動車販売会社（ディーラー）の営業マンだったら」という設定で考え、さらに理解を深めてみよう。

営業マンのあなたは悩んでいる。昔は売れたのに、最近は景気も悪いし、どんなにお客さんを訪問しても、なかなか買ってくれない。メーカーからの要求も多いし、インターネット販売など競争相手も変わってきているようだ。いったいどうなっているのか？　どうすればいいのか？　という状況で

同じように、企業行動も、顧客や競争相手、その他の外的要因によって影響を受けている。それを知ることは重要

企業行動に影響を与える要素

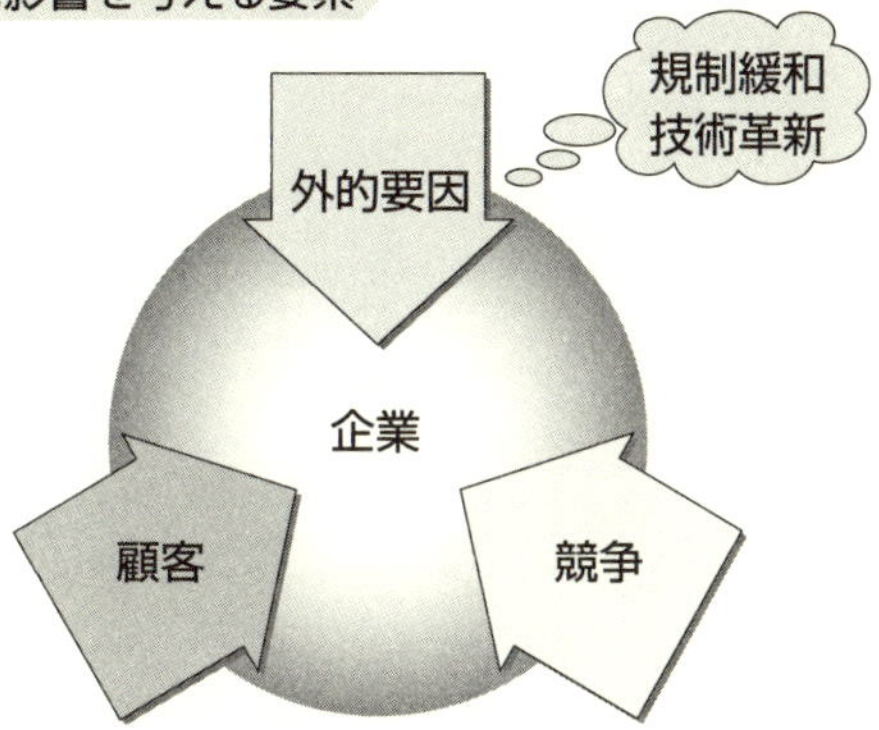

資料：フォアサイト・アンド・カンパニー

日本の経済、市場の状況が自分たちにどのような影響を与えるのかを常に意識しなければならない。業種によっては、グローバルな視点が必要になる場合もある

必要な視点

資料：フォアサイト・アンド・カンパニー

ある。

この場合も、マクロの動向（影響を与える外的要因を知る）→市場の状況（市場と競争環境を理解する）→自社（自分の会社を見てみる）という流れで、大きなところから小さなところへ順序で見ていくことが大切だ。それも自動車と関係のありそうなことを調べていく必要がある。

では、マクロの動向とは、どんなことを知ればいいのか？　自動車の販売について考えるうえで参考になる指標とは何なのか？　大半の人は、日本の景気は自動車の販売に関係あるのか？　関係があるとしたら、景気を知るためにはどうすればいいのか？　と考えると思う。あるいは消費する力というか、そもそも消費者の購買意欲はどうなっているのか？　自動車は高額商品だが、良いものなら買ってくれるのだろうか？　というように、何か疑問がわいてくるはずだ。

あなたは、自動車販売会社A社の営業マンです。
この人の立場にたって、理解を深めてみましょう

自動車営業マンの悩み

最近は景気も悪いし、どんなにお客さんを訪問しても、なかなか買ってくれない。売れなくて困る。昔は売れたのに。メーカーからの要求も多いし、なんかインターネット販売など、競争相手も変わってきているようだし。いったい、どうなっているの？　どうすればいいの？

資料：フォアサイト・アンド・カンパニー

考え方としては、大きなところから順序で見ることが大事。
それも、自動車と関係のありそうなことを
調べていく必要がある

知るべきこと

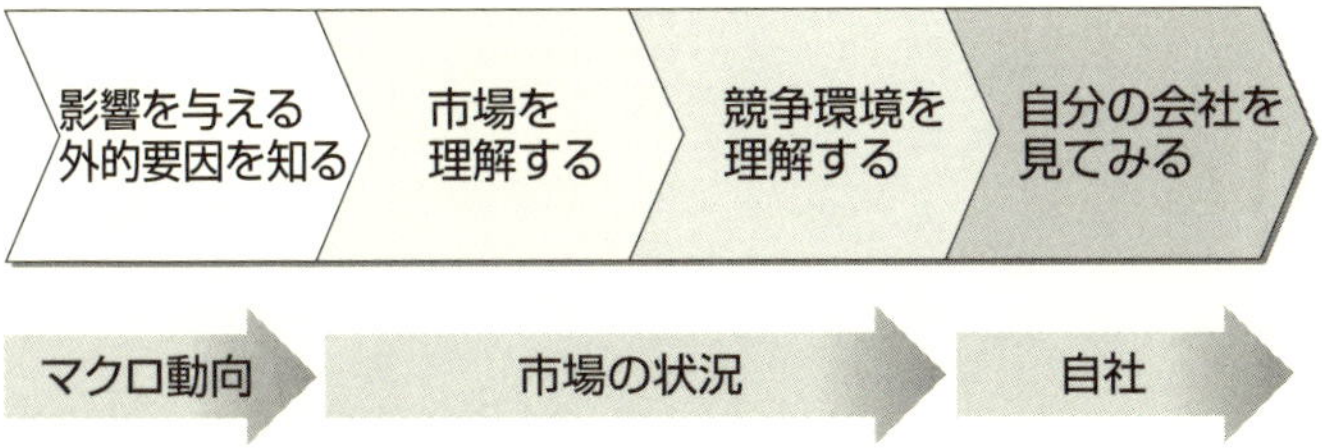

資料：フォアサイト・アンド・カンパニー

マクロの動向って、どんなことを知ればいいのだろう。
それも、車の販売を考えるうえで参考になることって
どんなことなんだろう

マクロの動向を知る

日本の景気は車の販売に関係あるのかな。
関係あるとしたら、景気を知るためには
どうすればいいのかな?

消費する力というか、そもそも購買意欲って
あるのかな?

車は高額だけど、良いものなら
買ってくれるのかな?

資料：フォアサイト・アンド・カンパニー

■代表的な指標の使い方

景気を総合的に判断する代表的な指標には、まず経済成長率＝ＧＤＰ（国内総生産）成長率というものがある。その推移を見れば、日本はどのように成長してきたのか、昔と比べて今の景気はどうなっているのか、日本経済は今後良くなるのか、といったことが分かるのだ。

１９６７年から２０００年の実質ＧＤＰ成長率を眺めてみると、74年の大きな落ち込みはオイルショック、90年以降の落ち込みはバブル崩壊のせいである。96年にいったん盛り上がっているのは消費税率アップ前の駆け込み需要によるものだ。そして98年には、金融破綻に起因した激しい景気後退によって、オイルショックの74年以来24年ぶりにマイナス成長を記録した。このようにＧＤＰ成長率の推移を追ってみれば、日本の景気が悪いということは、なるほどこういうことなのか、と

景気を総合的に判断するには、まず経済成長率（ここではGDP成長率）を見て、調子が良いのか悪いのか、どれぐらい悪いのか知ってみよう

景気の動向を知る

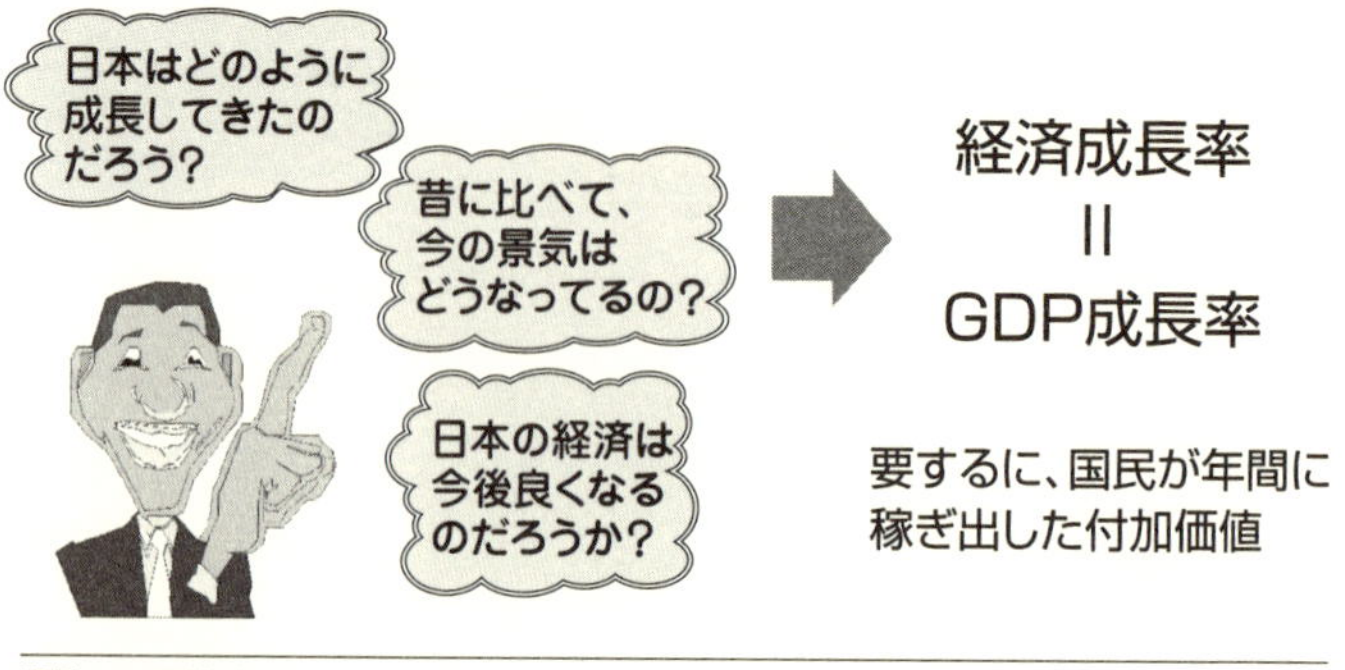

日本はどのように成長してきたのだろう？
昔に比べて、今の景気はどうなってるの？
日本の経済は今後良くなるのだろうか？
経済成長率
＝
GDP成長率
要するに、国民が年間に稼ぎ出した付加価値

資料：フォアサイト・アンド・カンパニー

GDPの成長率を見ると、日本の景気動向がよく分かる。
90年にバブルが崩壊し、98年には金融破綻に起因した
景気後退が激しく、24年ぶりにマイナス成長

実質GDP成長率（1967〜2000年）

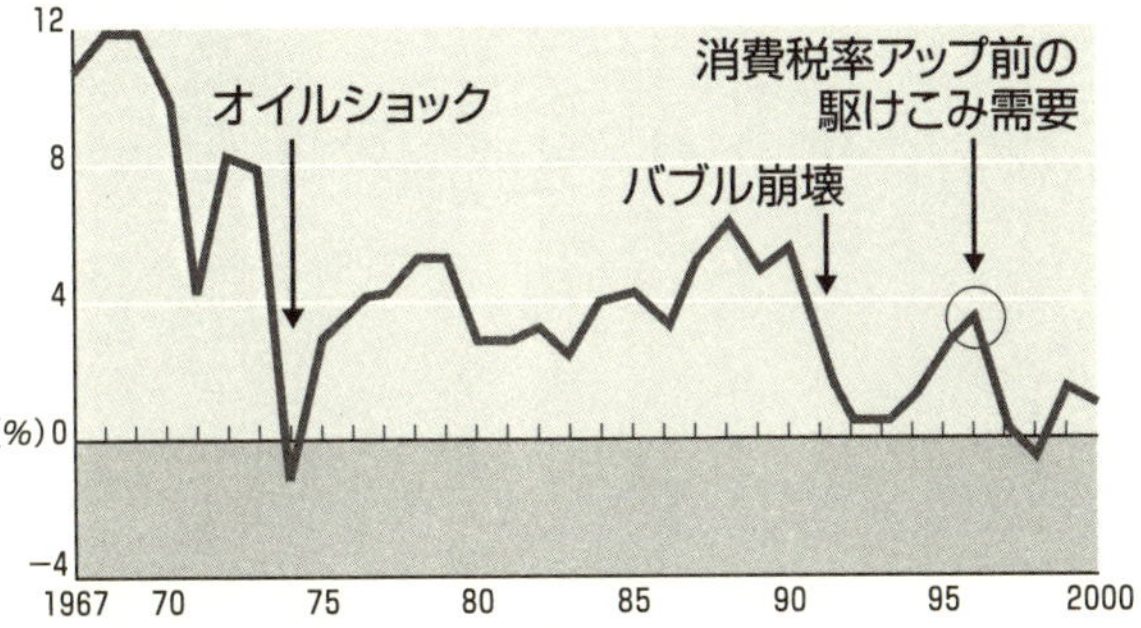

資料：経済統計年報、新聞記事

もうひとつ、可処分所得の中で、
皆がどれぐらいお金を使って買い物をしているか見てみる。
消費支出はここ数年ず〜っとマイナスであることが分かる

消費性向（1970〜2000年）

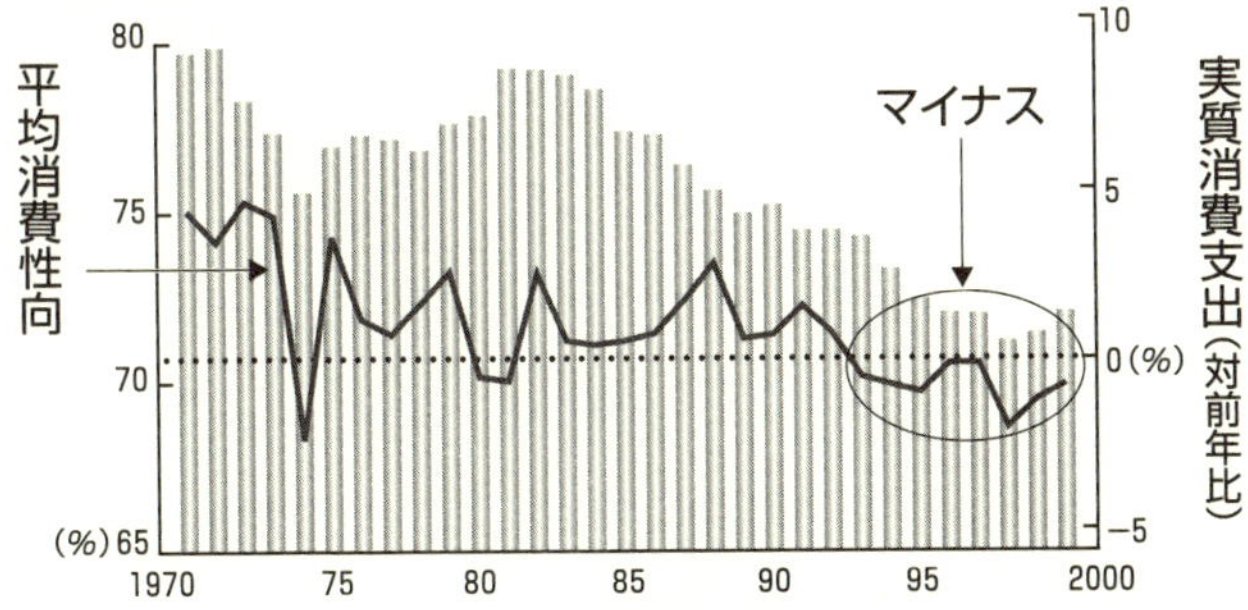

注：平均消費性向は、可処分所得に占める消費支出の割合

資料：家計調査年報をもとにフォアサイト・アンド・カンパニー作成

分かるわけだ。

もう1つ、消費性向という指標がある。これは可処分所得（自分で自由に使えるお金）の中で、みんながどれくらいお金を使って買い物をしているか、というデータである。１９７０年から２０００年の推移を見ると、平均消費性向（可処分所得に占める消費支出の割合）は80年代半ばから下がり続け、実質消費支出も93年以降は前年よりマイナスになっている。

要は、みんなお金を使わずに貯金しているわけだ。もし、リストラで失業したら大変だから、貯金に励んでおこう、ということだと思うが、とにかくみんな財布の紐が固いのである。

しかし、一方には面白いデータがある。バブル崩壊後の家計消費の推移（90～２０００年の対前年比伸び率の平均値）を見ると、衣料品や家具・家事用品、食料品、教育などのいわゆる生活用品は落ち込んでいるが、住居（家賃）、保健医療、光熱・水道、交通・通信などの必需品は伸びており、自動車購入も必需品扱いなのか、年率１・８％伸びているのだ。

さらにいろいろなデータを調べてみると、「上位10業種の年間販売額－小売業」というマクロ指標も見つかる。自動車小売業は全小売業の12％を占めて百貨店に次ぐ販売額を誇っており、基幹産業と言える。たしかにそうなのだが、他の小売業との比較は自動車の販売とは関係がない。「大きなところから」と言っても、この指標は自動車の販売に影響を与えるものではなく、自動車販売会社の営業マンには役に立たない。したがって、わざわざチャートを作る必要はない。もちろん知っていて悪くはないが、テーマと無関係なマクロ指標は省略してかまわないのである。

しかし、一般生活用品に比べると、自動車も
必需品扱いなのか、けっこう成長していることが分かる

バブル崩壊後の家計消費の落ち込み（1990～2000年）

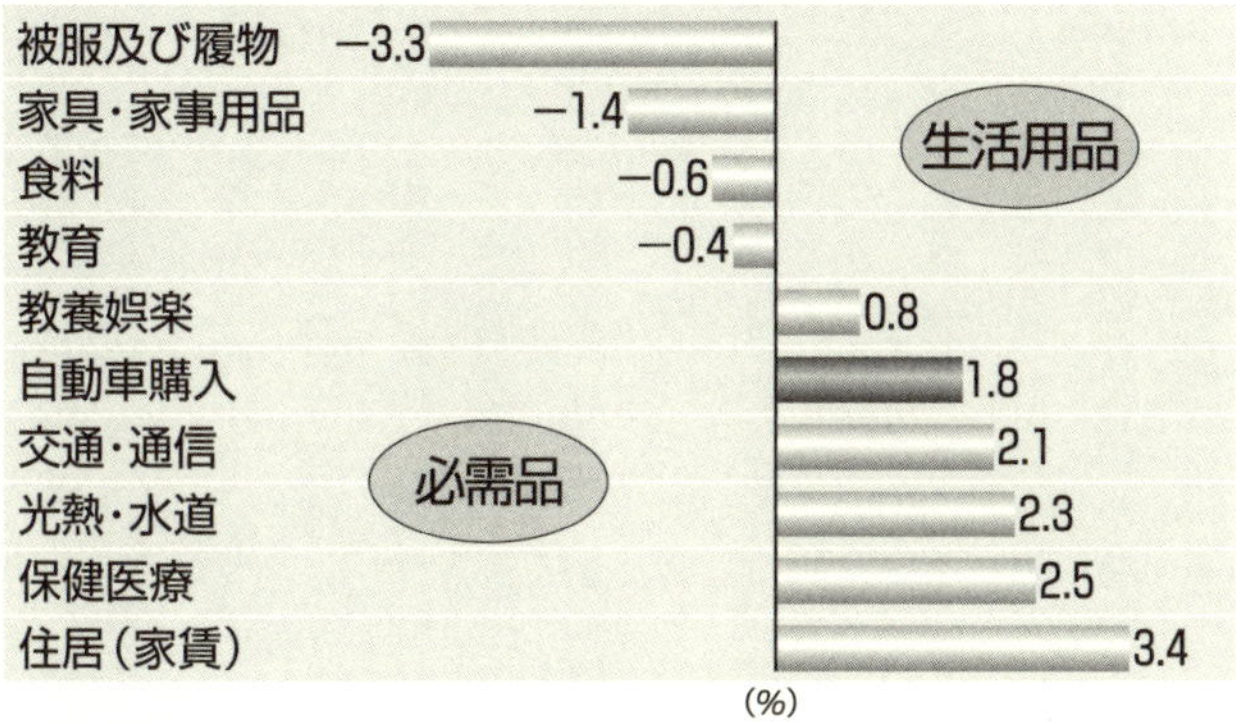

資料：家計調査年報をもとにフォアサイト・アンド・カンパニー作成

大きなところからと言っても他の小売業と比較しても
車の販売と無関係だから、飛ばしてもよい

上位10業種の年間販売額-小売業（1999年）

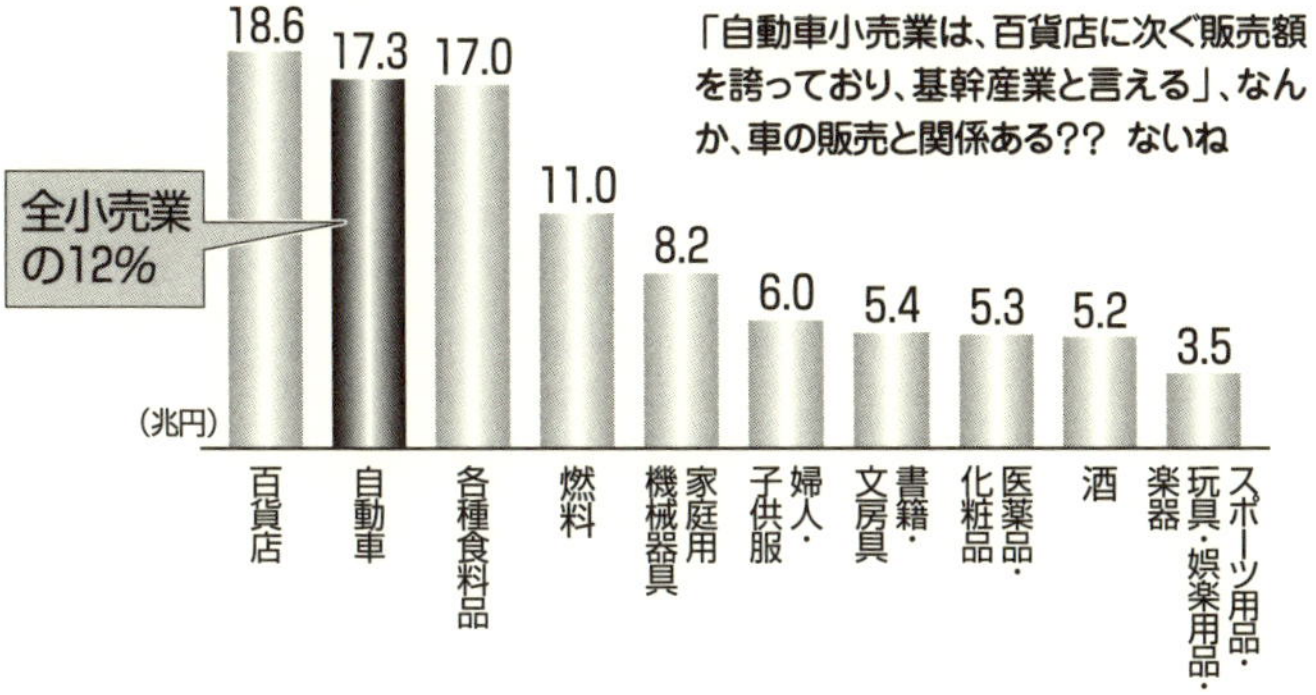

資料：商業統計表（通産省）

では、以上のマクロ指標を総合すると、何が分かるのか？　もはや昔のような高い経済成長は期待できない。お客さんの財布の紐は固い。しかし、必需品にはお金を使っており、自動車は必需品として認識されているようだ。ということは、景気が悪いから、かなり努力をしないと業績は上がらないだろうが、やり方によってはいけるのではないか。こう営業マンが考えたら、これは素晴らしいことだ。このように、いつも頭の中で「要は、どういうことなのか？」と考える癖をつけてもらいたい。

ここまでのポイントを改めて整理してみよう。

①マクロの動向→市場の状況→自社の立場と、全体から部分へ、大きなところから小さなところへ下りてくる。「取り巻く環境を理解する」と言っても、いきなり自分を取り巻く環境から始めてはいけない。大きな環境から順番に見ていかねばならない。

②マクロでは、自動車の販売に影響を与えそうな経済指標を選んでみる。

③いくつかの〝事実〟、たとえばGDP成長率や消費性向、家計消費などの数字が分かったら、要はどんなことが言えるのか、を常に考える。「ああそうか」で済ませるのではなく「ということは、この3つのチャートを合わせると、こんなことが言えるぞ」となることが大事である。

④たとえ知ったとしても、自動車販売に関連のないマクロ指標は省略してよい。関連のないことのためにエネルギーを使っても意味がない。無駄である。だから、全体を知る中で関連のありそうなところにあたりをつけ、まずそれを調べてみる、という〝メリハリの利いたアプローチ〟が重要なのだ。

今のことからどんなことが分かるかな

何が分かる？

景気は悪いのだから、
かなり努力しないと
業績は上がらない。
やり方によっては、いける
もはや、昔のような
高い経済成長は
期待できない
お客様の財布の紐
は固い。でも必需品
として認識されて
いるかも

資料：フォアサイト・アンド・カンパニー

ここまでのポイント　CHECK POINT

- マクロの動向、市場の状況、自社の立場と、全体から小さなところへ下りてくる
- マクロでは、自動車の販売に影響を与えそうな経済指標を選んでみる
- いくつかの“事実”が分かったら、「要はどんなことが言えるのか？」を常に考える
- 知ったとしても、自動車販売に関連のないマクロ指標は省略してよい

流れで周りを理解するⅡ

CD-ROM §2・L9

経済成長率や実質消費支出などの指標から日本経済全体のマクロな動向を捉えたら、次は「流れ」の第2ステップとして、顧客や競合などの切り口から市場の状況を捉え、どんなことが起きているのか、ということを理解しなければならない。市場を理解する時も「大きなところから小さなところへ」という流れで捉えることが重要なのだ。

そこで、この項では「顧客」の切り口から市場を捉える際の具体的な流れを学ぶとともに、そこからどんなことが言えるのか、つまり「要は何なのか？」を考える時のポイントを学習していく。

■市場の視点は全体から細部を見る

ここでも、まず全体を理解したうえで、市場全体と市場の細部を見てみる、という流れになる。市場の細部は、簡単に取れる分類項目によって検証する。さらに、競争環境がどうなっているのか、ということも平均値（全体像）を押さえておく必要がある。

一例として、市場の視点から自動車販売の動向について考えてみよう。おそらく大半の自動車ディーラーの営業マンは、自分の数字や自分の拠点の数字は把握していても、日本全体などのマクロな数字は知らないか、知っても関係ないと思っているのではないか。しかし、それは間違っている。日本経済の視点→顧客や競争など市場の視点→会社全体の視点、と順番に見ていくことが大切なのだ。しつこいようだが、どんな場合でも常に大きなところ（全体）から小さなところ（細部）へ下

次に、市場の視点で自動車販売の動向を見てみる

必要な視点

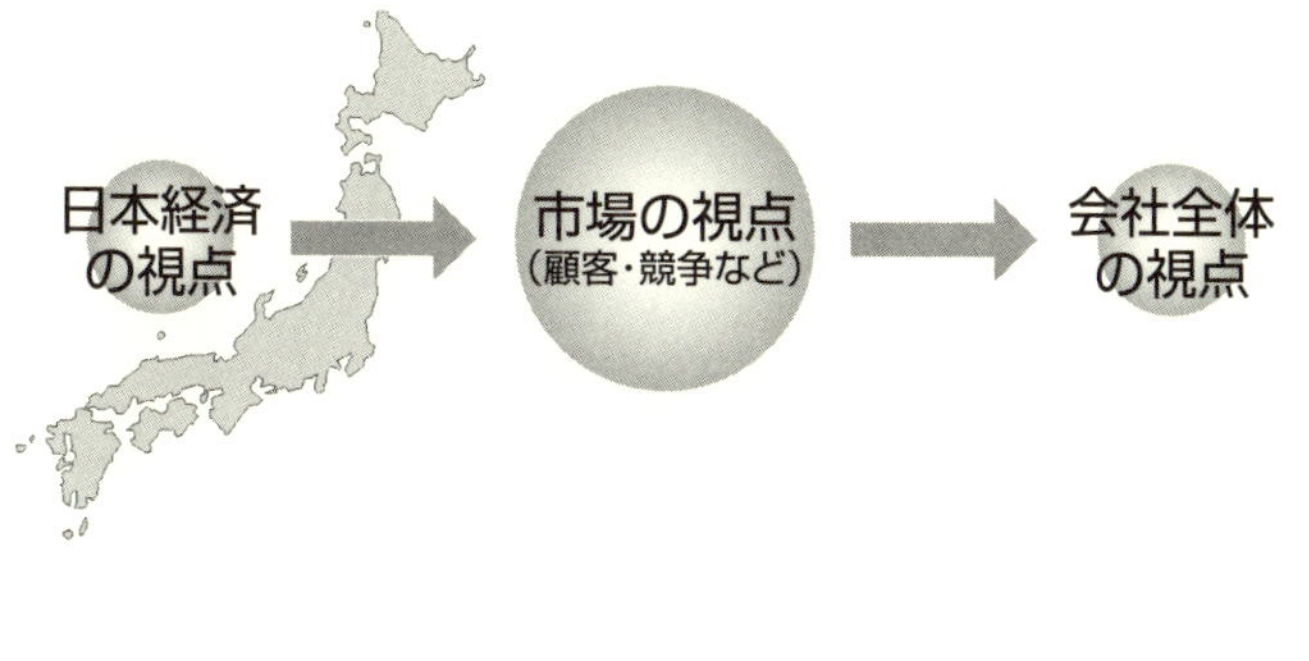

資料：フォアサイト・アンド・カンパニー

りていく。それが一番分かりやすいのである。

では、自動車市場がどうなっているのかを見てみよう。市場を理解するためには、まず市場の大きな流れをつかむ→市場を細かく分ける項目を考えてみる→その項目の重要度を考えてデータを取ってみる、という順番になる。項目の重要度を考える、すなわち重要度の高い項目から選んでいくのは、できるだけ無駄をなくして時間を効率的に使いたいからである。

自動車市場の大きな流れをつかむためには、「そもそも自動車市場とは何なのか？」ということを最初に理解しなければならない。それは生産台数なのか？　だが、生産台数には輸出が入っているから、どうも違うようだ。とすると、新車登録台数がいいかもしれないな、と思えばしめたものだ。

で、新車登録台数（乗用車）のデータを調べてみる。過去40年間の流れを見ると、高度成長期の1960年代はひたすら増え続け、70年代のオイルショックで微増に転じ、80年代末のバブル期に急増したものの、90年のバブル崩壊後は落ち込んでいる。要は、このところ新車が売れなくなってきている、ということが分かるわけだ。

昔のように自動車市場が大きく成長していないことが分かったら、次に、それはどういうことなのかを理解してみよう。新車登録台数が少ないのだから、顧客が新車を買わなくなってきたことは確かである。しかし、車は必需品だから、車を全く持たないということはないはずだ。とすると、買い替えまでの期間が長くなっているのかもしれない。実際、自分も昔は車検ごとに買い替えていたが、最近はもっと長く乗っている。では、保有期間がどうなっているかを見てみよう、という思考ができれ

まず、市場がどうなっているのかを見てみる

市場を理解する

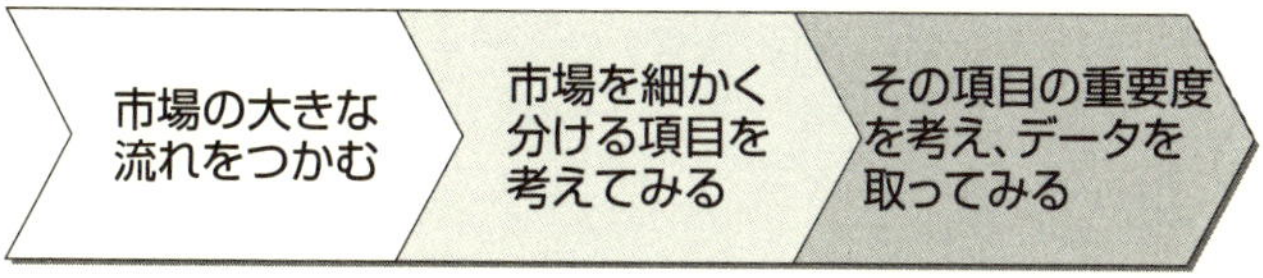

資料：フォアサイト・アンド・カンパニー

過去40年間の流れを見ると、よく分かる。新車登録台数は、90年をピークに落ち込んでいる

新車登録台数-乗用車（1959〜2000年）

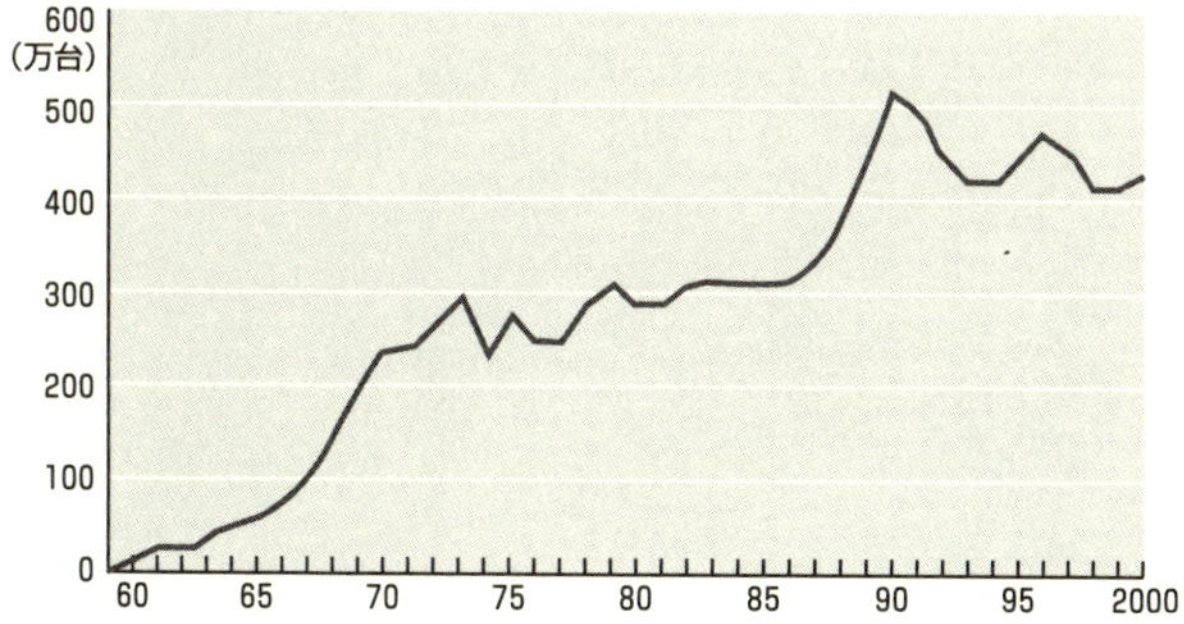

注・普通車、小型、軽の合計

資料：自動車統計月報（自販連）

ばＯＫだ。

で、自動車保有年数のデータを調べてみると、平均保有年数は89～99年の10年間に５・１年から５・９年に延びている。同じ車に7年以上乗っている人が89年は32％だったのに、99年は49％に増加している。

このデータによって、市場全体の流れとしては、顧客が買い替えを控えている、という仮説が検証された。つまり、顧客は一度車を買うと、なかなか次の車に買い替えないようになってきた。だから新車が売れなくなってきた。もはや市場全体は成長していないし、今後の成長も期待できない、ということが分かったわけだ。

■思考は常に前進させる

しかし、ここで思考をストップさせてはいけない。ストップさせたら、市場全体が伸びていないのなら売れなくても仕方がない、という後ろ向きな発想になりかねないからだ。それでは営業マン失格である。この場合は、市場をもっと細かく見てみると、伸びている分野があるのではないか？　と考えなければならない。最初から日本経済が低迷していることは分かっている。日本経済を牽引してきた基幹産業の自動車も、国内ではかなり調子が悪い。しかし、全部が全部悪いのか？　そうではないのではないか？　なかには新車を手に入れるまでに半年待ちという車種もあるのだから、売れているものと売れていないものがあるのではないか？　と疑問を持つことが大切なのである。

近年、自動車の保有年数は長くなっている

自動車の保有年数（1989〜99年）

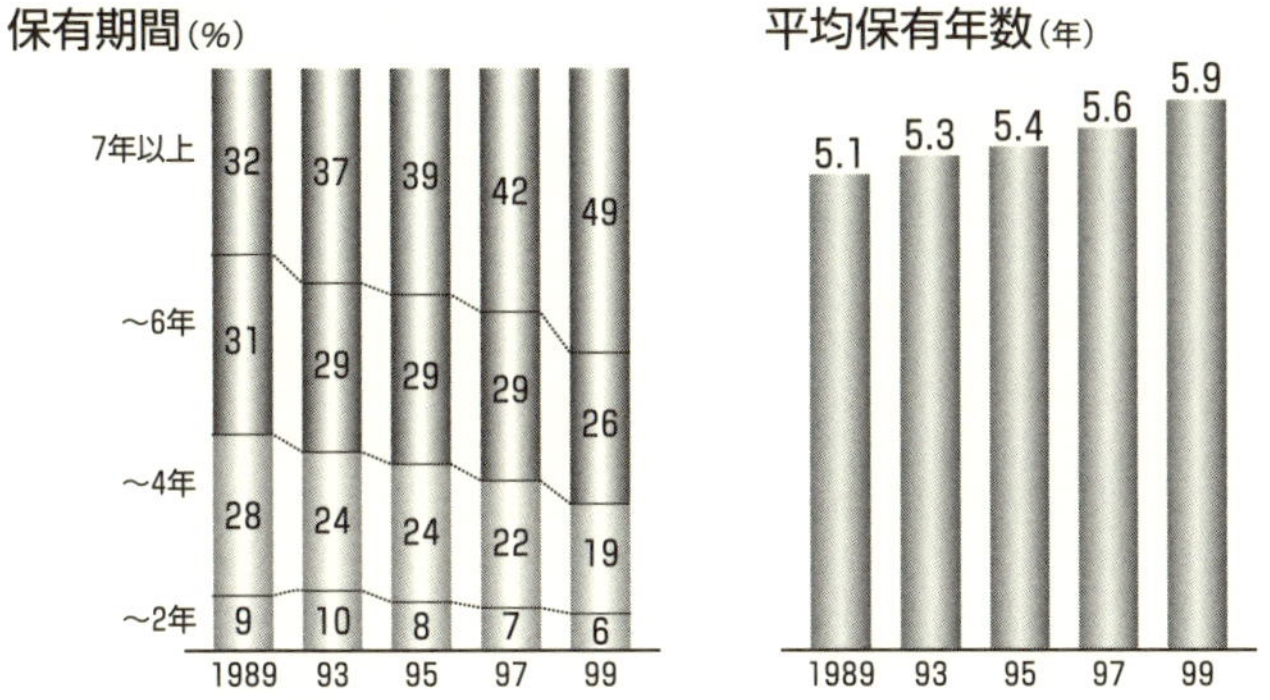

資料：乗用車市場動向調査（自工会）

細分化して、成長している分野を探してみる

市場全体の流れ

ーつまり、市場全体はもはや伸びていないし、今後の成長も期待できない

ーでも、市場をもっと細かく見てみると、伸びている分野はあるのではないかな

資料：フォアサイト・アンド・カンパニー

そういう思考ができた営業マンは、もし売れているものがあるのなら、それを積極的に売ってみよう、という発想になるはずだ。すると次は、市場を細分化し、成長している分野を探してみる、というステップになる。

では、「市場の細分化」とは、どういうことか？　統計書などに出ている分類項目というものもあるが、それよりも実際に道路を走っている車を思い浮かべてみたほうがいい。

たとえば、国産車だけでなく外車もたくさん走っている。ということは外車の人気も高いのではないか？　外車はどれぐらい輸入されているのだろうか？　という視点を持つ人がいるだろう。あるいは、車には新車だけでなく中古車もある。最近は中古車専門の買い取り業者が増えて程度の良い中古車が多く出回っている。となると、中古車市場がどうなっているか、気になる人もいると思う。また、車はセダン、クーペ、ＲＶ（レジャービークル）などタイプによって用途が違う。小型車、中型車、大型車、軽自動車というサイズの違いもある。その分類で見たらどういう状況になっているだろう？と思う人もいるに違いない。このような国産車と外車、新車と中古車、セダンとＲＶ、大型車と軽自動車といった見方、すなわち市場を細分化した見方に気がつけば、しめたものである。

そういうことに気がついたら、実際にそれらのデータを調べてみよう。まず、輸入車の動向である。新車販売に占める輸入車の割合は、70年はたったの１％だったが、80年は２％、90年は５％、２０００年は９％に増加している。これを成長度合いのチャートで描くと、国産車に比べていかに輸入車が大きく伸びているか、よく分かる。近年は少し落ち込み始めているのだが、とにかく成長の度合いは

「市場を細分化する」とは、どういうことなんだろう。何を見ればいいのだろう

市場の細分化

走っている自動車を思い浮かべてみる

ー国産車だけでなく、最近は外車の人気も高い。外車はどれくらい入ってきているのだろう

ー新車だけではないはず。中古車もある

ー車によって用途は違う。セダンとかRVの違いがある。それで見てみたら、どうだろう?

資料:フォアサイト・アンド・カンパニー

日本において輸入車は確実にシェアを伸ばしている。国産車の成長と比べてみても、輸入車は一途に拡大してきた

輸入車の動向(1970〜2000年)

新車販売に占める割合(%)

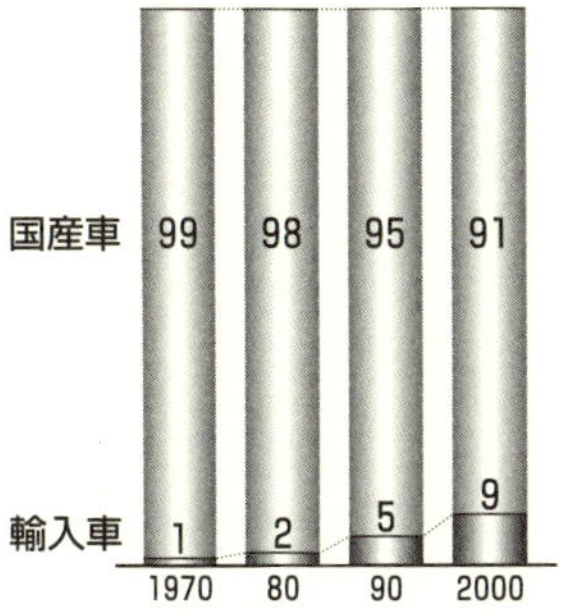

成長の度合い(1985=100%)

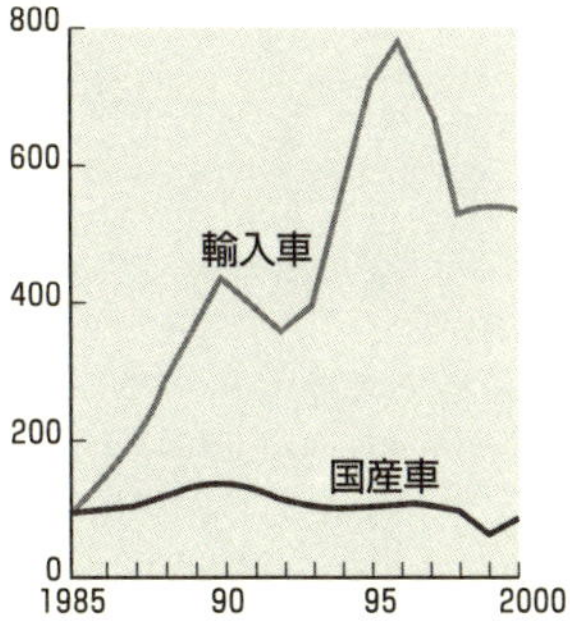

資料:日本自動車販売協会連合会、日本自動車輸入組合

大きい。予想通り、たしかに輸入車は伸びている。これをさらに細分化していくと、どんな輸入車が伸びているのか、ということを知りたくなると思う。これまた非常に大事な考え方である。

新車と中古車の比較も面白い。乗用車の販売台数を見ると、バブルが崩壊した90年以降は新車より中古車が伸びている。年平均成長率を見ても、86～90年は新車が9・4%、中古車が4・1%だったが、90～2000年は新車がマイナス3・6%に大きく落ち込む一方で、中古車はしぶとく1・2%増加している。つまり、車すべてが売れなくなったわけではないのである。

次に、消費者が保有している車の用途別・サイズ別データを見てみよう。89年は全体の5%でしかなかったRV系の車と3%に過ぎなかった軽自動車の割合が年々増え続け、99年はRV系がトップの30%、軽自動車も17%を占めるようになった。その一方では、小型車が47%から26%に、大衆車が38%から20%に減り続けている。

■"要は何か"を常に考える

そこで、しつこいようだが「要は何なのか?」である。国内の自動車市場は全体的に見ると萎(しぼ)んでいる。バブル崩壊後、新車の登録台数は減り続けている。しかし、その中身を見ると、輸入車、中古車、RV、軽自動車のカテゴリーは成長している。国産車から輸入車へ、新車から中古車へ、大衆車や小型車からRVや軽自動車にシフトしてきて、とくにRVは完全に定着したと言えるだろう。そうした事実を発見することが、自動車ディーラーの営業マンにとって非常に重要な意味合いを持ってく

90年以降、中古車が新車を上回って伸びている

新車と中古車の比較-乗用車（1986〜2000年）

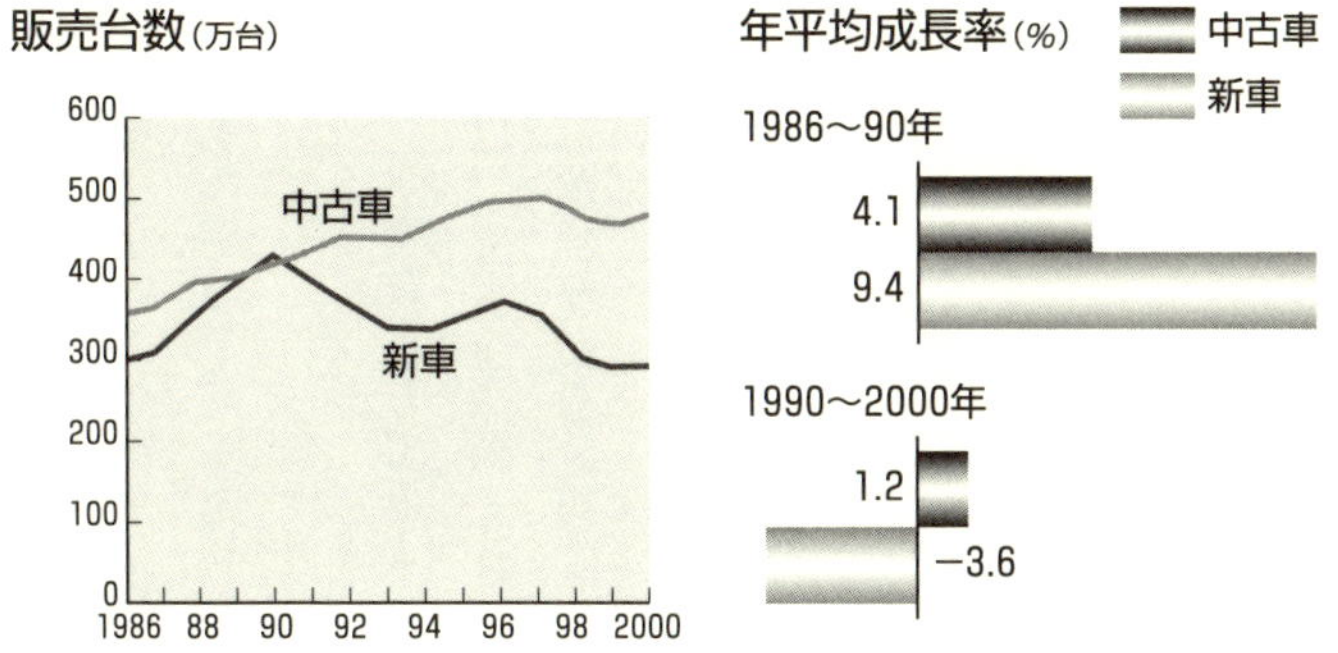

注・軽自動車を除く

資料：自動車統計月報（自販連）

消費者が保有する車を見ても、RV系と軽自動車が大幅に増加していることが分かる

どんな車を保有しているか（1989〜99年）

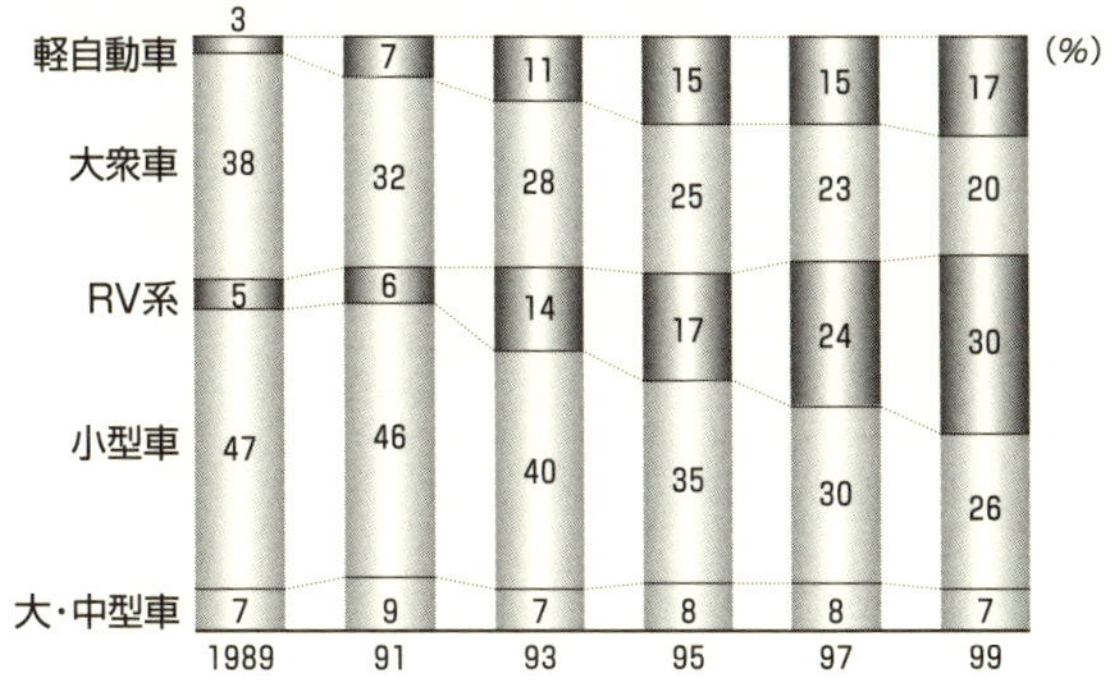

注・RV系はキャブワゴンとボンネットワゴンを合わせた数字

資料：乗用車市場動向調査会（自工会）

るのだ。

つまり、顧客の志向が昔とは大きく変化して市場の状況が変わってきたのだから、営業マンも売り方を変えなければならない。それを会社で提案しなければならない。もし、そういう現状を知らないまま、相も変わらず10年前と同じ売り方をしているとすれば、その人は営業マン失格と言わざるをえないだろう。

ここまでのポイントを整理してみよう。

①市場を見る時は、まず全体の流れ、大きな流れがどうなっているのかを把握する。具体的には、市場が成長しているかどうかを最初に知る。もし、市場が成長していなくても悲観することはない。必ず成長している部分があるはずだからである。

②全体の流れが把握できたら、次は市場を構成している、より細かい項目を考え、あるいは観察し、そのデータを押さえてみる。

③そして、何か変化や特徴がないかを探り、何が起きているのか、事実をつかむ。

それらをまとめて「要は何なのか?」を考える、この思考回路を癖づけることが、極めて重要なのである。

「要は何なのか?」をまとめてみる

市場を理解する

市場は大きく変わってきたし、お客さんの志向も大きく変わってきた。傾向としては新車から中古車へ、セダンから小さな車へシフトしている。また、RVも市場に定着したと言えるだろう

市場が変わってきたとすると、車を販売する側である自分たちにとっても大きな影響があるはず。取り組みを変更する必要があるということか

資料：フォアサイト・アンド・カンパニー

ここまでのポイント CHECK POINT

- 市場を見る時は、まず全体の流れがどうなっているかを把握する。市場は成長しているかどうかを見る
- 全体の流れが把握できたら、市場を構成しているより細かい項目を考え、データを押さえてみる
- 何か変化や特徴がないかを探り、何が起きているのか、事実を把握する

流れで周りを理解するⅢ

CD-ROM §2・L10

市場を理解する時は「顧客」と「競合」という切り口から捉えることが必要だ。前項の「顧客」に続き、このレッスンでは「競合」の切り口から市場を捉える時の具体的な流れとポイントを学んでいく。

ここでも「全体から細部へ」「大きなところから小さなところへ」という流れで捉えることが重要だが、とりわけ「優良企業を見つけ、その取り組みを理解する」ということが大切になってくる。

そして、この場合も忘れてならないことは「要は何なのか？」を考えることである。

■競争環境の重要性を知る

問題解決をしようと思ったら、まず本質的な問題を理解しなければならない。そのための第1段階として前項では「流れで周りを理解する」という話をした。まずは日本経済という全体（大きなところ）から理解する。それから市場全体を理解し、簡単に取れる、あるいは皆さんが観察してすぐに分かるような分類項目で市場の細部（小さなところ）を見ていく。それによって、どのような市場になっているのかというイメージをつかむ。

この項では、流れで周りを理解する第2段階として「競争環境はどうなっているのか」ということについて話を進める。この場合も、競争環境がどうなっているのか、平均値で全体像を押さえてみる。

競争環境を理解する時は、競争相手は誰かを知る→参入企業の平均値を見て構造を理解する→優

次に、競争環境を理解する

資料：フォアサイト・アンド・カンパニー

良企業の取り組みを理解する、という順番になる。つまり、ここでもやはり流れで見ていくわけである。

この中では「競争相手は誰か」を知ることが最も大切だ。皆さんに考えていただきたい。皆さんの競争相手は誰なのか？　多くの場合、今まで戦ってきた相手を競争相手と捉えるだろう。しかし、現実にはそうではないかもしれない。インターネットという新しいツールが登場したりして、今まで予想もしていなかった人が競争相手として捉えられるようになってきたからだ。

分かりやすい例は、ファストフード業界である。ファストフード業界で「競争相手は誰ですか？」と聞くと、これまでは同業他社の名前が出てきた。たとえば『マクドナルド』なら『モスバーガー』という具合いである。

しかし最近、ファストフード業界では「競争相手は携帯電話だ」と言ったりする。女子高生や短大生、女子大生は携帯電話の通話料に非常にお金がかかるため、ファストフード店に行く回数が減っているからだ。これは拡大解釈すると、新しい競争相手が現れた、競争相手が変わってきた、と言える。だから、私たちは「競争相手は誰か？」を知ることが極めて重要なのである。

前項に続いて自動車ディーラーのケースで考えてみよう。自動車ディーラーにとって競争相手は誰だろうか？　各自動車メーカーは1県に1つのディーラー、あるいは複数のディーラーを展開しているわけだが、テリトリー制だから、まず、その地域で顧客の奪い合いをしている他メーカーの販売会社、あるいは同じメーカーの他の系列会社が競争相手となる。

ほかには、どんな競争相手が考えられるだろうか？　たとえば、中古車専門店。近年は中古車だけ

誰が競争相手であるかを見極めることは重要。とくに、その影響が大きそうな時には、しっかりと見極める

◎新しい競争の始まり

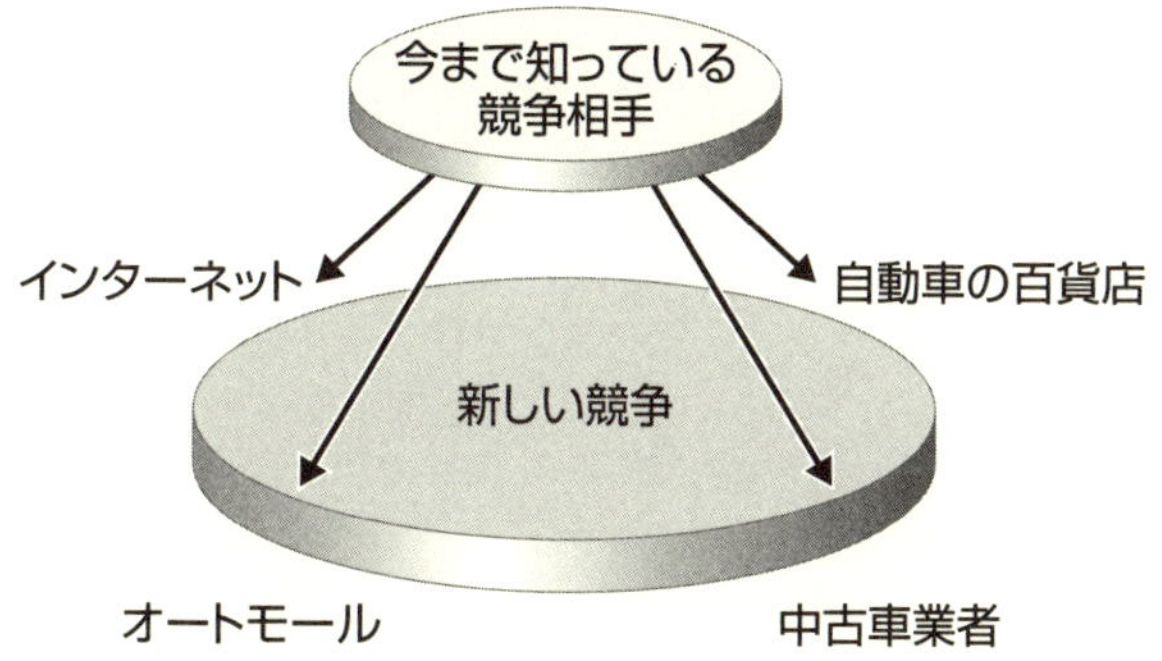

資料：フォアサイト・アンド・カンパニー

に力を入れている会社がある。前項で大きな流れを見た時、中古車の販売額が伸びていることが分かった。とすると、いろいろなメーカーの中古車を扱っている中古車専門店はディーラーの脅威になってくるかもしれないから、競争相手と見る必要があるだろう。

あるいはインターネット。インターネット・ビジネスはいまいちと言われつつも、次第に力を発揮しつつあるようにも思える。さらにオートモールや各メーカーの車をそろえた「自動車の百貨店」と呼ばれる業者も登場している。つまり、新しい競争が始まっているのだ。したがって、その現状も理解しておく必要がある。

■新しい競争相手との戦い方を覚える

誰でも今まで知っている競争相手との戦い方は知っている。皆さんもそうだろう。頭の中に浮か

ぶ競争相手がどういう手を打っているか、それに自分たちがどう対抗しているかということは、改めて考えるまでもないはずだ。

しかし、新しい競争相手の戦い方は、従来の競争相手とは全く違う。それに対して同じ戦い方をしていたら勝てない。自分たちも戦い方を変えなければならない。とくに、新しい競争相手の影響が大きそうな時は、その点をしっかりと見極める必要がある。従来の競争相手と同様に新しい競争相手を理解し、どういう戦い方をしているのかを知ることが重要なのだ。

たとえば、インターネットによる自動車販売事業への新規参入の状況を理解すれば、その影響力の大きさを推測できる。時間軸で1998年以降の流れを見ると、とくに99年の新規参入が非常に多く、2001年には自動車メーカー各社でインターネットなどによる受注システム「Build-to-Order」が始まっている。このように新規参入が相次いでいるとなれば、インターネットによる自動車販売がかなり盛り上がってきており、もはや既存のディーラーとしても決して無視できない状況になっている、ということが分かるだろう。このように競争相手が多様化しているということは、既存のディーラーを取り巻く環境はいっそう厳しいものになってきた、ということである。

皆さんの中には「いや、そんなことは知っていたよ」と言う人も多いと思う。だが、「そんなこと」を数字や事実ベースで見たことがある人はほとんどいないのではないか。皆さんが「知っている」というのは、実はそういう話を聞いたことがある、新聞や雑誌で読んだことがある、業界の中や会社の中で話したことがある、という程度のケースが非常に多いのだ。

たとえば、インターネットによる参入なども理解しておくと、その影響力の大きさを推測できる

インターネット事業への参入

1998
- ▼10月〜 クイック

1999
- ▼2月〜 イサイズカーライフ
- ▼4月〜 イーカーネット
- ▼10月〜 Car 24
- ▼11月〜 オートバイテル
- ▼11月〜 カーポイント（現カービュー）

2000
- ▼1月〜 Gazoo（トヨタ）
- ▼7月〜 car-get

2001
- ▼ 自動車メーカー各社でインターネットなどによる受注システム「Build-to-Order」始まる

資料：各社発表資料

全体で起こっていそうなことを整理してみる

競争環境の変化

競争相手は今までと変わってきた

いろんな会社が、自動車販売に新たに参入している！

ーということは、ディーラーにとって、競争はさらに厳しいものになってきた！

ーディーラーの動きを数字で見てみよう！

資料：フォアサイト・アンド・カンパニー

しかし、噂で聞いたり、新聞や雑誌で読んだり、テレビで見たりしただけで「知っている」と言ってはいけない。大きなところから小さなところへ下りながら、数字や事実をしっかりと押さえなければ「知っている」とは言えないのだ。

そこで、自動車ディーラーの動きを数字で見てみよう。自動車販売業界の構造を理解するためには、業界の平均値を知る必要がある。この場合、本来は中古車専門店やインターネットの販売業者など、いろいろな競争相手について調べなければならないが、まずは自動車販売で最も大きな割合を占めている全国の自動車ディーラーの平均値はどうなっているのか、ということを見極めなければならない。具体的には、収益構造はどうなっているのか、ということである。要は、儲けているのか、何で儲けているのか、どういう分野で儲けているのか、ということを把握する必要があるのだ。

日本自動車販売協会連合会（自販連）の「自動車ディーラー経営状況調査報告書」によると、乗用車店の平均売上高の推移（90〜99年）を平均値で見ると、96年に消費税率アップ前の駆け込み需要があったものの、ならしてみると年平均成長率はマイナス0・9％。バブル崩壊後の9年間、売上高は減少していることが分かる。

一方、平均利益率を見ると、粗利率は16％前後を維持していて、大幅に悪化してはいない。しかし、経常利益率は消費税率アップ前の駆け込み需要があった96年の1・2％から98年は0・2％、99年は0・6％に落ち込んでいる。つまり儲からなくなっているわけだ。

ここで「ディーラーは新車だけでなく中古車も扱っていたはず。それを別々に見たらどうなってい

乗用車店の平均売上高は、年平均成長率−0.9%とマイナス成長

乗用車店の平均売上高推移（1990〜99年）

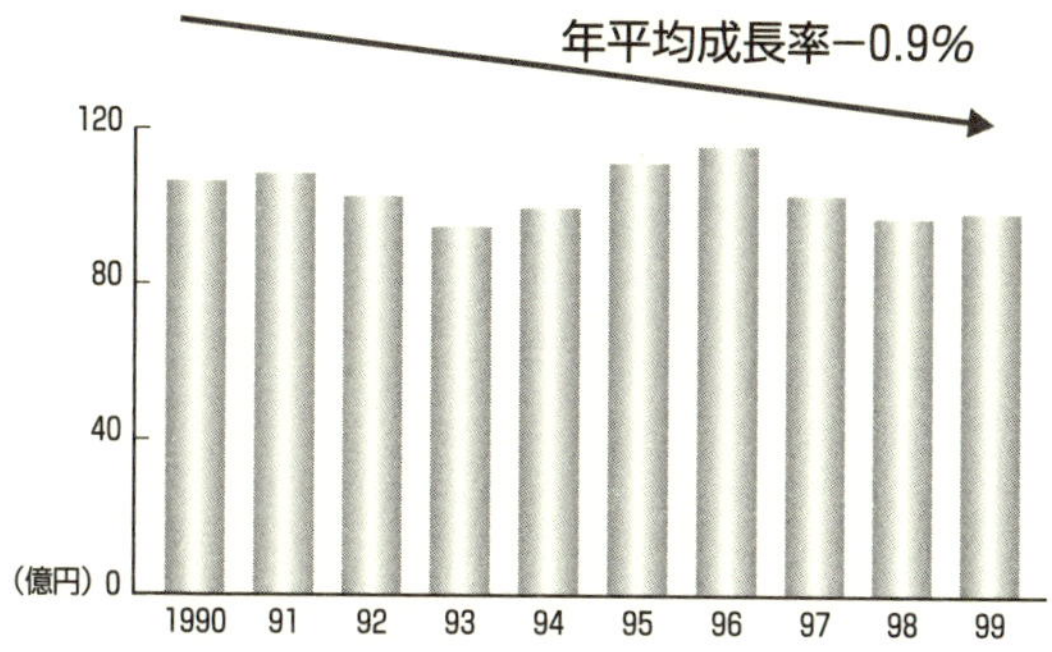

資料：自動車ディーラー経営状況調査報告書（自販連）

乗用車店の粗利率は大幅に悪化しているわけではないが、経常利益率は悪化していると言える

乗用車店の平均利益率（1990〜99年）

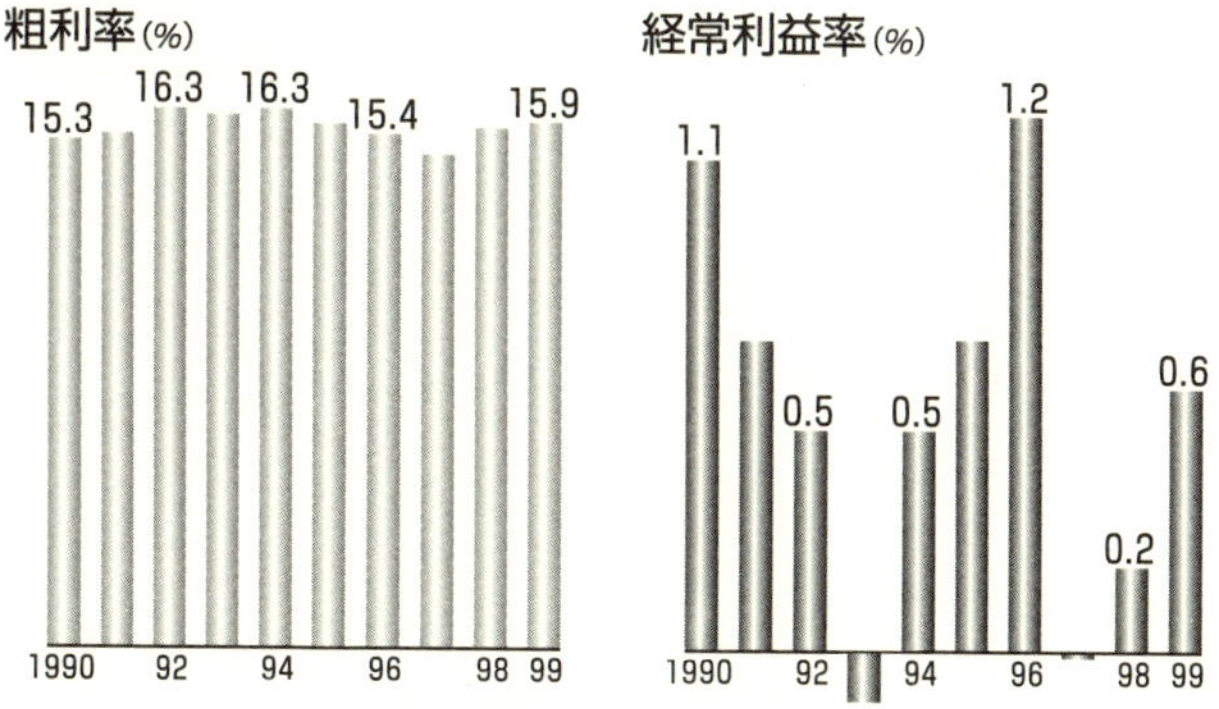

資料：自動車ディーラー経営状況調査報告書（自販連）

るのだろう?」と思った人は素晴らしい。何事も疑問を持つことが大事だからである。疑問を持つことによって、さらに詳しく知ろうとする。それは言い換えれば「分析する」ということである。分析というのは決して難しいことではなく、理解できるように細かく調べていくことなのだ。

乗用車店の部門別平均粗利率を見ると、新車販売の粗利率が年々低下している一方で、中古車販売の粗利率は年々高まっていることが分かる。ディーラーが中古車で稼ごうと考え始めていても不思議ではない。

■変化していることに注意する

さて、この段階で、変化していることを要約しておこう。つまり「要は何なのか?」である。しつこいようだが、いくつかの数字から何が分かったのか、何が言えるのか、と常に考えるように癖づけてほしいのだ。たとえば、市場(顧客)のところで見たように、顧客の関心は新車から中古車に移ってきた。もちろん、すべてが変わったわけではないが、中古車に対するニーズがずいぶん高まってきた。それに伴い、ディーラーも新車から中古車へと、力を入れる部分が変わってきている、と言えるかもしれない……。

となると、次は「じゃあ、自動車ディーラーの優良企業はどんなことをしているのだろう?」という興味がわかないだろうか。同じ業界にも、良い企業と悪い企業がある。どんなに低迷している業種でも、業績を伸ばしている企業はある。その企業は他の企業とは違うことをやっているはずである。

新車販売の利益率が年々低下している一方で、中古車販売の利益率は年々高まっている

乗用車店の部門別平均粗利率（1990〜99年）

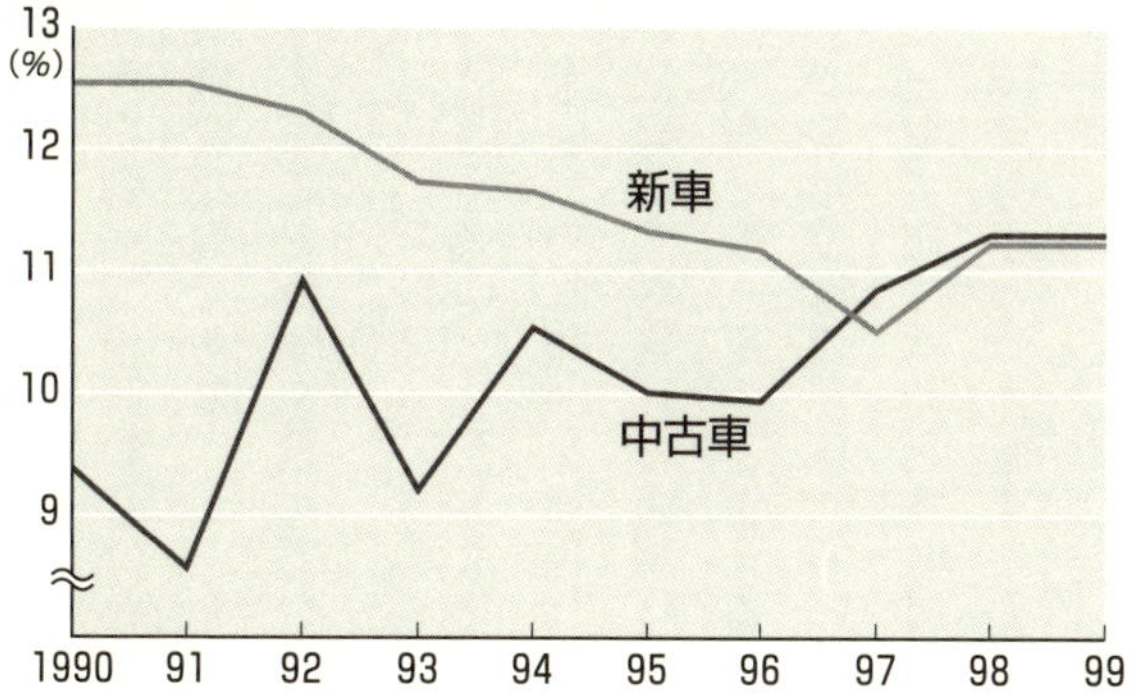

資料：自動車ディーラー経営状況調査報告書（自販連）

ビジネス雑誌などを読んで、優良企業の取り組みを簡潔に整理してみる

優良ディーラーの取り組み

- 名古屋トヨペット → 今までの新車販売中心からサービスの徹底を強化
- ホンダベルノ東海 → 従来、業界で常識とされていた訪問販売から、お客さんを来店させる来店型の販売を強化
- 日産カレスト座間 → 巨大スペースを活用し、お客さんが気軽に立ち寄れる店舗を作る

業界常識の見直しとお客さんの志向に合わせた独自の取り組み

資料：日経ビジネス（2000年7月24日）、週刊ダイヤモンド（2001年8月11・18日）

だから、競争相手を見る時は、優良企業を知ることを忘れてはいけない。その優良企業から学ぶためである。全国の自動車ディーラーの中で、新たな取り組みをして成果を上げている優良企業はないのか？　もしあったら、どのような取り組みをしたのか？　それらの企業に何らかの共通点はないのか？　そういう点を調べて理解しなければならない。優良企業には必ず共通点があるはずだから、それを知ることが重要なのである。

では、ビジネス雑誌や新聞を読んで、優良ディーラーの取り組みを簡潔に整理してみよう。たとえば、『名古屋トヨペット』は、従来の新車販売中心からサービスの徹底を強化する方向に転換した。『ホンダベルノ東海』は、これまで業界で常識とされていた訪問販売ではなく、顧客のほうから店舗に来てもらう「来店型の販売」を強化している。あるいは『日産カレスト座間』は、巨大スペースを活用して顧客が気軽に立ち寄れる店舗作りに努めている。これらはすべて業界常識の見直しと顧客の志向に合わせた独自の取り組みと言える。

つまり、今まで業界の常識とされていたことが常識ではなくなったわけで、そういう取り組みが優良企業の共通点として出てきたとすれば、これは素晴らしい発見である。

そこでまた、何が分かったかをまとめてみると、次の2点に要約されるだろう。

①優良企業は原点に戻り、「顧客が何を求めているのか？」ということを考えるようになってきた。

②新しい取り組みを行って、新しい競争に勝つことのできた企業だけが生き残ることができる。

もし、営業マンがこれに気づき、生き残るために自分も新たな取り組みを工夫してみよう、と考え

競争環境について「要は何なのか？」をまとめてみる

競争環境を理解する

バブル崩壊後、新しい競争が始まった。自動車業界にとっても、新しい競争相手が出てきたことにより、新しい戦い方が必要となってきた。優良企業は、新たな取り組みを行うことで生き残りをかけた勝負に出ている

そうした中で、自分の会社はどのような取り組みを行っているのか

資料：フォアサイト・アンド・カンパニー

ここまでのポイント　CHECK POINT

- まずは、競争相手が誰なのかを理解し、業界にどのような影響を与えているのかを理解する
- 業界の平均値を見ることによって、業界構造を把握する。とくに、収益構造を理解することが重要
- 常に「要は何なのか？」とまとめる癖をつける

ればOKだ。また、会社が変化するように提案しようとなったら、それこそまさに「問題解決志向」である。

さらに、競争環境について「要は何なのか?」をまとめてみよう。そんなに多くのことは言っていない。バブル崩壊後、新しい競争が始まった。自動車業界にとっても、新しい競争相手が出てきたことによって、新しい戦い方が必要になってきた。優良企業は新たな取り組みを行うことで、生き残りをかけた勝負に出ている。そうした中で、自分の会社がどのような取り組みを行っているのかを振り返り、何も新しい取り組みをしていなければ、それを自分で工夫し、会社にも提案しなければならない。要は、そういうことである。

最後に、ここまでのポイントを整理しておく。

①まず、競争相手が誰なのかを理解し、業界にどのような影響を与えているか、ということを理解する。ただし、新しい競争相手が出現しても、さほど影響がない場合は、まだ詳しく調べる必要はないかもしれない。

②業界の平均値を見ることによって業界構造を把握する。とくに収益構造(儲かっているのか、儲かっていないのか)を理解することが重要である。

③常に「要は何なのか?」とまとめる癖をつける。

以上3点を頭に叩き込んでいただきたい。

成果物の価値を高める

CD-ROM §2・L15

これまでは、自社を取り巻く環境を「大きなところ（全体）から小さなところ（細部）へ」という流れで捉え、さらに、なぜそのような結果になっているのかを「分析」してきた。このセクションの最後に、これまでの作業によって分かったことを「まとめる」ステップに入る。

このステップは意外に大切だ。まとめが不適切で、こちらの言いたいことが相手に十分伝わらないと、それまでやってきたことがすべて水の泡になりかねないからである。

そこで、ここでは「成果物」としてのまとめ方、つまり情報を整理して「要は何なのか？」を見いだし、分かりやすく文章にまとめる方法のポイントについて学習していく。

■徹底的に質の向上に取り組む

「成果物の価値を高める」ということは、自分たちがやった仕事をより良いもの、より意味のあるもの、より内容のあるものにする、ということに徹底的に取り組むことである。そのためにはどうすればよいのか？　方法は「なぜそうなるのかを追求する」「調べる視点を変えてみる」「まとめ方を工夫してみる」の3つである。

このうち実は、最後の「まとめ方を工夫してみる」が意外に重要なのである。ほとんどの人は、けっこう良い仕事をしても、最後のまとめ方がいまいちなのだ。そのせいで、すごく良いことを言っているのに、それを文章でうまく表現できないから、いったい何が言いたいのか分からない。したがって、せっかくやった内容が伝わらない、という結果に終わってしまう。

もちろん、ミーティングで言葉のやり取りをするだけでも、ある程度の内容は伝わるだろう。だが、多くの場合は自分たちがやった仕事を文章にし、それを会議などで誰かに発表すると思う。その時に自分たちのやったことが上手に整理されて分かりやすく並んでいなければ、聞き手にすべてを伝えきれない。そうなったら最悪、今までの苦労は水の泡である。だから、まとめ方の工夫が大切なのである。

その方法には、①要点を3つにまとめてみる、②「要は何なのか？」を考えてみる、③文章を作成してみる、の3つがある。

たとえば、今まで自動車に関して自動車産業の成長率、自動車保有年数、新車登録台数、中古車販売台数、消費支出と消費性向、新規参入者など、いろいろなデータを見てきた。しかし、それらをま

LEARNING POINT

成果物の価値を高める

- なぜそうなるのかを追求する
- 調べる視点を変えてみる
- まとめ方を工夫してみる

たとえば、今までの自動車関連の情報から「要は何を意味しているか」を言うことができるのだろうか?

たくさんの情報

在宅率
イベント
乗用車店の欠損比率
値下げ
利益率推移
ー新車
ー中古車
軽自動車シェア
消費支出と消費性向
GDP推移
DM
産業別売り上げ動向
生産性
車種別販売台数
メーカーのシェア
全国新車登録台数
自社生産性
自動車保有年数
新規参入者

自社売り上げ推移
顧客満足度
自社収益構造
リピート率
RV比率
セールス数
中古車販売台数
輸入車台数
世帯あたり自動車購入
自動車産業成長率
県の販売台数
新車発売情報

資料：フォアサイト・アンド・カンパニー

とめて「要は○○です」と言えるだろうか。あまりに情報量が多すぎて、まとめきれないだろう。

人間の〝脳力〟、すなわち脳の力には限界がある。基本的には「マジカルナンバー3」。つまり、人間の脳はせいぜい3つぐらいのことしか記憶できない。皆さんは5つでも7つでも覚えることができると思っているかもしれないが、そういう人は極めて少ないのだ。それに、5つ、6つと言われると、聞いているのが、かったるくなってしまう。逆に言うと、3つなら割と容易に消化できる。だから、ここまでの説明もポイントはたいがい3つに絞り込んである。

要点をまとめきれずにだらだらと説明したら、聞いている側はほとんど理解できない。上司と部下の会話で考えてみよう。たとえば、上司から「自動車市場を取り巻く環境についての調査だが、どんなことが分かったかね?」と急に質問されたとする。その時、上司が満足する答えを返すのは非常に難しい。多くの場合、部下は「車は売れない時代になってきたようですし、わが社にとっても大変です。それに、競争相手もいろいろな取り組みをしているようですね。お客さんもなんだか変わってきたみたいですし……」といった答え方をしてしまう。

しかし、それでは上司を納得させることはできない。「要は何を言いたいのか?」が、分からないからである。いきなり質問されると、頭の中を的確にまとめて話せる人はほとんどいない。大半の人は思いついたことを、とりとめなく話してしまう。だから聞き手は頭の中が混乱して、相手が何を言いたいのか、理解できなくなってしまうのだ。

逆に言えば、聞き手が分かりやすいように話すには、要点を的確にまとめればよいのである。

だらだらと説明したのでは、ほとんど理解できない

上司と部下の会話1

上司：自動車市場を取り巻く環境についての調査だが、どんなことが分かったかね?

部下：えっ? あ〜。そうですね〜
車は売れない時代になってきたようですし、わが社にとっても大変です。それに、競争相手もいろんな取り組みをしているようですね。あっ、お客さんもなんだか変わってきたみたいですし…

上司：???(何が言いたいの?)

資料：フォアサイト・アンド・カンパニー

要点をまとめたほうが、分かりやすい

上司と部下の会話2

上司：自動車市場を取り巻く環境についての調査だが、どんなことが分かったかね?

部下：大きく3つのことが分かりました。
1. 市場全体は伸び悩んでおり、お客さんの価値観は昔とだいぶ変わってきました。
2. 競争は激しくなっており、企業は勝ち組と負け組に分かれてきています
3. わが社の業績も低下しており、新たな試みが必要と言えるでしょう

上司：なるほどね。分かった。がんばってくれ!

資料：フォアサイト・アンド・カンパニー

たとえば、上司と部下の会話で考えると、こんなふうである。先ほどと同じように、上司が「自動車市場を取り巻く環境についての調査だが、どんなことが分かったかね？」と質問する。それに対して部下は「大きく3つのことが分かりました」と前置きして「市場全体は伸び悩んでおり、お客さんの価値観は昔とだいぶ変わってきました」「競争は厳しくなっており、企業は勝ち組と負け組に分かれてきています」「わが社の業績も低下しており、新たな取り組みが必要と言えるでしょう」と答える。1つ目が市場全体の話、2つ目が競争環境の話、3つ目が自分の会社の問題点である。このようにまとめれば、上司は「なるほどね。分かった。がんばってくれ！」となるのではないか。

ちょっと出来すぎた話ではあるが、私が言いたいことはこうだ。我々は「なぜ？」という問いかけをしながら多種多様な細かい情報に触れなければならないが、情報がたくさん入ってくると、その少し前に聞いたものはどんどん忘れていく。だから、たくさんの情報を集めたら、それを意味のある項目でくくり、できれば大きな発見を3つぐらいにまとめることを心がけなければならない。集めた情報から何が発見できたのか、3つにまとめたら何が言えるのか、という意識を持って工夫しなければならない。つまり、3つの発見をもとに「要は何なのか？」を考えるわけだ。

自動車販売業界の例で言うと、情報を「市場」と「競争相手」と「自分の会社」の3つに分類し、市場はどうなっているのか、競争環境はどうなっているのか、自分の会社はどうなっているのか、という項目ごとに整理していく。それが最もやりやすくて分かりやすい方法なのである。

これは、さほど難しいことではない。訓練によって、誰でもできるようになる。たとえば、会社で

“脳力”の限界

「マジカルナンバー3」

人間の脳はせいぜい3つぐらいの事項しか記憶できない

資料：フォアサイト・アンド・カンパニー

要は何なのかを考えることが大事

要は何なのか

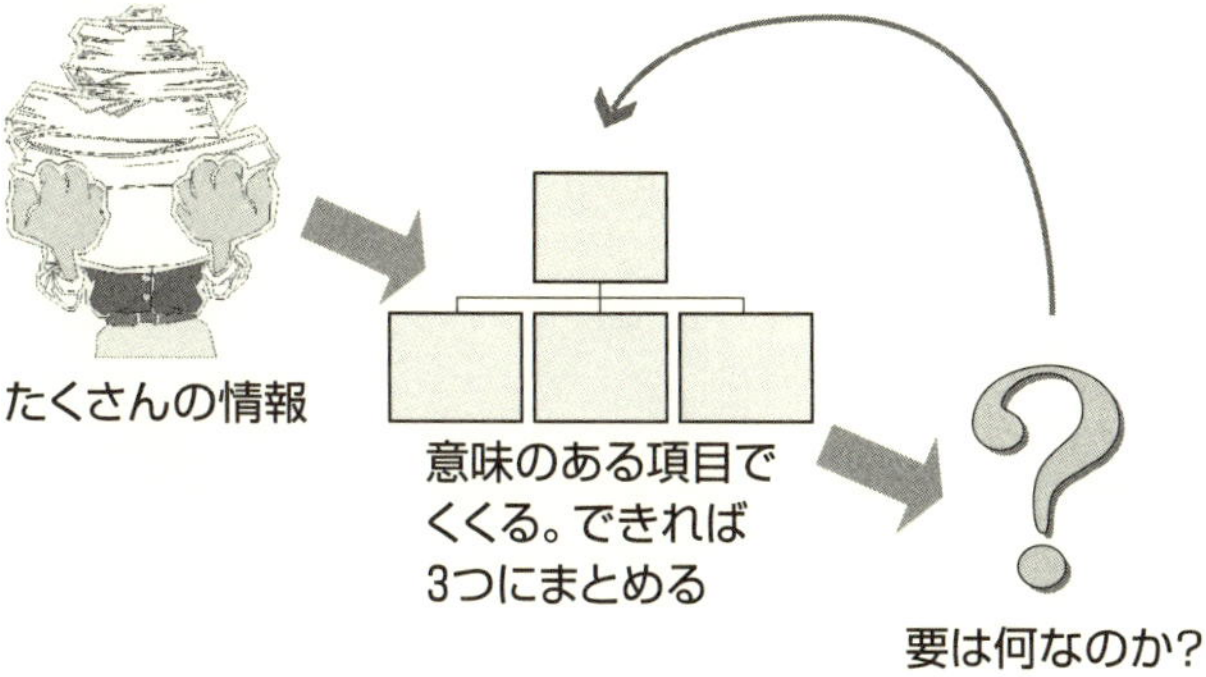
たくさんの情報
意味のある項目でくくる。できれば3つにまとめる
要は何なのか？

資料：フォアサイト・アンド・カンパニー

30分のミーティングがあったとする。そのミーティングが終わったら、そこで何が決まったのか、自分は何を学んだのか、重要なポイントを3つ挙げてみる。あるいは、映画を観たら、その映画でどんなことが起こっていたのか、大きな出来事を3つ説明してみる。そういうふうに自分で意識してやっていくとけっこう訓練になり、たくさんの情報を3つの大事な項目に要約することができるようになるのだ。

では、そのような観点で上司に報告する場合、どのように伝えればよいのだろうか？　結論はこうです、その理由として3つのことが考えられます、と「要は何なのか？」を3つにまとめて報告すればよいのである。そうすれば、飲み込みの悪い上司でも「なるほど！　問題は分かった」と理解するだろう。

私たち経営コンサルタントが皆さんの仕事を見

上司に報告する場合、どのように伝えればいいのだろう

上司に伝える

資料：フォアサイト・アンド・カンパニー

受け手にあったメッセージであるか、見やすい形式であるかどうかは重要な視点

受け手は誰か

いつ
どこで
誰に
何を
どのように
伝えるのか

資料：フォアサイト・アンド・カンパニー

て一番困るのは、何が言いたいのか分からないことである。一生懸命に分析した跡はある。報告書に何か書いてある。しかし、何が言いたいのか分からない、というケースが非常に多いのだ。同じようなことは皆さんも感じていると思う。同僚や部下が出してきた報告書を読んでも、何が言いたいのかさっぱり分からない、ということがままあるはずだ。この問題を解決する方法は、繰り返しになるが、報告書の要点を3項目ぐらいにまとめることである。要点が10項目も書いてあったら、誰でも見ただけでうんざりすると思う。我慢強い人は読むかもしれないが、我慢強くない人は読むのをやめてしまうだろう。だから、3つぐらいの要点に凝縮することが大事なのである。

■受け手の立場で考える

もう1つ大事なことは、言わずもがなではある

が、受け手の立場で考えて分かりやすくする、ということだ。受け手が誰なのか？　誰に対してそれを見せるのか？　たとえば、会社の直属の上司に見せる場合と、取締役会で発表する場合と、クライアントにプレゼンテーションをする場合では、報告書の作り方が全く違ってくる。おそらく、内容を変えなければならないし、言葉遣いや見かけも変えたほうがいいかもしれない。受け手に合ったメッセージであるかどうか、見やすい形式であるかどうかは、とても重要な視点である。いつ、どこで、誰に、何を、どのように伝えるのか、ということをしっかり押さえたうえで報告書を作るという意識を、ぜひ持ってもらいたい。

どのように伝えるのか、その具体的な方法を述べておこう。報告書には結論とそれを証明するチャートを含めて話の流れを作る。話の順序としては、まず背景説明をする。唐突に結論を言うと聞き手がびっくりするから、そもそも仕事を頼まれた経緯などを簡単に説明する。これは口頭でもよい。次が結論。自動車業界についていろいろと調べてみた結果、要はこういうことだった、というまとめである。そして最後に、なぜそうなるのか、結論を支える３つのメッセージで締めくくる。自動車販売業界の場合なら「市場」「競合」「自社」について発見したことを説明する。結論とメッセージを文章で作り、そのあとにそれらを証明するチャートを付ける。このように話の流れを作ることで、聞き手の理解度は格段に高まるのだ。

ここまでの５つのポイントをおさらいしておこう。

①要点を３つぐらいにまとめる癖をつける。

話の流れを作ることによって、聞き手の理解度は格段に高まる！

◎話の流れを作る

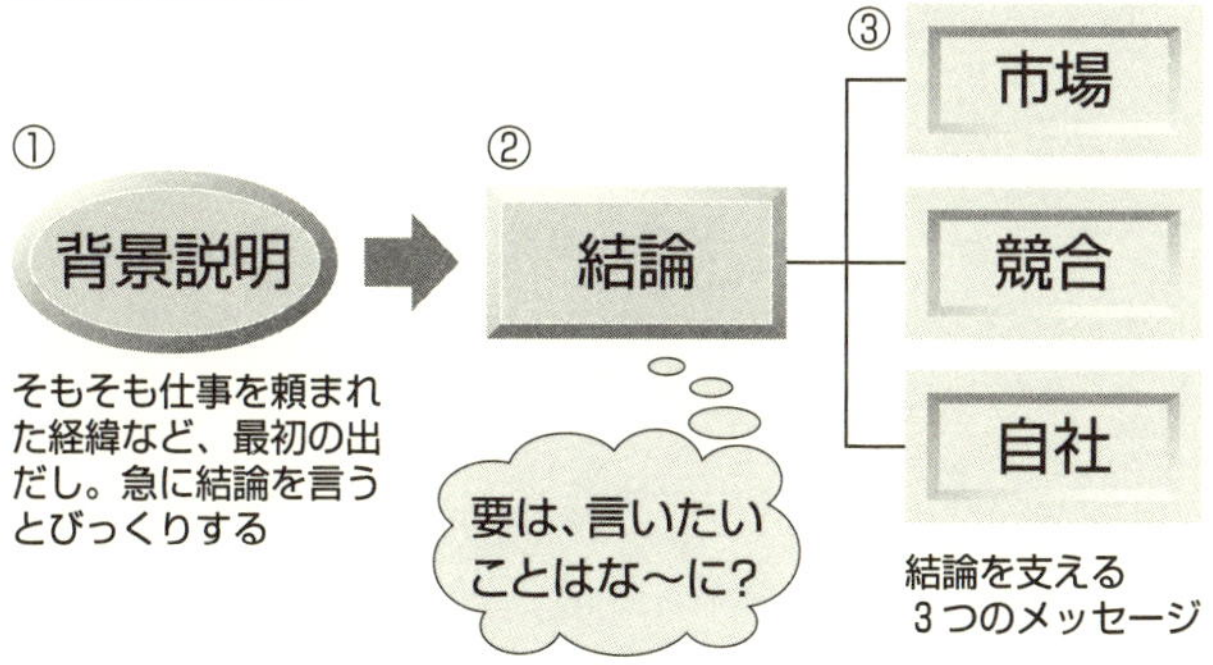

資料：フォアサイト・アンド・カンパニー

報告書は、必ず結論とそれをなぜ言うのかをまとめたものを最初につける。そのあとはそれを証明するチャートがあるといい。背景説明は口頭でいい

◎報告書を作る

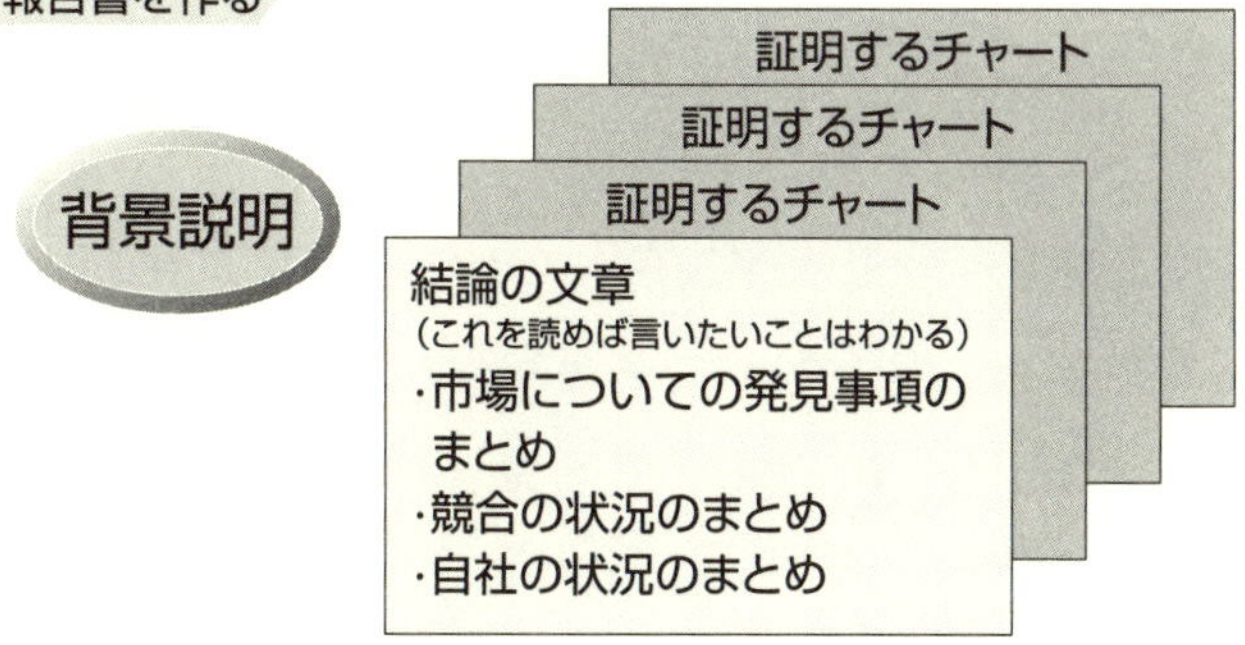

資料：フォアサイト・アンド・カンパニー

②常に結論中心に考える。「要は何なのか?」と、いつも自分に問いかける。

③誰が聞き手かによって、報告の仕方を変える。

④受け手の立場に立って、分かりやすくすることが大事。

⑤報告書には、言いたいことを要約したテキスト（結論とそれを支えるメッセージ）と、それらを証明するチャートを含める。

以上のことを、ぜひ実際の仕事で試していただきたい。

ここまでのポイント　CHECK POINT

- 要点を3つぐらいにまとめる癖をつける
- 常に結論中心に考える。「要は何なのか?」といつも自分に問いかける
- 誰が聞き手かによって、報告の仕方を変えてみる
- 受け手の立場に立って、分かりやすくすることが大事
- 報告書には、言いたいことを要約したテキスト（結論とそれを支えるメッセージ）と、それらを証明するチャートを含める

第3章 効果的情報収集法

- 情報収集のアプローチを知る
- 情報収集のコツを知る

情報収集のアプローチを知る

CD-ROM §3・L18

実際に情報を収集するには、どのような手順で進めればよいのだろうか？

思いついた事柄からやみくもに収集するのが効果的でないことは明らかだ。

かといって、上司から指示された通りの情報だけを集めていたのでは、これまた問題解決者としては不十分だ。

では、どうすれば効果的な情報収集が進められるのか？

ここでは、問題解決者としての情報収集のアプローチ、つまり手順を学ぶとともに、実際にインターネットを使った情報収集の進め方を学んでいく。

郵 便 は が き

料金受取人払

神田局承認

7662

差出有効期間
平成16年9月
16日まで
(切手は不要です)

101-8021

123

(受取人)
東京都神田郵便局私書箱8号
小学館 マーケティング局
『実戦!問題解決法』
愛読者係 行

ご住所

郵便No. □□□-□□□□　お電話 (　　　)

ファックス (　　　)　携帯電話 または PHS (　　　)

E mailアドレス

(フリガナ) 芳名	男・女	明・大・昭・平 年生まれ	年

■ご職業　1.学生〔小学・中学・高校・大学(院)・専門学校〕 2.会社員・公務員 3.会社・団体役員 4.教師(
5.自営業 6.医師 7.看護婦 8.自由業(　　　) 9.主婦 10.無職 11.その他(

■ご関心のある読書分野　1.日本美術(絵画・浮世絵・陶芸・城郭・彫刻・庭園) 2.東洋美術 3.西洋美
4.写真 5.書道 6.茶道 7.華道 8.園芸 9.料理 10.旅行 11.音楽(クラシック・ポピュラー) 12.文
13.歴史 14.建築 15.科学 16.宗教 17.その他(

■パソコンをお持ちですか。 1.はい(A。Windows　B。Macintosh) 2.いいえ

■小社PR誌『本の窓』(見本誌)をご希望の方は○をつけて下さい。 •希望する

小学館ではこのハガキにより愛読者名簿に登録された皆様に新刊案内などお役にたつ情報のご案内を差し上げることがあります。
愛読者名簿に登録してよろしいですか。 □はい　□いいえ

お手数です
裏面もお書
ください。

大前研一『実戦！問題解決法』 愛読者カード

小学館の出版物をお買い上げいただき、ありがとうございました。今後の編集の資料にさせていただきますので、下記の設問にお答えいただければ幸いです。ご協力をお願いいたします。なお、お答えいただきましたデータは編集資料以外には使用いたしません。

■この本を最初に何でお知りになりましたか。

1.新聞広告（　　　　　　新聞）　2.雑誌広告（雑誌名　　　　　　）
3.SAPIOで　4.新聞・雑誌などの紹介記事で（　　　　　　）　5.書店で見て
6.テレビで見て（　　　　　　）　7.人（　　　　　　）にすすめられて
8.「本の窓」で　9.小学館インターネット・ホームページを見て
10.その他（　　　　　　）

■お買い求めの動機は？

1.著者の作品が好きだから（お読みになった本のタイトル　　　　　　）
2.タイトルに惹かれて　3.広告を見て　4.装丁がよかったから
5.帯をみて　6.書評・紹介記事を読んで　7.作品のテーマに興味があったから
8.その他（　　　　　　）

■この本をお読みになってのご意見・ご感想をお書きください。（著者へのメッセージ）

■著者にぜひ挑戦して欲しいジャンル、テーマ等をお書きください。

■最近、特に興味を持たれた事件、人物をお聞かせください。

■定期購読新聞及び定期購読雑誌をお教えください。

新聞（　　　　　　）　月刊誌（　　　　　　）
週刊誌（　　　　　　）　バイウイークリー〔隔週〕誌（　　　　　　）

■小学館の出版物に対するご意見、ご希望などをお聞かせください。

★ご協力ありがとうございました。

■目的によってそのアプローチは違う

この項の具体的な内容は、①情報収集をスキルとして学ぶ必要性を知る、②価値ある情報を理解する、③情報収集のアプローチを知る、④情報収集のコツを知る、の4つである。

このうち基本となるのは、情報収集のアプローチを知ることだ。そのためには、まず流れを理解する。何事も流れは重要だ。分断しているのはよくない。2つ目は、目的によってアプローチが異なる、ということを理解する。これは何度も言っているが、目的を明確にして欲しい、ということだ。そして3つ目は、情報源を知り、有効に活用する。そうやって目的と背景を知ると、全体が分かって工夫ができるのだ。

情報収集には順序がある。順序は1つのロジック（論理）である。順序立てて考えると分かりやすいのだ。たとえば、情報収集のアプローチを流

LEARNING POINT

内容

- 情報収集をスキルとして学ぶ必要性を知る
- 価値ある情報を理解する
- 情報収集のアプローチを知る
- 情報収集のコツを知る

れで書くと、次のようになる。

最初に「目的と背景を知る」。物事を始める時は、どんな場合でも、目的と背景をしっかりと理解しておかなければならない。そうしないと間違った方向に進んでしまう。

2つ目は「知るべきことを明確にする」。つまり、目的と背景を理解したうえで、何を知ればいいのか、具体的に考えていく。

3つ目は「情報源を明確にする」。情報というものは、降ってわいてくるものではないから、必ず誰かが発信している。情報の発信者に詳しくなることは重要だ。

4つ目は「全体を押さえる」。そして5つ目に「細かい視点で集めてみる」。いったん全体を押さえ、それから細かい視点で集めてみるのだ。「全体を押さえる」ということは、踊り場でちょっと立ち止まって全体を眺めてみる、ということである。これは割と大事なことだ。「大きなところ（全体）から小さなところ（細部）へ下りていく」と言い続けているわけだが、一気に大きなところから小さなところへ下りるのではなく、ある時点で立ち止まり、一度じっくりと考えてみるのだ。

もし、この段階で、集めた情報を整理し、意味合いまで考えることができたら、大したものである。逆に言うと、情報収集はそんなに簡単ではない、ということだ。実は、そこにはかなり深い、知的ゲームのような一面があるのだ。

情報収集のアプローチの理解

- 流れを理解する
- 目的によってアプローチは異なる
- 情報源を知り、有効に活用する

情報収集には順序がある

情報収集のアプローチ

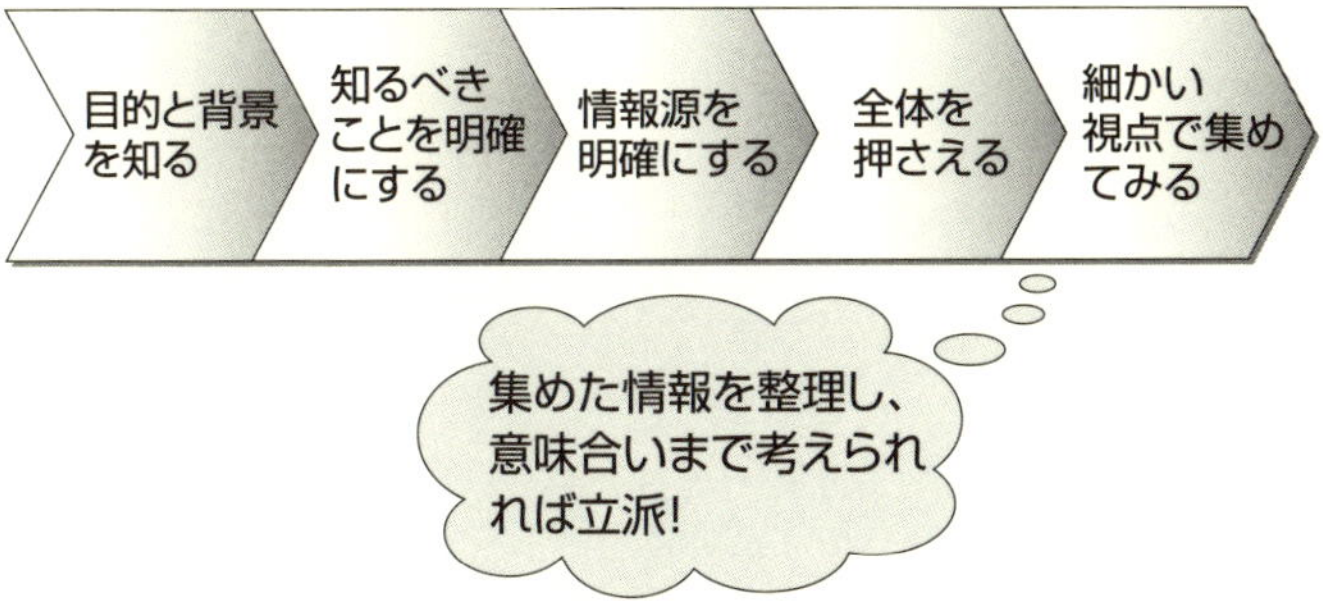

目的と背景を知る
知るべきことを明確にする
情報源を明確にする
全体を押さえる
細かい視点で集めてみる
集めた情報を整理し、意味合いまで考えられれば立派!

資料：フォアサイト・アンド・カンパニー

■目的と背景を理解する

情報収集のアプローチについて、さらに詳しく説明しよう。

まず、目的と背景を理解するためには、いくつかの常套質問がある。たとえば「調べる目的は何なのか?」。単に知りたいだけなのか、何かを説明する材料なのか、何かを証明したいのか、ということである。

あるいは「誰に報告するのか?」。外部（クライアント）なのか、内部のトップなのか、それとも内部のチームなのか。報告する相手によって、やり方が変わってくるのだ。

さらに「アウトプットはどのような形なのか?」。情報収集はコピーを取ればよいのではないかと思う人もいるかもしれないが、それは違う。コピーを取るだけだったら、単なるお使いになってしまう。情報を集める人間というのは単なるお使いではなく、その価値を高めたものを渡すことになっている。コピーを取っておしまいではないのである。だからアウトプットは、ただのデータでよいのか、データおよびそれを解釈したものなのか、チャートと意味合いも付けるのか、パッケージにするのか、という具合いに、いろいろな処理方法があるのだ。

そして「時間はどれくらいあるのか?」。永遠に時間をかけてよい、ということはありえない。納期がいつなのか、1時間以内なのか、今日中なのか、それとも週末までなのか、と質問しなければならない。また、時間が重要なのか、質（中身）のほうがより重要なのか、ということも聞かねばならない。それによって、攻め方が違ってくるからだ。

目的と背景を理解するためには、いくつかの常套質問がある

目的と背景

- **調べる目的は何なのか**
  - ―単に知りたいだけなのか
  - ―何かを説明する材料なのか
  - ―何かを証明したいのか
- **誰に報告するのか**
  - ―外部か（クライアントか）
  - ―内部トップか
  - ―内部チームか
- **アウトプットはどんな形か**
  - ―ただのデータか
  - ―データと解釈したものか
  - ―チャートと意味合いもか
  - ―パッケージもか
- **時間はどれくらいあるのか**
  - ―納期はいつか
  - ―時間が重要か。質のほうがもっと重要なのか

資料：フォアサイト・アンド・カンパニー

以上のような質問をして、依頼人（情報を欲しいと言った人）が、何を求めているのか、ということを正確に理解しなければならない。

目的と背景を知る重要性について付け加えると、「期待のマネジメント」という要素がある。これはたとえば、あなたの上司が「こういう情報が欲しい」と、あなたに仕事を頼んだとする。その時、すぐに誰でも手に入るデータをコピーして渡したとする。そうするとボスは「この程度の仕事しかできないのか」と思うわけだ。

一方、調べる目的は何なのか、誰に報告するのか、アウトプットはどのような形が必要なのか、時間はどれくらいあるのか、ということが分かれば、依頼人の期待レベルが分かるわけだ。期待レベルが分かったら、その少し上のレベルのものを出せばよいのである。そうすれば上司から「よくできるじゃないか」と評価されるのだ。

「指示されること」と「目的を説明されること」の違いは大きい。だから、目的を明確にすることが非常に重要なのである。上司から「君、これをやっておいてくれ」と指示されたら、言われたことしかできない。しかし、指示が間違っていたら（経験上、そういうケースはけっこうある）最悪だ。自分も上司も責任を問われてしまう。

だが、前もって「こういう理由でこういう情報を集めたいんだ」と目的を説明してもらえれば、その目的に合致するように工夫できるから、大きな価値を提供できる。優秀な人が「なぜ、自分は上司に認められないのか？」と悩んでいる場合、その原因の多くは「期待のマネジメント」をやっていないからだと思う。だから、情報収集の仕事1つをとっても、「期待のマネジメント」ということをしっかりと理解してもらいたいのである。

■情報源の知識を持とう

次は情報源だ。情報源に詳しくなれば、情報収集の生産性も質も向上するので、最低限の知識は持っておくべきである。逆に言うと、その知識がなかったら、情報収集に手間がかかり、質も悪くなってしまう。

たとえば、情報源が掲載されている本がある。『ビジネス調査資料総覧』（日本能率協会総合研究所マーケティング・データ・バンク＝ＭＤＢ）、『ビジネスまるごと情報源』（日本経済新聞社）、『統計調査総覧』（総務省統計局）などである。これらの資料は、知りたい情報やデータをキーワードで引くこと

「指示されること」と「目的を説明されること」の違いは大きい。そのため、目的を明確にすることは非常に大事

◎目的と背景を知る重要性

指示される → 言われたことしかできない。指示が間違っていたら（けっこうある）最悪

目的を説明される → 工夫できる。大きな価値を提供できる

資料：フォアサイト・アンド・カンパニー

情報源を知っておくことは重要。欲しい情報がどの資料に出ているかを特定し、その資料作成者から、さらなる情報を引き出すことができるとよい

◎情報源を知る

① 情報が掲載されているリストを入手する
ビジネス調査資料総覧（MDB）
ビジネスまるごと情報源（日本経済新聞社）
統計調査総覧（総務省統計局）

② 欲しい情報がどの資料に出ているかを特定する

③ 実際に資料を見る → ④ 資料作成者に連絡して、より詳しい情報を教えてもらう

⑤ さらに、可能性のありそうな業界団体などに連絡してみる
（資料が特定できない場合も、聞いてみるといい）

資料：フォアサイト・アンド・カンパニー

ができる。また、直接掲載されていない場合でも、欲しい情報がどの資料に出ているか特定できるから、それを手がかりにして実際に資料を見たりインターネットでのぞいたりすればよい。とても便利な資料なので、どれか1冊ぐらいは自分の手元に置いておくことをお勧めする。

で、ここからが「できる人間」と「できない人間」の違いである。できる人間は、資料作成者に連絡するのだ。本だけを見ていたら、そこに書いてあることしか分からないが、それを書いた本人に聞けば、もっと詳しいことが分かるからだ。資料が特定できない場合は、可能性のありそうな業界団体などに連絡して情報源を突き止める。普通、自分が作ったものについて質問されるとうれしいので、けっこう電話でも教えてくれる。だから、遠慮せずにどんどん聞けばよいのである。

皆さんの中には、見知らぬ人に電話をかけて何かを聞き出すことに慣れていない人が多いと思う。しかし、それでは問題解決者にはなれない。問題解決者は、情報収集のプロフェッショナルでなければならないのだ。

情報には1次情報と2次情報がある。2次情報とは、いろいろな統計類を1つの資料に集めたものである。分類が大きいうえ、2〜3年前の古いデータになってしまうこともあるが、規則として必ずデータの出典が書いてあるので、そこから基のデータ（1次情報）をたどることができる。

この種の書籍には『日本統計年鑑』（総務省統計局）、『経済統計年鑑』（東洋経済新報社）、『地域経済総覧』（同）、『投資家のための業界分析』（日興リサーチセンター）、『業種別貸出審査事典』（金融財政事情研究会）などがあり、これを1、2冊そろえておくのも悪くない。

2次情報が手元にあると、データや情報源に対する勘どころが養える

2次情報

2次情報とは、統計類を1つの資料に集めたもの。大きな分類であるうえに、2〜3年前の古いデータになってしまうことがあるが、そこから出典が分かるので、基のデータをたどることができる

日本統計年鑑（総務省統計局）
投資家のための業界分析（日興リサーチセンター）
業種別貸出審査事典（金融財政事情研究会）
地域経済総覧（東洋経済新報社）など

資料：フォアサイト・アンド・カンパニー

また、情報の在り処（情報がある場所）を知っておくと何かと便利である。代表的な場所は図書館だが、それ以外にもけっこうある。たとえば、前出の「マーケティング・データ・バンク」（日本能率協会総合研究所のシンクタンク）には、市場、企業、消費者のあらゆる情報がそろっている。ただし、会員にならなければ利用できない。

あるいは「政府刊行物サービス・センター」という所がある。ここには政府が発行している統計データの資料がすべてそろっている。皆さんの中で「政府刊行物サービス・センター」に行ったことがある人は、おそらく数えるほどだと思う。ぶらりと立ち寄っても全く楽しくない所だが、情報収集という目的を持って行くと非常におもしろい所である。

次は書店。といっても町の小さい書店ではなく、各ジャンルの本がそろっている大規模書店で

ある。最近は、いわゆるビジネス書に内容のある本が出てくるようになったので、そういうものを読めば分析のヒントや材料になるし、勉強にもなる。

そして図書館。雑誌などのバックナンバーは、図書館へ行けば閲覧できる。とくに国立国会図書館や東京都立中央図書館には、ほとんどの資料、情報がそろっている。

また、民間の調査機関には特定分野や個別企業の情報がある。調べる内容は具体的に決まっているが、その情報が公表されていない場合に利用する。たとえば、取引先の最新の信用状態や企業の倒産状況、あるいは未上場企業の売上高や利益などを知りたい場合は『東京商工リサーチ』や『帝国データバンク』などが常套的な情報源だ。市場自体が小さすぎてデータがない場合は『富士経済』『富士キメラ総研』『矢野経済研究所』などが、そういう特定市場の情報をしっかりと集めている。こうした民間調査機関を利用するのはさほど難しいことではないが、あまり世の中に出回っていないデータなので料金は少々高い。しかし、良い情報を取るためには投資も必要だから、必要に応じてうまく使いこなすことを覚えていただきたい。

インターネットからのデータ入手も効果的だ。これは皆さんすでにやっていると思うが、もしやっていなかったら、すぐに始めるべきである。インターネット検索は、一度やるとやみつきになるというか、探求することに喜びを感じるようになると思う。

その方法は、検索サイトでキーワードで検索する。使い勝手のよい検索サイトとしては、「Google（グーグル）」や「Yahoo（ヤフー）」が代表的だ。さらに、検索サイトのカテゴリーを利用したり、

情報の在り処を知っておくと便利

情報がある場所

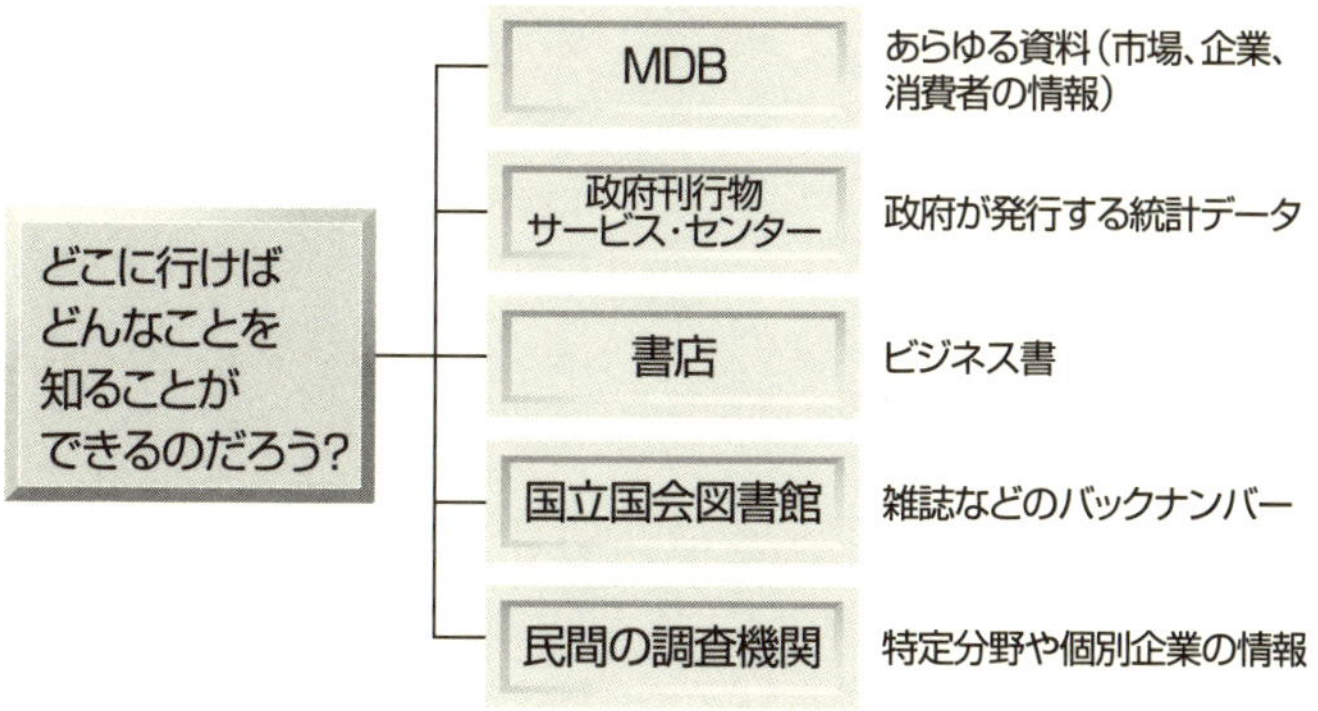

資料:フォアサイト・アンド・カンパニー

調べる内容が具体的に決まっていて、しかも情報が公表されていない場合は、民間の調査機関を利用するのも一つ

民間の調査機関

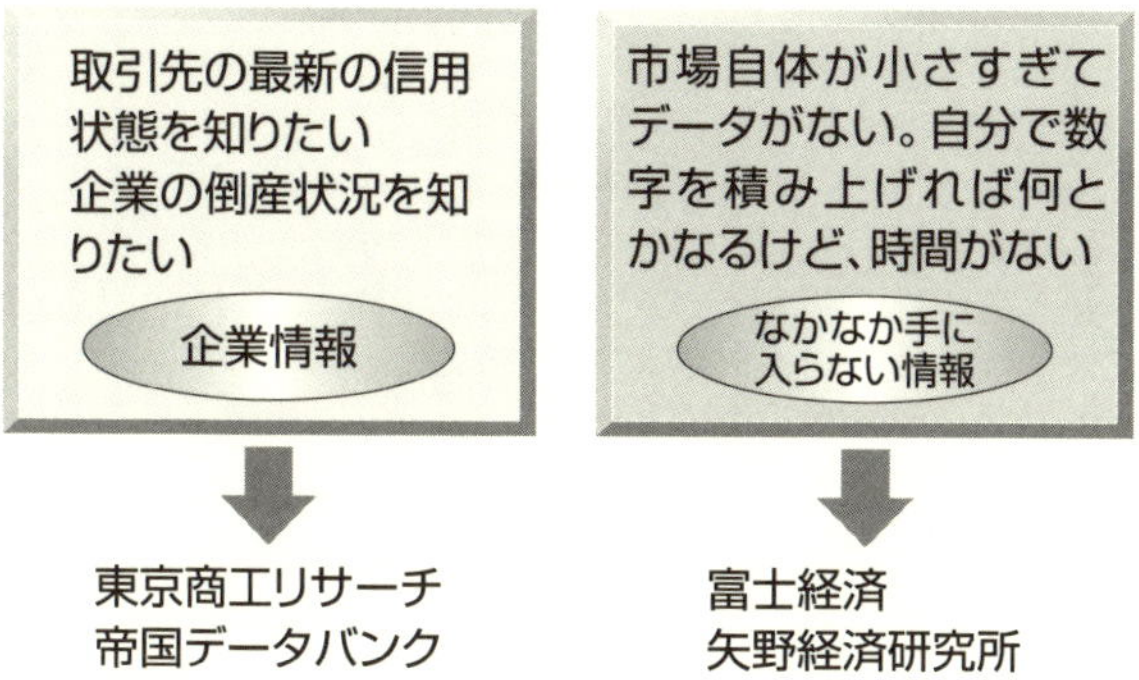

資料:フォアサイト・アンド・カンパニー

リンク集を活用したり、ダウンロードできるものを活用すれば、いっそう情報収集の幅が広がる。たとえば、総務省統計局のホームページは最新データまでダウンロードできて非常に便利だ。使えそうなサイトは「お気に入り」に入れておけば、いつでもすぐに検索を始めることができる。

インターネットのサイトから数字をダウンロードしたら、それをそのまま「パワーポイント」や「SOLO（ソロ）」*「エクセル」などの資料作成ソフトに貼り付けてチャート化すれば、理解がより進む。そのやり方を説明しよう。

総務省統計局・統計センターのホームページからGDP（国内総生産）の数字を取ってみよう。この統計データのページでは、「分野別一覧」と「50音順一覧」で国勢調査、人口推計、労働力調査、家計調査、消費者物価指数など、総務省統計局が実施している主な統計調査・加工統計の統計データと『日本統計年鑑』『日本の統計』『世界の統計』など、各種総合統計書のデータをダウンロードすることができる。GDPの推移をダウンロードする時は「分野別一覧」からスタートして『日本の統計』に進む。『日本の統計』は、わが国の国土、人口、経済、社会、文化など24の分野、490の統計表と60の統計図表から成っている。そのうち第4章の「国民経済計算」を見る。すると、その中に「国内総支出」のデータが表計算ソフト「エクセル」に入力された形である。そのエクセルデータをダウンロードし、「SOLO」に貼り付けてチャートを作る。初心者は多少の慣れが必要かもしれないが、実際にやってみれば、すぐできるようになるはずだ。チャート化することによって情報・データは格段に分かりやすくなるので、ぜひ身につけていただきたい。

インターネットも活用する

インターネット検索

ネットからもたくさん
情報が取れる

1. 検索サイトでキーワードを検索する（Yahoo,Googleなど）
2. 検索サイトのカテゴリを利用する
3. リンク集を活用する
4. ダウンロードできるものを活用する（総務省統計局など）
5. 使えそうなサイトは「お気に入り」に入れておく

資料：フォアサイト・アンド・カンパニー

数字をダウンロードして、それをそのままチャート化すると理解がより進む

インターネットで数字をダウンロードする

数字だけでは
分からないので、
それをチャート化
するといいですよ

資料：フォアサイト・アンド・カンパニー

ここまでのポイント CHECK POINT

- 情報収集は、まず目的と背景を知ることが大事。そうすると、全体が分かって、工夫できる
- 情報源に詳しくなると、生産性は高まるし、質も向上する
- インターネットからデータをダウンロードしてみるのも効率的

資料：フォアサイト・アンド・カンパニー

ここまでのポイントをまとめてみよう。

①情報収集は、まず目的と背景を知ることが大事。そうすると、全体が分かって工夫ができる。

②情報源に詳しくなると、生産性は高まるし、質も向上する。我々には1日24時間しかないから、できるだけ生産性を高めなければならない。

③インターネットからデータをダウンロードしてみるのも効率的。

この3つの要点をしっかりと覚えていただきたい。

＊ SOLOは、元マッキンゼーのコンサルタントがコンサルティングの現場で培ったチャート作成のノウハウを結集して開発したプロフェッショナル仕様のプレゼン資料作成ソフトです。「本質的問題『発見』コース」には、教材としてSOLOが含まれます。お試し版が次のサイトでダウンロードできます。
http://www.LT-empower.com/02/no-05.html

情報収集のコツを知る

CD-ROM §3・L19

情報を収集するといっても、ただ流れに沿って漫然と集めればよいわけではない。

とくに問題解決者を目指す私たちは、集めた情報に付加価値をつけて上司やクライアントに報告することが求められており、そのためには効率的に情報収集を進めていく必要がある。

では、効率的に情報収集を進めるためには、どんなことを行い、どんなことに気をつけなければならないのか？

この項では効率的な情報収集、つまり情報を進めるにあたっての段取りや、ちょっとした工夫の仕方について学んでいく。

■作業の段取りをまず考える

情報収集のコツは、まず目的を明確にして、作業の段取りを考えることである。具体的には、①効率的な作業の流れを考える、②定量情報と定性情報を使い分ける、③公開情報の価値をちょっとでも高めてみる、ということだ。公開情報はあまり大したことがないが、たくさんあるのだから、そのまま見捨てるのはもったいない。使い方によっては非常に良いものに化けてくれる時があるので、そのことについても触れてみたい。

情報収集で大事なことは、何のために情報を収集するのか目的を明確にすることと効率的に作業を進めることだ、とすでに述べた。時間は常に限られている。絶えずデッドラインが決まっているから、それまでにデータを集め、分析をして意味合いを出さなければならない。

だから、まず目的を明確にすることによって収集の自由度を高めておくのだ。外部の人に依頼したり、社内の他部門に依頼することがあれば、早めに段取りを決めておく必要がある。

情報収集の方法は、自分で集めるか、人に頼むか、である。提出期限や納期までの時間が足りない場合、それに間に合わせるためには、人に頼まなければならない。ただし、人に頼むといっても全部やらせるのではなく、万が一のためにヘッジしておく、という考え方をするべきだ。自分でやる部分は自分でしっかりとやる。そうすることで工夫するし、自分の勉強になる。その方法は、前述したように「情報源を見る」「2次情報から情報源を探す」「オンラインで取れる情報にアクセスする」の3つがある。

情報収集のコツ

- 効率的な作業の流れを考える
- 定量情報と定性情報を使い分ける
- 公開情報の価値をちょっとでも高めてみる

まず目的を明確にすることによって、収集の自由度を高めておく。外部の人に依頼したり、社内の他部門に依頼することがあれば早めに段取りを決めておく

情報収集の方法

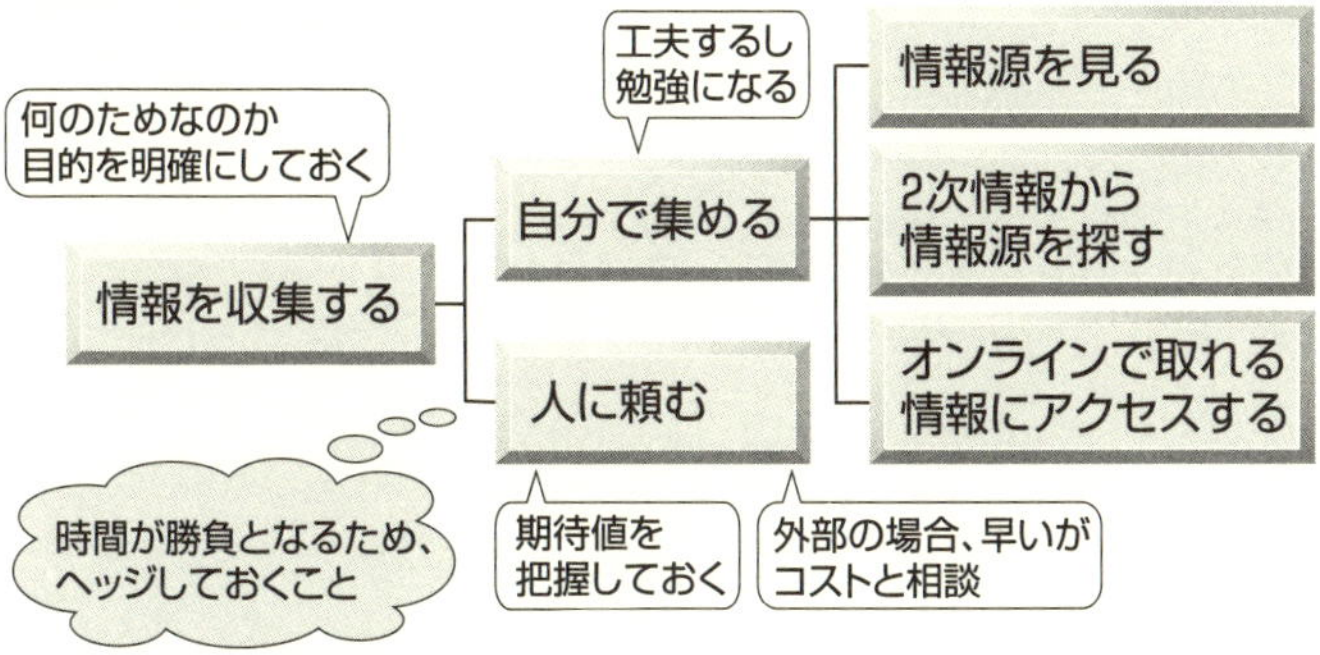

資料：フォアサイト・アンド・カンパニー

そして、人に頼む場合は期待値を把握しておかねばならない。つまり、その人がパーフェクトなものを持ってくると思ってはいけないのだ。あくまでも自分が主体であり、人に頼むのは補完的、あるいは補強的なものだと心得ておくべきである。

■検索にも切り口がある

次は、検索の切り口について説明しよう。たとえば、キーワードを入力しても出てこない時、価値を生み出す人はそこで一生懸命に考える。「このキーワードでダメなら、違うキーワードでやってみよう」と。一方、価値を高めるという意識がない人は、1つのキーワードを入れて出てこないと「すいません、ありませんでした」と言うのである。この違いの大きさが分かるだろう。絶対に調べてやるぞ、という気構えが必要なのである。

具体的な方法は、切り口を変えることだ。たとえば、「ちくわ」のヒット商品について情報を集めるとする。普通、そんなものは誰も気にしないから、検索サイトで「ちくわ　ヒット商品」と入力しても、統計データなどの欲しい情報は、出てくる件数が非常に少ない。しかし、その段階であきらめたら、そこで終わりになってしまう。だから、検索の切り口を変えてみることが大事なのだ。

つまり、この場合、検索の切り口は商品（ちくわ）とテーマ（ヒット商品）の2つがある。そこで、まず商品の切り口が「ちくわ」でだめだったら、その上位概念の「練り物」で検索してみる。「練り物」でだめだったら、さらにその上位概念の「加工食品」、「加工食品」でもだめだったら「食品」ま

検索結果が少ない場合には、検索の切り口を変えてみる

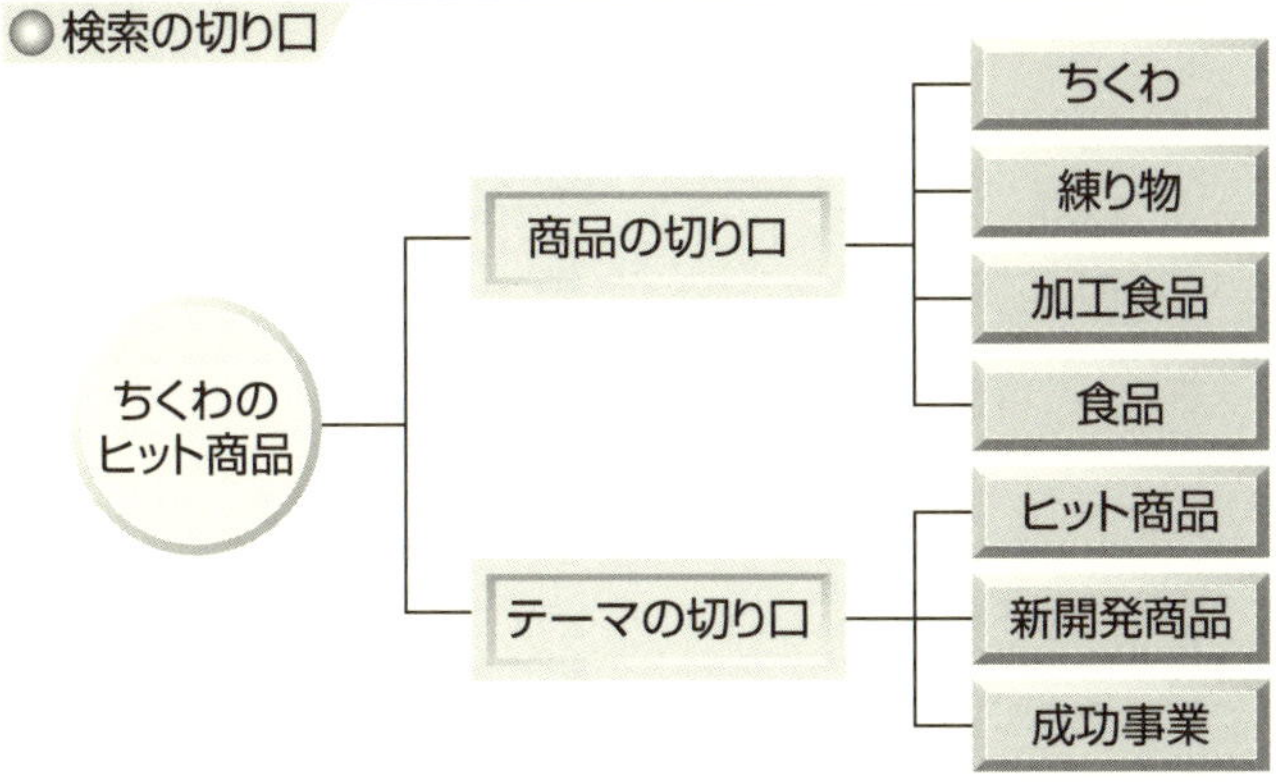

資料：フォアサイト・アンド・カンパニー

で広げていく。同様に、テーマの切り口が「ヒット商品」でだめだったら「新商品開発」や「成功事業」と広げて検索してみる。そうやって、どこかに求めている情報がないか、しらみつぶしに調べていくのである。そうすれば、必ず有用な情報を探し出すことができるはずだ。

■日頃から情報に対する感度を高めておく

もう1つ大事なことは、日頃から情報に対する感度を高めておくことである。つまり、情報のアンテナを張っておくのだ。具体的な方法は、いろいろな雑誌を見る、政府刊行物サービスセンターに時々行ってみる、本屋に足を運ぶ、雑誌の中吊り広告を読む、ホームページをのぞく、異業種の人と話をするなど、いろいろなことに気を配っていることが重要である。本屋に行ってもマンガ本を読むのではなく、いわゆるビジネス書など役に

立ちそうな本の目次に目を通すのだ。目次を見て、それが今、自分が取り掛かっている仕事の参考になりそうだったら買うのである。

良い書籍は、理解度を高めることを助けてくれるが、本の選び方にもコツがある。それをつかんでおくと、効率的に良い書籍を見つけることができる。

たとえば、タイトルと著者を見る。最近は奇をてらったタイトルの本も多いが、常に良い本を出している著者がいるから、その人たちの本をチェックして、読んでみたいと思ったら買う。

あるいは、目次に目を通す。目次を見れば、その本の内容や質はだいたい分かるからである。

発行日も重要だ。基本的に情報は新しくなければ意味がないので、発行日が古い本は使いものにならないことが多いのである。

中をパラパラとめくってみて、情報量やデータが多いかどうか、欲しい内容かどうかもチェックしてみよう。単にだらだらと書いてあるものよりも、チャート、グラフ、表、イラストなどを盛り込んで読者が理解しやすいように工夫してあるもののほうが、おしなべて良いと思う。

■定量情報の有効活用

また、情報には定量情報と定性情報がある。定量情報は数字で、説得力を増す。定性情報は人の話や雑誌の記事、文献などで、こちらは全体の理解度を高める。だから、データという数字の定量情報をしっかり集めることも大事であり、定性情報をしっかり集めて整理することも同じくらい大事なの

日頃から、情報に対する感度を高めておく必要がある

情報のアンテナ

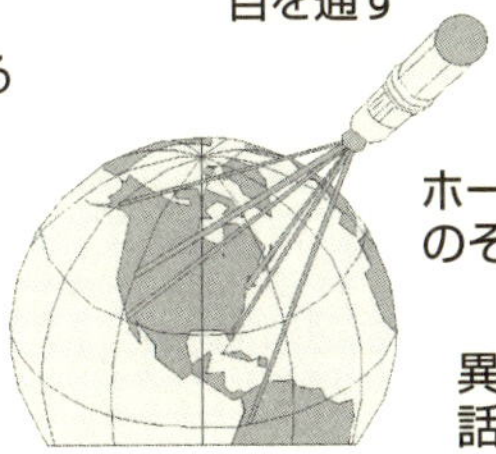
政府刊行物サービス・センターに時々行ってみる
専門雑誌の目次に目を通す
本屋に足を運ぶ（目次の研究）
ホームページをのぞく
雑誌の中吊り広告を読む
異業種の人と話をする

資料：フォアサイト・アンド・カンパニー

よい書籍は、理解度を高めることを助けてくれる。本の選び方のコツをつかんでおくと、効率的

本の選び方

- タイトルと著者を見る。読んでみたいと思うかどうか
- 本のカバーについているあらすじを読んでみる
- 目次をざっと見る
- 発行日は新しいかどうかをチェックする
- 中をパラパラとめくる。情報量は多いか、データは多いか、欲しい内容か、理解しやすい書き方か（図版は多いか）などをチェックする

資料：フォアサイト・アンド・カンパニー

だ。だから、本を何となく読んで、その内容をまとめようともしないようでは、読んだ時間が無駄と言っても過言ではないだろう。

　要するに、事実に勝るものはないのである。問題解決を目指している人は、できるだけ客観的な事実ベースで議論しなければならない。言い換えれば、思い込みや自分の願望の世界から脱しなければならない。すなわち「業界の常識では……」「今までの経験から……」「直感では……」「こうなるはずだ」「こうあって欲しい」という言い方は、証拠がないから説得力を持たないのだ。一方、客観的な事実、具体的な数字は証拠があるから、絶対的な説得力を持っている。事実の重要性をしっかりと肝に銘じていただきたい。

　基本的にはほとんど価値のない公開情報も、丁寧に読んでうまく使えば、役に立つことがある。たとえば、最近の新聞は非常に良い分析を掲載す

定性情報をまとめたものは、全体の理解を助ける。情報を使い分けることが大事

◎情報の種類

定性情報　＜　定量情報

人の話
雑誌記事
文献など

全体の理解度を高める

説得力が増す！

資料：フォアサイト・アンド・カンパニー

そう、事実に勝るものはない

事実の重要性

業界の常識では…
今までの経験から…
直感では…

こうなるはずだ！ （思い込み） こうあって欲しい！ （自分の願い） 根拠がない	⟷	客観的な事実 具体的な数字 根拠がある！

資料：フォアサイト・アンド・カンパニー

もちろん、丁寧に情報を読んでいると、公開情報でも価値のある情報は時々ある

公開情報で価値のある情報

－長期（30～40年）にわたっての変化
－将来の予測
－競争力（シェア）の比較と推移
－コスト比較データ
－フレームワークで整理されたもの
－解釈、分析された記事

資料：フォアサイト・アンド・カンパニー

るようになってきた。とくに30～40年にわたる変化を書いてあったりすると、これは貴重な情報となる。将来の予測、競争力（シェア）の比較と推移、コストの比較データ、フレームワークで整理されたもの、解釈・分析された記事なども有用である。そういう記事がせっかく掲載されていても、見過ごしてしまう人は多い。また、インターネットで新聞記事を検索をしても、そのような情報がうまく出てくるとは限らない。

だから貴重な記事は、見つけた時点で切り取ってスクラップしておくことをお勧めする。スクラップ・ブックというと前時代的な感じがするかもしれないが、経営課題別に分けてスクラップしておくと、いざという時に役に立つのだ。むろん、それらの情報をまとめてチャート化しておけばもっといい。

たとえば『ユニクロ』はなぜ安いのか、というテーマに対して、単に「ユニクロは安いよね」と言われたら、「うん、そうだね」で終わってしまう。しかし、どの部分のコストが普通のアパレルメーカーよりも安いのか、ということを数字で比較してあったり、解釈・分析した記事があれば、説得力が出る。このように公開情報でも価値のあるものが時々出てくるから、それを自分で確保しておくことが大切なのである。

さらに、公開情報は組み合わせることで、新しい発見が生まれることもある。たとえば、政府発行統計と雑誌や新聞の記事を組み合わせて考えると、おもしろい発見ができたりする。会社案内やパンフレット、有価証券報告書、業界発行統計など、あらゆる公開情報を縦横に組み合わせて価値を高め

比較基準を決めることも大事

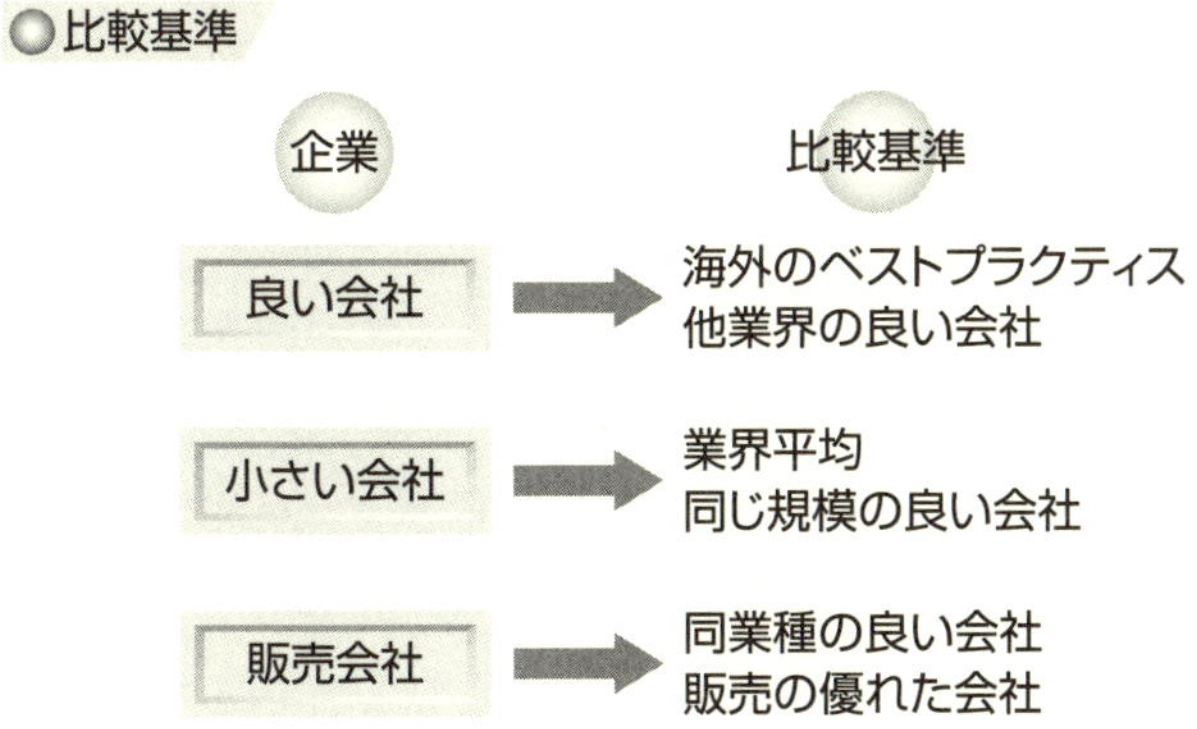
比較基準
企業
比較基準
良い会社
海外のベストプラクティス
他業界の良い会社
小さい会社
業界平均
同じ規模の良い会社
販売会社
同業種の良い会社
販売の優れた会社

資料：フォアサイト・アンド・カンパニー

る工夫が必要なのである。つまり、一般的な公開情報は全く使いものにならないわけではなく、工夫次第では使いものになるのだ。逆に言えば、工夫しない限り、使いものにはならないのである。

　情報収集のコツとして最後に大事なことは、比較基準を決めることである。たとえば企業を比較する時は、良い会社の場合は海外のベスト・プラクティスや他業界の良い会社、小さい会社の場合は業界の平均や同じ規模の良い会社、販売会社の場合は同業種の良い会社や販売の優れた会社、という基準が必要となる。何を基準にして比較するのか、自分でしっかりと決めて、その情報を集めなければならない。

　ここまでの3つのポイントをまとめておこう。

①作業を開始する前に目的を明確にして、段取りを考える。アプローチの方法はいろいろあるから、自由度を高めて収集するわけだ。

②数字によって事実を見せると説得力が増す。定性情報をうまくまとめると、価値はさらに高まる。

③公開情報にも時々重要な情報が含まれているので、それらの使い方を工夫すれば価値を高めることができる。たとえば、新聞を読んでいる時に前述したような貴重な情報を見つけたら、切り抜いておく癖をつけるべきだと思う。

以上3点に留意すれば、必ず効率的に情報収集を進めることができる。皆さん、ぜひ試していただきたい。

ここまでのポイント CHECK POINT

- 作業を開始する前に目的を明確にして、段取りを考える。自由度を高めて収集する
- 数字によって事実を見せると説得力がある。定性情報をうまくまとめると、価値は高まる
- 公開情報にも、時々重要な情報が含まれており、それらの使い方を工夫することで価値を高めることができる

第4章 データからチャートへ

◎チャート作成の目的Ⅰ
◎チャート作成の目的Ⅱ
◎チャート作成の基本ルール

チャート作成の目的Ⅰ

CD-ROM §5・L31

自分の考えやアイデアを相手に説明して理解を得ることは、ビジネスの世界に限らず、日常の様々な場面で必要となる。そのような場合、相手を効果的に説得するためにはどういったことが必要になってくるのだろうか？

「みんながそう言っている」「それが業界の常識だ」などと言っても、相手を納得させることは難しい。

数字を基にして説明すると効果的だと考えられるが、ただ数字を羅列するだけでは、相手が十分に理解できるかどうか疑問である。

そこで、この章ではチャート作成の目的と、自分と相手の理解度を高めるためのチャート活用のメリットについて学んでいく。

■目的を知ることでチャートは書きやすい

データをチャート化するということは、単にきれいにものを書くだけではなく、考えることを手助けしてくれる。

そういう観点も含めて、皆さんにはデータのチャート化についてしっかりと学んでいただきたい。そうすれば、きっと良いアウトプットが出せるようになるはずだ。

では、この項の内容を説明しよう。

①チャート作成の目的。これをまず理解しておかなければ、先には進めない。

②基本的なチャートの書き方。チャートは自己流で書いても、なかなか良いものはできない。何事も基本が大事である。

③より説得力のあるチャートを書くための基本的なルール。これを知っているのと知らないのでは大違いだ。知らないまま書くと、無残な出来上

内容 LEARNING POINT
● チャート作成の目的
● 基本的なチャートの書き方
● より説得力のあるチャートを書くための基本的なルール

がりになることが多い。

基本的なルールを守ることによって、最初からけっこう高いレベルのチャートが書けるようになるので、この3点を皆さんに理解していただきたいと思う。

チャート作成の目的は3つある。1つ目は、数字で示していることを理解する。チャートを書くというのは単にグラフやイラストを書くだけではなく、起こっていることを理解することである。私たちの目的はチャートをうまく書けるようになることではない。問題を理解して、それを解決することである。だから、数字が意味するところは何なのか？　ということを理解するためにチャートを書くのだ。

2つ目は、チャートを1つ書いた後に、どんなデータを使って分析すべきなのか、そのヒントをつかむ。数字をチャート化したら、なぜそうなっているのか、次にどういうことを調べればよいのか、ということのヒントにするわけだ。

3つ目は、美しく説得力のある資料に見せる。ここでは、チャートを分かりやすく見せるためのテクニックだけでなく、チャートにとって大事なことについて、もう一度確認したいと思う。

■数字を使って説得力を高める

さて、チャート作成の目的「その1」だ。チャートを作成すると、理解度を高めることができる。すでに述べたように、起こっていることを数字で捉えると説得力が高まるわけだが、チャートは数字

チャート作成の目的

- 数字で示していることを理解する
- その後に、どんなデータを使って分析すべきかのヒントをつかむ
- 美しく説得力のある資料に見せる

をさらにグラフやイラストに加工するから、読み手にとっても作り手にとっても、いっそう分かりやすくなる。つまり、チャートを作れば、何が起きているのかひと目で理解できるのだ。

普段、私たちは会話をする。ビジネスシーンだけでなく、家庭でも、友人・知人との間でも、知らない人との間でも会話をする。その場合、普通の会話では無意識のうちに自分の思いや自分が感じていることを言うことが多い。たとえば、「今日は寒い！」と言う。これを「今日の気温はマイナス1度で、朝から雪も降っている。だから寒い！」と、客観的な事実を細かく盛り込んで言う人はいない。

ここで皆さんに理解していただきたいことは、ビジネスにおいては、数字を使わないと自分の思い込みだと思われてしまい、説得力に欠ける、ということだ。逆に言えば、数字を使って話や議論

をすれば、説得力が高まることになる。だから、チャートを作成する前に数字を使う話をしているのだが、数字を使わないとこういう言い方になる。「みんながそう言っている」、「業界の常識。当たり前だ」、「今までの経験からすると、たぶんそうだ」。これはビジネスシーンでは、全く説得力を持たない。「みんな」とは誰なのかを突き詰めると、その人一人だけだったりする。だからビジネスにおいては、真実はいったいどうなっているのか、より緻密で正確な情報が必要になるわけだ。これほど数字は大事なのである。

　数字を定量的に評価することで、真実が見えやすくなる。たとえば、「最近、わが社の主力商品であるカラーテレビの売り上げが落ち込んでいる」と言ったとする。しかし、この言い方ではあまりにも漠然としていて、落ち込んでいるといっても、どのくらい落ち込んでいるのか分からない。これを「わが社の売り上げの70％を占めるカラーテレビの売り上げは、前年比85％の64億円しか達成できなかった」という数字を盛り込んだ言い方にすれば、より具体的なイメージをつかむことができる。カラーテレビが売り上げの70％を占めている主力商品であること、その売り上げが15％も落ち込んで売上高が64億円になったことが分かるので、説得力が出る。つまり、何が起こっているのか、正確に理解できるわけだ。

　169ページ上のチャートは数字のテーブルだ。こういう表になっていると、普通、皆さんは加工しないのではないか。そのままコピーをとって、ぺたっと貼り付けることが多いと思う。むろん、もし皆さんが実際にこの電機メーカーでカラーテレビを担当していたら、おそらくこの手の数字は、正

ビジネスにおいては、数字を使わないと、それは自分の思い込みと思われてしまう。説得力に欠ける

数字を使わないケース

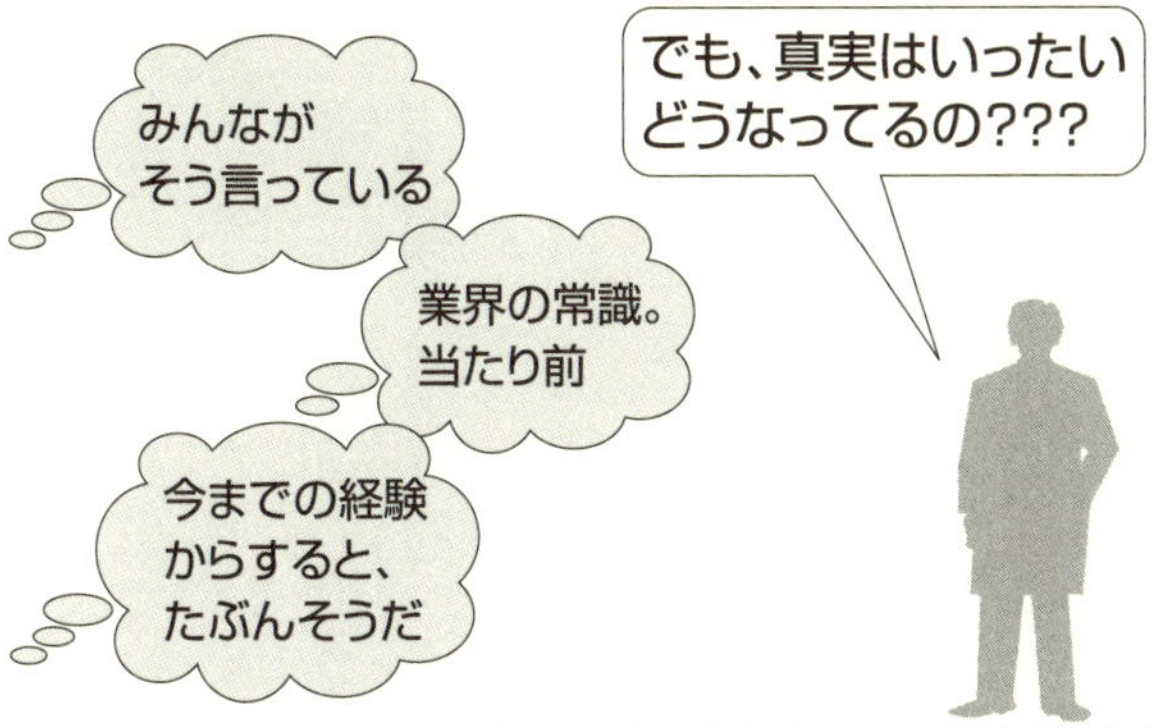
みんなが
そう言っている
業界の常識。
当たり前
今までの経験
からすると、
たぶんそうだ
でも、真実はいったい
どうなってるの???

資料：フォアサイト・アンド・カンパニー

数字で定量的に評価することで、真実が見えやすくなる

数字を使ったケース

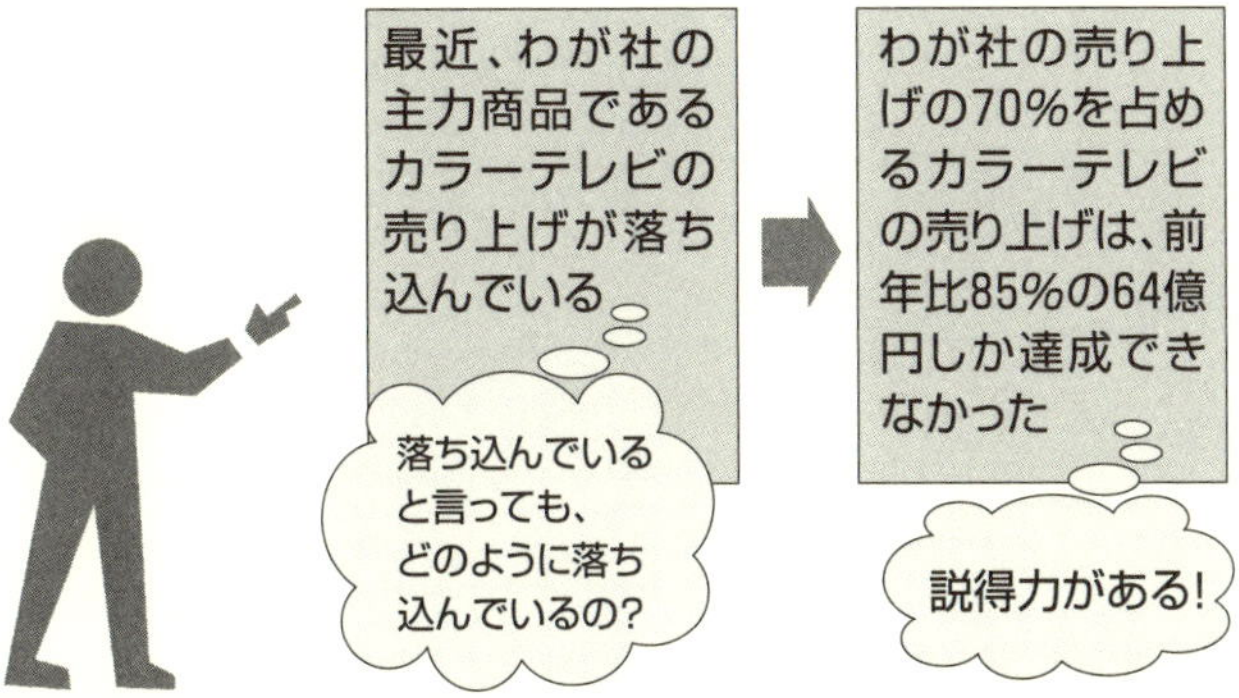
最近、わが社の
主力商品である
カラーテレビの
売り上げが落ち
込んでいる
落ち込んでいる
と言っても、
どのように落ち
込んでいるの？
わが社の売り上
げの70%を占め
るカラーテレビ
の売り上げは、前
年比85%の64億
円しか達成でき
なかった
説得力がある！

資料：フォアサイト・アンド・カンパニー

確には覚えていないとしても、全売上高の7割ぐらいを占めているとか、昨年の85％しか売れなかったというふうに、だいたいの数字は押さえているると思う。

大事なことは、重要な数字はアバウトでもいいから理解しておく、ということである。70％ぐらい、およそ8割といった丸い数字でもかまわないと思う。

なぜなら、数字の押さえがある程度できていると、数字で答えることができて、話している内容に説得力を持たせることができるからだ。あるいは、人の名前のような具体的なものを盛り込めば、聞き手は「この人はよく知っているな」と思ってくれるのだ。これはコミュニケーションの１つのテクニックであり、コツだと思う。

ただし、数字を使うといっても、単なる数字の羅列だけでは、何が起きているのか読みとることは難しい。

１６９ページ下にはカラーテレビの１９９０年から２０００年までの国内出荷台数の推移を示した数表がある。このまま数字を見て、状況を把握することができるだろうか？　もちろん、90年の９０５万台から減少して93年に８１４万台となり、95年から増加して97年に１０１８万台に達し、98年に再び減少して２０００年は９８７万台になった、という説明はできる。しかし、これを聞いて内容を正確に理解できる人は少ないと思う。

数字の押さえがある程度できていると、数字で答えることができる

電機メーカーA社の売り上げ（1995〜2000年）

例示

年	カラーテレビ	その他	売上合計
1995	80	21	101
96	80	25	105
97	79	23	102
98	74	24	98
99	75	22	97
2000	64	27	91

（億円）

前年比85%

売り上げの70%

資料：フォアサイト・アンド・カンパニー

ただ、数字の羅列だけでは、何が起きているのか読みとることは難しい

カラーテレビの国内出荷台数（1990〜2000年）

年	カラーテレビ
1990	905
91	901
92	830
93	814
94	835
95	958

年	カラーテレビ
96	1011
97	1018
98	966
99	960
2000	987

（万台）

注・液晶を除く

資料：家電産業データブック、民生用電子機器データ集

■チャート化すれば断然分かりやすくなる

では、これをチャート化してみよう。171ページ上のような棒グラフにすれば、出荷台数の変化が一目瞭然である。「近年、カラーテレビの出荷台数はほとんど増加していない」という表現ができるわけだ。言葉や数字の羅列ではなく、チャートで示すほうが断然、分かりやすいのだ。

皆さんが会社で業績を報告する場合を考えてみていただきたい。それこそ売り上げから売上原価、限界利益、経常利益と、いろいろな数字が出てくる。その数字だけを見ていたら、字が細かくて目が痛くなってしまうほどだろう。しかし、それをチャート化すれば、何が起きているのかひと目で分かり、自分も相手も理解しやすくなるのである。

さて、先ほどの電機メーカーにおけるカラーテレビの売り上げの推移をチャート化すると、どうなるか。171ページ下のようになる。95年に80億円あったのが、だんだん右下がりになって2000年は60億円台に落ち込んでいることが、すぐに分かる。チャートは数字を見るよりもイメージがわきやすいのだ。

ものを考える時は、いろいろな手段がある。たとえば、言葉でものを考えることも大切だ。あるいは、数字の羅列で見たり、数字を暗算して理解することも必要だ。それが向いている場合も、もちろんあると思う。しかし、最近は子供だけでなく大人もビジュアル人間になっているから、みんなグラフやイラストで物事を理解することが非常に得意である。だから、何でもまずグラフやイラストに落とし込んでみることが大事なのだ。

近年、カラーテレビの出荷台数はほとんど増加していない

◎カラーテレビの国内出荷台数（1990〜2000年）

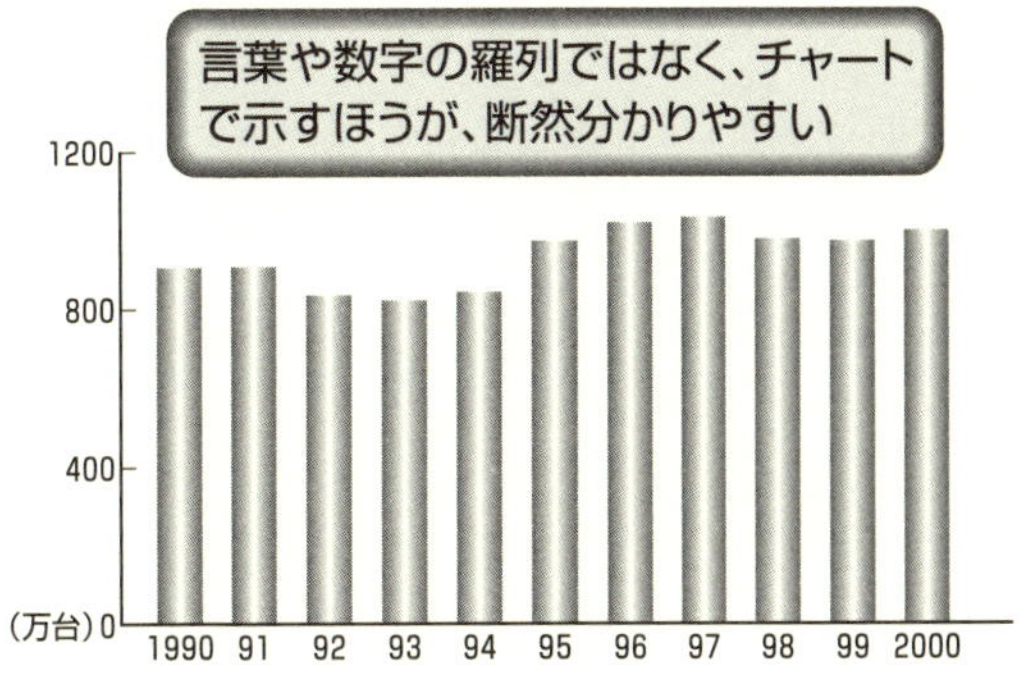

注・液晶を除く

資料：家電産業データブック、民生用電子機器データ集

近年、A社におけるカラーテレビの売り上げは減少傾向にある

◎A社におけるカラーテレビの売り上げ（1995〜2000年）

例示

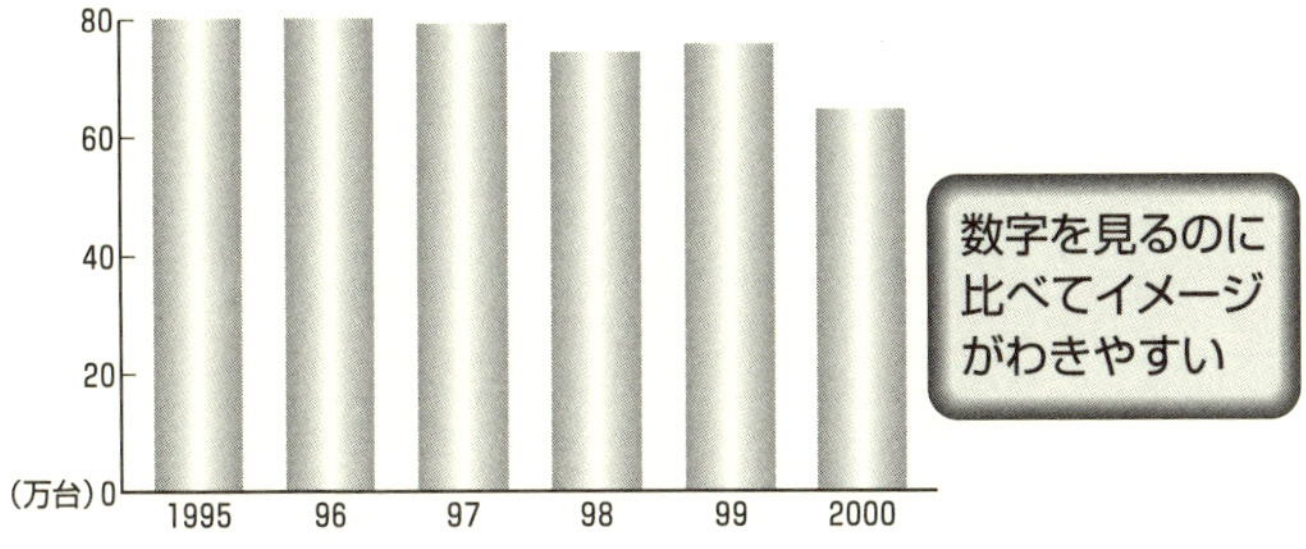

資料：フォアサイト・アンド・カンパニー

10個ぐらいの数字だったら、まだ見る気がするかもしれないが、1ページに80個とか100個もの数字が並んでいたらどうか？　おそらく、見ただけでうんざりするだろう。そういう時は、何をチャート化すれば分かりやすいのか、ということに注目すればよいのだ。

先ほどの電機メーカーにおけるカラーテレビの売り上げの推移をチャート化する時は、173ページ上のように別のやり方もできる。売り上げ構成を見ると、1995年にカラーテレビが占める割合は79％だった。それが2000年は70％になっている。売り上げ全体が101から91まで落ち込み、なおかつカラーテレビの占める割合が減ってきたわけだから、カラーテレビの成長率（CAGR／Compound Annual Growth Rate＝平均年間成長率）はマイナス4・4％ということになる。その他の商品はプラス5・2％だから、主力商品が伸びていないということがすぐに分かる。しかも、格好いいチャートを書くと、何となく分析に見える。実は、それが重要なのである。

復習すると、人の理解度は話し言葉よりもテキストや数字のテーブルにしたほうが、つまり、きちんと整理した文章や数字を表組みにしたほうが高まるし、それをさらにチャート化して簡潔なメッセージを述べたほうがより高まるのだ。数字を使ってチャートを簡潔に説明することは、言葉の羅列よりもはるかに理解が進むのである。

ここまでの3つのポイントを整理しよう。

①起こっていることを数字で捉えると、説得力が高まる。

②単なる数字の羅列では、何を言いたいのか読み取ることは難しい。

売り上げの70%を占めるカラーテレビの成長が落ち込んでいる

A社の売り上げ構成（1995～2000年）

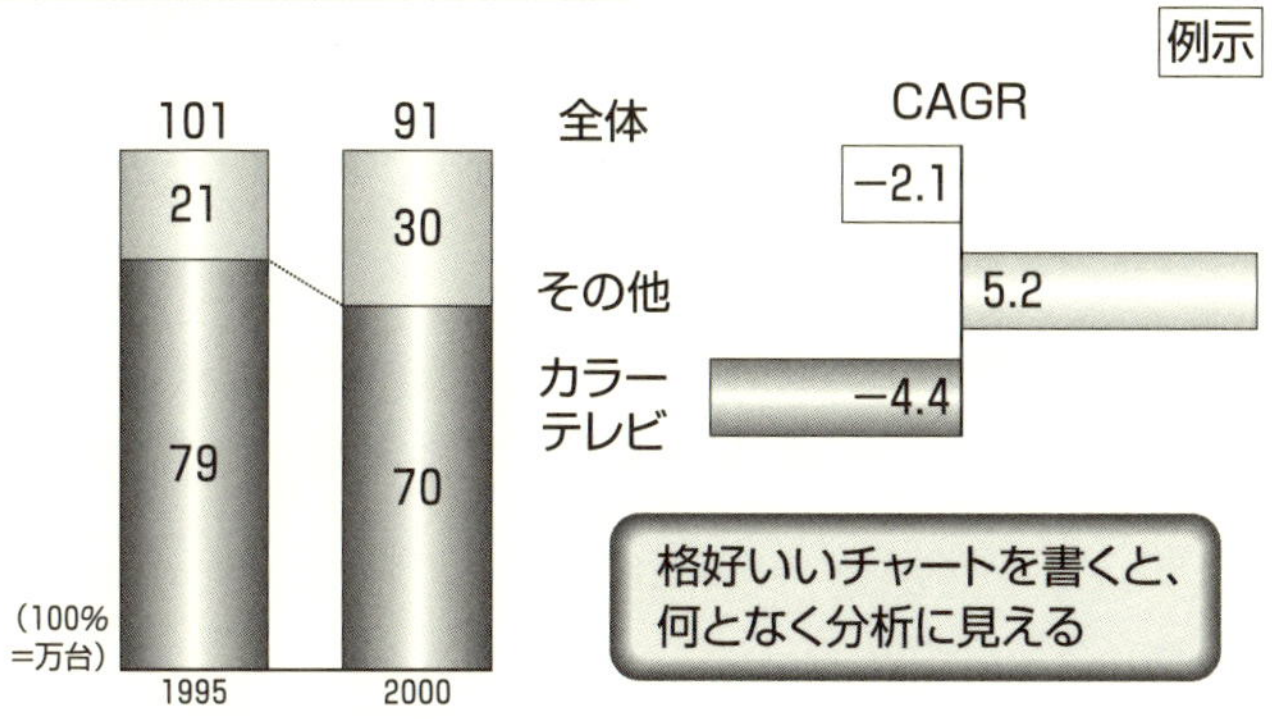

資料：フォアサイト・アンド・カンパニー

数字を使ってチャートを簡潔に説明することは、言葉の羅列よりもはるかに理解が進む

人の理解度

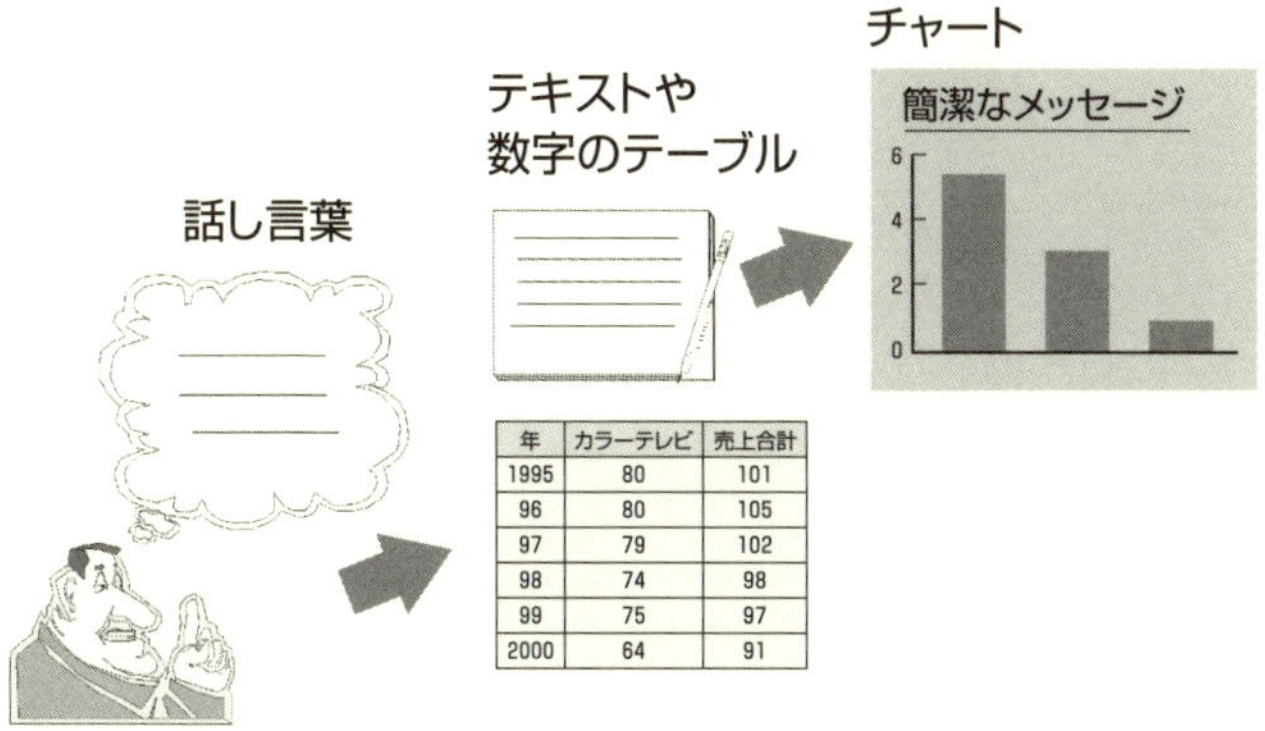

年	カラーテレビ	売上合計
1995	80	101
96	80	105
97	79	102
98	74	98
99	75	97
2000	64	91

資料：フォアサイト・アンド・カンパニー

ここまでのポイント CHECK POINT

- 起こっていることを数字で捉えると、説得力が高まる
- 単なる数字の羅列では、何を言いたいのか読みとるのが困難
- そこで、数字をチャート化すれば、理解度は格段に高まり、自分にとっても相手にとっても分かりやすい

③そこで、数字をチャート化すれば、理解度は格段に高まり、自分にとっても相手にとっても分かりやすい。

要するに、チャートの作成は理解度を高めることを助けてくれる素晴らしい手段なのである。

チャート作成の目的Ⅱ

CD-ROM §5・L32

相手を説得する場合は、言葉よりも数字、数字よりもチャートと理解度が高まる、ということが分かった。このことは、とくに問題解決者としてビジネスの世界に生きるためには、とても大切なことである。

しかし、チャートは相手や自分の理解度を高めるためだけに作成するのではない。とりわけ問題解決者として重要なことは、チャートを作成することによって何が起こっているかを理解するための分析を進め、本質的な問題の発見を進めていく、ということである。

この章では、チャート作成の目的と、それを達成するために必要なことを学ぶ。

■分析の方向性がはっきりする

「その1」では、数字をチャート化することは理解度を高める、ということを学んだ。もう1つ大事なことは、チャートを書くことによって、分析の方向性を見極められる、ということである。チャートが言葉を話してくれれば一番良いのだが、もちろんチャート自体は語りかけてくれない。しかし、チャートはいろいろなことを示してくれている。つまり、チャートを書けば、次にどんなことを知ればよいのかが分かる。より細かい分析の手助けにもなるし、新しい発見もできるようになるのだ。

チャートを初めて書く人はいない。チャートを書いたことがない人もいない。誰でも子供の頃、コンパスや定規を使って書いたことがあるはずだ。ただし、チャートは漠然と書いてはいけない。大事なことは、チャートを書いた時に「なぜこうなっているのか？」と考えることである。そうすれば、チャートは語りかけてくれるのだ。つまり、チャートは考えるために書くのである。

チャートを書く時の視点の1つ目は、やはり大きなところ（全体）から小さなところ（細部）へ、である。最初から細かいことについて書くのではなく、まず全体像が分かるチャートを書いて、それからだんだん細部に下りていくのだ。

2つ目は、なぜそんなことが起こったのか、可能性を考えてみる。単にチャートを書くのではなく、1つ書いたらそこで「なぜなのか？」と考えるのだ。それが問題発見につながっていくのである。

3つ目は、細かく掘り下げてみる。全体を知り、なぜなのかを考え、それから細部を探っていく。これはとても重要なことである。考えるプロセスに沿ってチャートを書くと分かりやすいのだ。

チャートを書くときの視点は、やはり大きなところから小さなところ

◎チャートを書くときの視点

1.全体像が分かるチャートを書く

2.なぜなのか可能性を考えてみる

3.細かく掘り下げてみる

資料：フォアサイト・アンド・カンパニー

たとえば、市場について考える場合は、最初に全体を知りたいわけだから、普通はまず市場規模の推移のデータを取ると思う。その結果、市場が伸びていたとする。そうしたら、そのまま終わりにするのではなく、「なぜ伸びたのか?」と疑問を感じなければならない。言い換えれば、知的好奇心を持たないといけない。そしてさらに、伸びているものと減っているものがあるに違いないから、セグメント別に見てみよう、というふうに考えられるようになったら、素晴らしいことである。これが「チャートを使って考える」ということであり、チャートを書いてみることの意味である。

あるいは、自社について考える場合は、まず市場シェアの推移を知る。それぞれの会社が売り上げや販売量でどれぐらいの占有率を持っているのか、という変化を見るわけだ。その結果、自分の会社のシェアが下がっていたとする。そうした

ら、なぜシェアが下がったのかを調べなければならない。シェアは競争力を表している。競争力は何を見れば分かるのか？　バリューチェーンを評価してみるとよく分かる。メーカーだったら製品開発、調達、生産、マーケティング、販売、サービスがバリューチェーンであり、そのどこで競争力を失っているのかを見ていかねばならない。

また、競合会社について考える場合は、まず売り上げや利益率の推移を見ることで、各会社の取り組みの結果が分かるのだ。売り上げは伸びているのか、減っているのか、利益率は上がっているのか、下がっているのか。最近は売り上げも利益率も落ち込んでいる会社が多い。とすると、なぜ売り上げや利益率が悪化しているのかを見ていく必要がある。

その手法としては、ＲＯＡ（Return on Asset＝総資産利益率）ツリーなどを作成する。ＲＯＡは企業の資本効率性を判断する代表的な指標の1つで、純利益を総資産で割った比率である。多くの人たちは売り上げに対して、いくら儲かったかを見る。それも大事だが、今まで投資してきたお金が、どれだけの利益を産み出したかをまず知る必要がある。ＲＯＡツリーはそれを要素分解したものである。そういうものを作りながら、会社の中身を細かくチェックしていくのだ。

つまり、何について考える場合でも、全体を知る→なぜなのかを探る→細部にわたって見ていく、という流れに沿って、そのすべてをチャートで書いていくわけだ。それが最も分かりやすいのである。

では、カラーテレビの出荷台数が伸びていない場合、どのような原因が考えられるだろうか？　単純に消費が低迷しているのか？　それとも商品の問題なのか？

考えるプロセスに沿って、チャートを書くと分かりやすい

考えるプロセス

市場	市場規模の推移	なぜ伸びたのか	セグメント別に見てみる
自社	市場シェアの推移	なぜ下がったのか	バリューチェーンを見る
競合	売り上げと利益率の推移	なぜ悪化しているのか	ROAツリーなどを作成する

資料：フォアサイト・アンド・カンパニー

たしかに、今、消費は冷え込んでいて、みんな「できるだけお金を使いたくない」と思っているかもしれない。だが、本当に良い物だったら買うだろう。ということは、もしかすると、カラーテレビという商品そのものがマンネリ化しているのではないか。あるいは、メーカーの営業努力の問題かもしれない。このようにいくつかの疑問が浮かんだら、それぞれについて調べればよいのだ。

チャートを書くためにはデータが必要になる。たとえば、消費の低迷を証明するには、情報収集のところで学んだように、家計調査の家電製品の支出がどうなっているのかを調べればよいだろう。商品そのものの問題かどうか、メーカーの営業努力の問題かどうかを証明するには、カラーテレビの中で売れている商品と売れていない商品があるかどうかを調べればよい。もし、売れている商品がなければ商品の問題かもしれないし、売れている商品があればメーカーの営業努力の問題かもしれない。
チャートから考えを深めていくには、「なぜ?」という質問をし続けなければならない。なぜここがこういうふうに減ったのか? なぜここだけ増えたのか? と質問をし続けて掘り下げていくことが大切なのだ。

■掘り下げていくにはコツがある

掘り下げていくためのコツはいくつかある。1つ目は、10年以上の長期でチャートを書いて、変化があるかどうかを見てみることだ。日本では、数字を取ってある期間は5年が多い。3年しかない場合もある。しかし、3年では物事は分からない。5年でも分からない。もしかすると、10年でも短いかもしれない。なぜなら日本の場合、今から10年前はちょうどバブルが崩壊した頃だからである。きちんと掘り下げていこうと思ったら、15年ぐらい前から変化を見る必要がある。で、どこかが急に増えていたり減っていたりしたら、そこに注目して「なぜ?」と質問する。分からないことに対して問いかけ、分析するわけだ。

2つ目は、変化がなければ、そのデータを細分化して変化を調べてみることだ。全体的には変わっていなくても、中身は変わっている場合があるからだ。皆さんの会社の事業でも、全体的には伸びていなくても、特定の商品が伸びていたり、特定の地域で伸びていたりすることがあるはずだ。全体を見ただけではそのことが分からないという場合は、それをまたセグメント別に切って調べてみる必要

カラーテレビの出荷台数が伸びていないとすると、どんなことが考えられるか

●カラーテレビの国内出荷台数（1990～2000年）

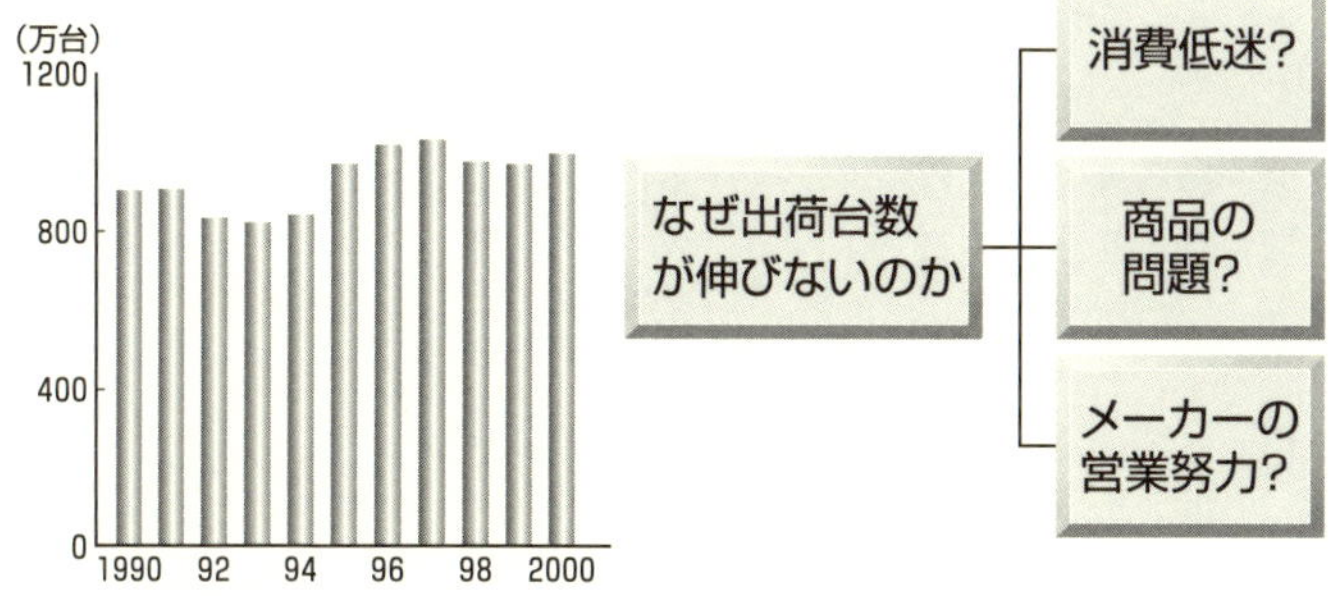

資料：フォアサイト・アンド・カンパニー

チャートから考えを深めていくには、なぜ？という質問をし続けることがコツとなる

●掘り下げのコツ

1.10年以上の長期でチャートを書いてみて、変化があるかどうかを見てみる
2.変化がなければ、そのデータを細分化して、変化を調べてみる
3.変曲点を見つけ、そのときに何が行われたのか調べる
4.要素を分解して、さらにチャートに落としてみる
5.関連のありそうな変数と組み合わせて、相関を見てみる

資料：フォアサイト・アンド・カンパニー

があるのだ。

3つ目は、変曲点を見つけ、その時に何が起こったのか、何が行われたのかを調べることだ。4つ目は、要素を分解して、さらにチャートに落としてみる。5つ目は、関連のありそうな変数と組み合わせて相関を見てみる。そうすることによって、より物事の核心に近づいていくのだ。

■プレゼンテーションのためのチャート

もちろん、チャートを書くのはプレゼンテーションのためでもある。もし、皆さんが自分で考えていることを正しく表現できなかったら、聞いている人にはもっと分からない。その時、相手に理解する能力がないからだと相手のせいにする人もいるだろう。しかし、それは違う。分かってくれないのは皆さんの表現力に問題があることが多いのだ。きれいで見やすいチャートを書けば、見ている人にとっては頭に入りやすいし、記憶にも残りやすい。そういうチャートを書くことによって、誰もが「ふむふむ」「なるほど」「その通り」と感動してもらえるような表現力を身につける。そこにチャート作成の意味があるのだ。

にもかかわらず、皆さんはきれいなチャートを書いていない。おそらく、きれいなチャートをあまり見ていないからだと思う。たとえば、政府が発行しているいろいろな白書がある。それに出ているチャートは、いまいち美しくないし、見やすくもない。単なるデータをエクセルに貼りつけたのではだめなのだ。きれいで見やすく意味のあるチャートを書く必要があるのだ。

チャートには5つのメリットがある

チャートの良い点

1.注目を集めることができる

2.短時間で多くの情報を伝達できる

3.言葉だけの説明に比べて、
記憶に残る度合いが高まる

4.自分自身の頭の中を整理できる

5.チャートベースとして活用できる

資料：フォアサイト・アンド・カンパニー

また、チャートを書くことには5つのメリットがある。

①注目を集めることができる。きれいで分かりやすいからだ。

②短時間で多くの情報を伝達することができる。実は、チャートが持っている情報量は非常に多く、それを瞬時に理解することができる。文章は読むのに時間がかかるが、チャートはひと目見ただけで内容が分かるのだ。

③言葉だけの説明に比べて、記憶に残る度合いが高まる。一般的に、誰かが話したことは、あまり覚えていないだろう。しかし、目で見たもの、視覚に訴えたものは記憶に残りやすい。チャートはそういうメリットを持っている。だから、きれいなチャート、説得力のあるチャート、パンチ力のあるチャートを書くことが重要なのである。

④自分自身の頭の中を整理することができる。

我々の脳は、そんなにうまく動かない。チャートを書くことで自分自身の記憶に残り、整理もしやすくなるのだ。

⑤チャートベースとして活用できる。チャートベースはデータベースを踏まえた私の造語である。作ったチャートをサーバーなどに蓄積しておくと、けっこう使いでがあるのだ。

この5つを見ただけでも、チャートを書くメリットは極めて大きいことが分かるだろう。

次は、プレゼンテーションで信頼を得るコツについて考えてみよう。人に信頼を与えるためには、視覚に訴えるやり方が最も効果がある、とされている。これは『プレゼン・成功の秘訣』（ボブ・ボイラン著）という本に書かれていることだが、視覚（話している人がどのように映るか）55%、声（話し方や声のトーンの聞こえ方）38%、言葉（話す内容）7%となっている。

視覚はまさに目に見えるものだから、チャート自体が美しい必要がある、ということだ。ただし、声も38%だから、セクシーな声をしているほうがいいかもしれない。さらに視覚ということであれば、しゃべる人が格好いいほうがよいかもしれない。

そして、チャートは統一されたフォーマットを使うと、美しく見える。画面いっぱいのチャートや、虫眼鏡で見ないと分からないようなチャートは、見ている人にしたら、「何だこれは?」ということになる。だが、同じ大きさ、同じフォーマットなど、チャートの書き方にコンシステンシー（一貫性）があると、美しく見えて印象が良くなるのだ。

チャートは重要な知的資産であり、チャートベースの蓄積と利用は企業を強化する。チャートをデ

人に信頼を与えるためには、視覚に訴えるやり方が最も効果がある

プレゼンテーションで信頼を得るコツ

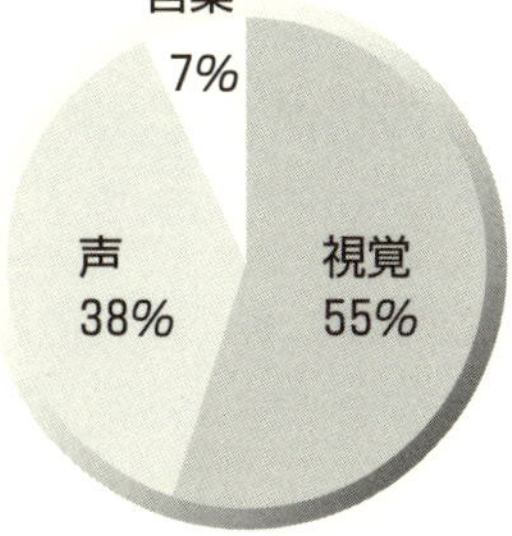

3つの要素

- 言葉・話す内容
- 声・話し方や声のトーンの聞こえ方
- 視覚・話している人がどのように映るか

資料：『プレゼン・成功の秘訣』（ボブ・ボイラン）

チャートは重要な知的資産であり、チャートベースの蓄積と利用は企業を強化する

チャートベースの活用

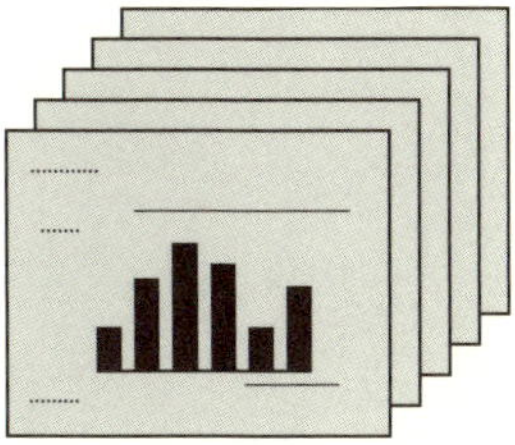

- 数字を新しくするだけですぐにチャートが使える
- 情報源が分かる
- 特定分野の知識強化ができる
- 講演や出版にも使える

資料：フォアサイト・アンド・カンパニー

ここまでのポイント CHECK POINT

- チャートを作成する時も、全体を把握してから細部に下りていく
- できるだけ長期（10年以上）の視点で見るようにし、変曲点があれば、なぜそうなったのかを探る
- チャートは、見る人の記憶に残りやすく自分にとっても整理しやすいというメリットがある

ータベースに蓄積してチャートベースを作っておけば、メリットがたくさんある。たとえば、数字を新しくするだけですぐにチャートが使える、情報源が分かる、特定分野の知識強化ができる、講演や出版にも使える、などである。チャートベースには、いろいろな使い道があるのだ。

ここまでの3つのポイントを整理しておこう。

①チャートを作成する時も、全体を把握してから細部に下りていく。

②できるだけ長期（10年以上）の視点で見るようにし、変曲点があれば、なぜそうなったかを探る。「なぜ？」という質問をして細部に下りていくのだ。

③チャートは見る人の記憶に残りやすく、自分にとっても整理しやすいというメリットがある。

以上のポイントをしっかり頭に叩き込み、どんどん効果的なチャートを作成していただきたい。

チャート作成の基本ルール

CD-ROM §5・L36

様々なチャートの作成について学んできたが、ポイントをしっかりと理解できただろうか？

実際に皆さんが問題解決者（プロブレム・ソルバー）としてチャートを作成する時は、グラフや考えを表すチャートだけ書けばよいというわけではない。相手に問題点を説明したり、解決策を説得したりするためにチャートを「完成」させる必要がある。

「完成」されたチャートを作るためには、チャートの他にさまざまな要素が必要となり、それぞれに守るべき基本的なルールがある。

このレクチャーでは、チャート作成の基本ルールについて学ぶ。

■完成されたチャートを書くには基本を学ぶ

ひと目見て分かりやすいチャートは、メッセージに説得力を与え、相手を納得させるための武器になる。しかし、単にグラフや考えを表しただけのチャートからは、そんな効果は期待できない。相手に問題点や解決策を分かりやすく説明するチャートを書くためには、やはり基本的なルールがあり、その要素を過不足なく盛り込んで初めて、「完成」されたチャートとなる。そして、完成品を作るためには、何回も書いて慣れることが重要である。この項では、チャートを作成するうえでのルールとポイントを学んでいく。

チャート作成の基本的なルールは3つある。1つ目は、見て美しいこと。2つ目は、見てすぐに理解できること。3つ目は、完成品であること。以上の3点を満たしていれば、良いチャートができたと言えるだろう。

チャートを書き慣れてくると、この3つのうちどれか1つでも欠けていたら、感覚的におかしいと分かるようになる。また、そのチャートを見た人が、「あれ、何か変だ」という反応を示した場合は、チャートが未完成品であると言え、その人の信頼を得ることができない結果にもつながる。そういう意味からも、チャートの作成では常に完成品を目指すことが非常に大切になってくる。

では、良いチャートとはどんなものかを具体的に見ていこう。まず、レイアウトがシンプルで分かりやすく、美しいことが大切である。そのためには、1つのテンプレートを決めたら、それで一貫していくことがポイントになる。

チャート作成の基本ルール

- 見て“美しい”こと
- 理解されやすいこと
- 完成品であること

メッセージ

- タイトル

レイアウトはシンプルで分かりやすく、美しいことが大切

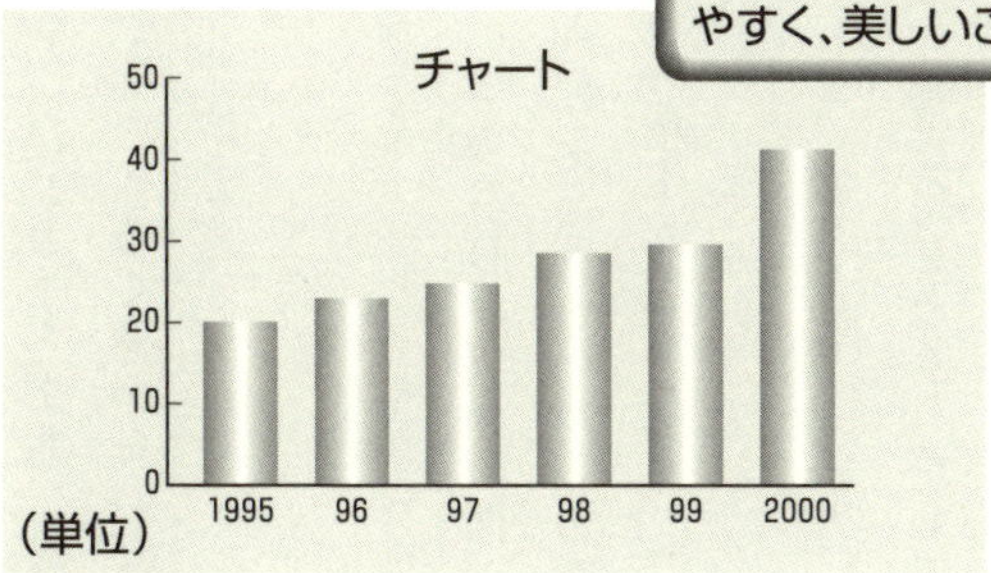

補足情報：

資料：フォアサイト・アンド・カンパニー

そして、チャートの作成にあたって使うことの多い「エクセル」と「パワーポイント」の注意点を覚えておいてほしい。「エクセル」では、チャートが小さかったり大きかったりとまちまちになりやすい。また、「パワーポイント」は、全体のレイアウトの問題もあるが、中身をうまく書かないと、どうしても雑然としていて内容がないように見えてしまう。とにかく、シンプルで、分かりやすく、美しいこと、が基本である。

191ページ上のチャートは、日本の実質GDP（国内総生産）成長率を1967年から年を追って示している。ここから読み取れるのは、90年のバブル崩壊後、日本の実質GDP成長率は、途中、消費税率アップ前の駆け込み需要による上昇を除けば、年々、低下傾向にある、ということである。要は、この1つのメッセージをよりよく理解してもらうために、このチャートが書かれていればよいのである。

逆の言い方をすれば、欲張りすぎは失敗の元、ということだ。メッセージを出す側はいろいろな情報や経験を持っており、それをあれもこれもとチャートに補足したり、書き足したりしがちである。しかし、チャートを見る人は、チャートからしか意味を読み取れないわけで、メッセージがたくさんあるとかえって誤解したり、困惑したりすることにつながっていく。

チャートを書く際は、いろいろと盛り込みたい欲望を抑え、「このチャートから読み取れることはこれしかない」という1チャート、1メッセージをぜひ心がけてほしい。もちろん、メッセージとチャートが一致していなければ意味がないことは論をまたない。

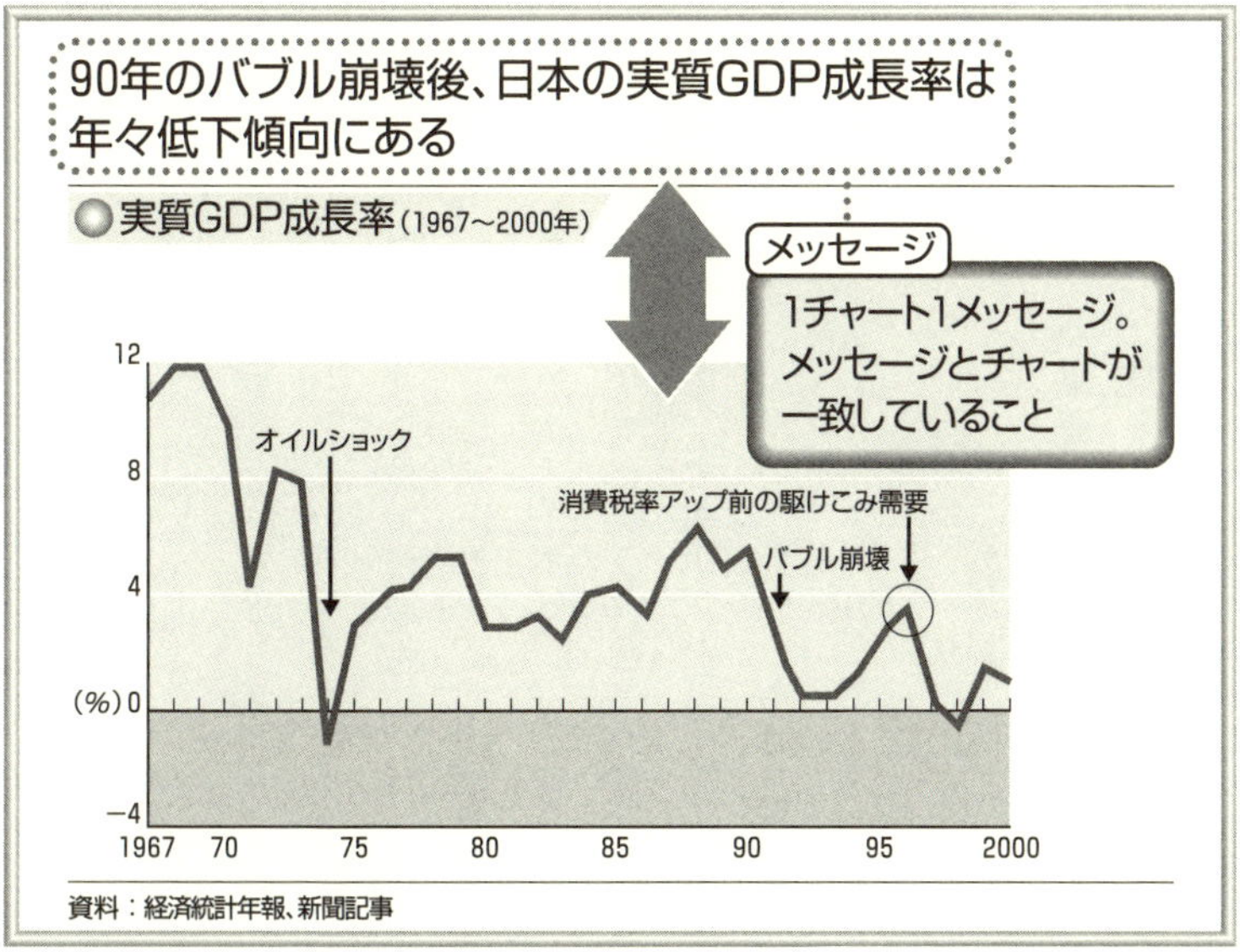
90年のバブル崩壊後、日本の実質GDP成長率は年々低下傾向にある
実質GDP成長率（1967〜2000年）
メッセージ
1チャート1メッセージ。メッセージとチャートが一致していること
12
8
4
（%）0
−4
1967
70
75
80
85
90
95
2000
オイルショック
消費税率アップ前の駆けこみ需要
バブル崩壊
資料：経済統計年報、新聞記事

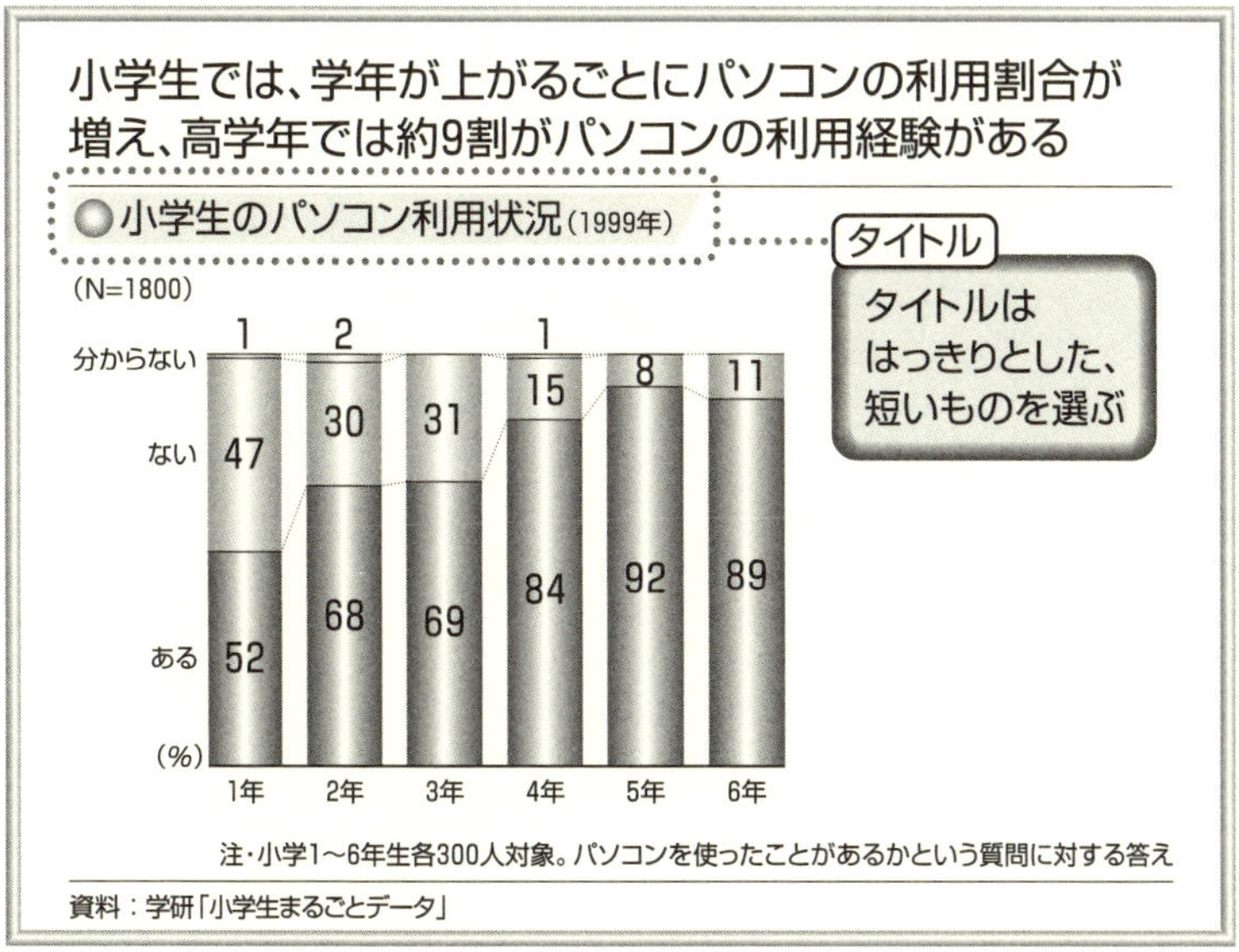
小学生では、学年が上がるごとにパソコンの利用割合が増え、高学年では約9割がパソコンの利用経験がある
小学生のパソコン利用状況（1999年）
タイトル
タイトルははっきりとした、短いものを選ぶ
（N=1800）
分からない
ない
ある
（%）
1
2
1
47
30
31
15
8
11
52
68
69
84
92
89
1年
2年
3年
4年
5年
6年
注・小学1〜6年生各300人対象。パソコンを使ったことがあるかという質問に対する答え
資料：学研「小学生まるごとデータ」

また、チャートのタイトルは短く明確なものが望ましい。たとえば、191ページ下のチャートは、小学生の学年別にどれだけパソコンを使った経験があるかを示したものだ。この場合、タイトルの「小学生のパソコン利用状況」がグラフの上にあり、その上に「小学生では、学年が上がるごとにパソコンの利用割合が増え、高学年では約9割がパソコンの利用経験がある」とのメッセージが出ている。時々、だらだらと長いタイトルを見かけるが、長くなればなるほど、分かりにくくなりがちだ。

加えて、このチャートでは説得力を持たせるグラフが真ん中にきちんとある。また、下に注意書きと出典が出ている。これがチャートの基本的な構成である。タイトルが簡潔で、要点を絞ったメッセージが書かれているチャートほど、理解しやすいチャートになるのだ。

ところで、チャートにグラフなどを使う場合、期間や単位を見やすいところに付けることも大切なポイントである。193ページ上のチャートでは「日経平均株価の推移」のタイトルの後に「1970～99年」および「(円)」という期間と単位が明記されており、一目瞭然である。

株価の推移だから、スケールの数字を見れば、縦軸が株価の円、横軸が何年というのが分かるだろう。しかし、最初に目がいくタイトルの近くにグラフの期間や単位が表示されていれば、より親切だ。期間や単位のないチャートは論外だが、それらを明記する位置にも気をつけて欲しい。

さらに、単位を表記する時、たとえば金額なら、円なのか、千円なのか、万円なのか、百万円なのか、億円なのか、間違えないようにくれぐれも注意が必要である。

日経平均株価の推移を見ると、バブル崩壊の様子がよく分かる

日経平均株価の推移（1970〜99年、円）

期間、単位

チャートの期間や単位を明記しておく

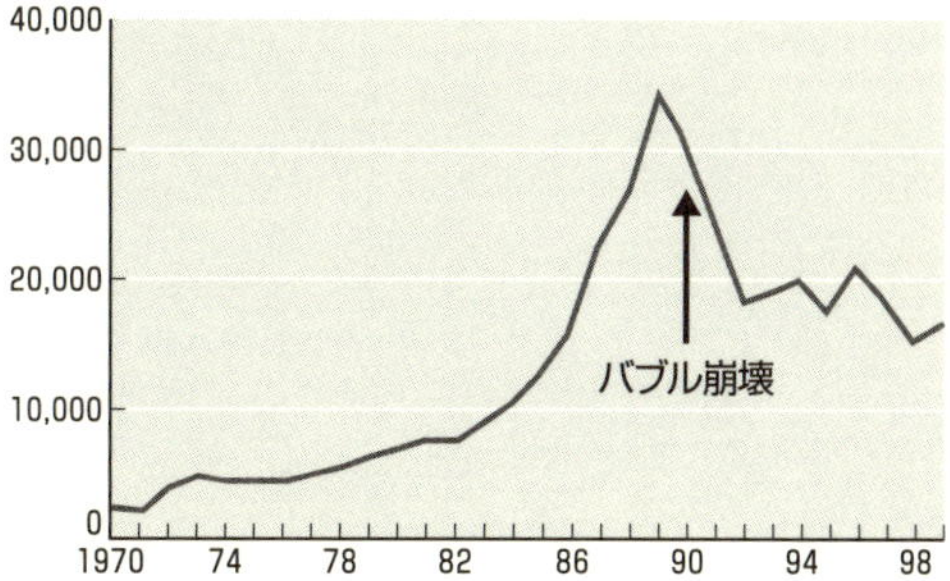

資料：経済統計年鑑

アイスクリームの販売チャネルを見ると、コンビニと量販店の割合が増えており、99年には合わせて66%となった

アイスクリームの販売チャネルの動向（1989〜99年）

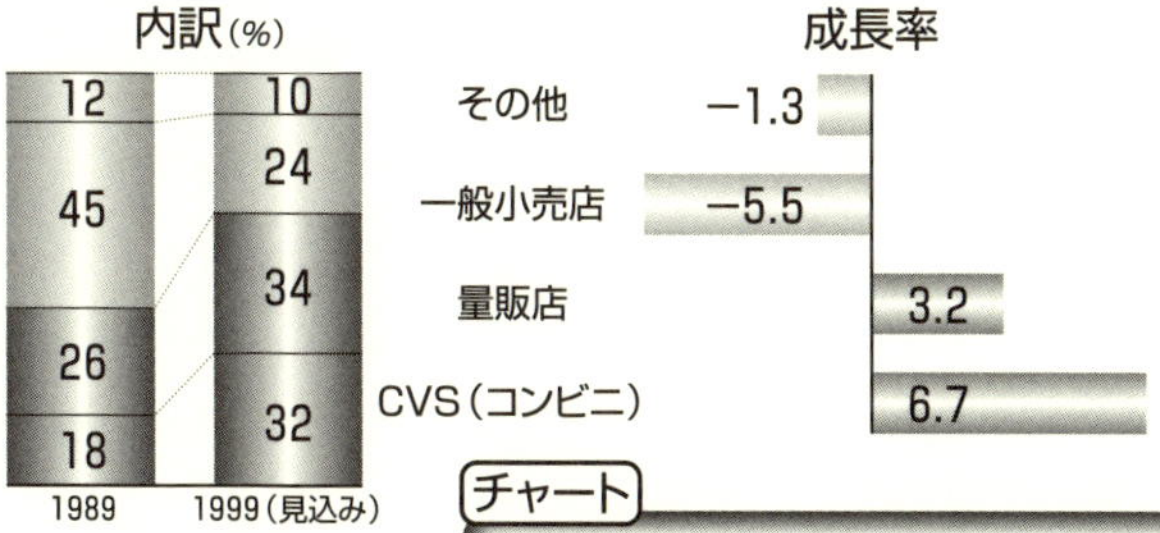

チャート

項目は5項目以下に抑える。どうでもいいものは「その他」としてくくる

資料：ICECREAM DATABOOK 2000

■項目を絞り込んで美しくする

チャートに入れる項目を絞り込むことも、美しく分かりやすいチャートにするための重要なポイントだ。193ページ下のチャートでは、項目をCVS（コンビニエンスストア）、量販店、一般小売店、その他の4つに絞ってコンパクトな形にしてある。エクセルデータ上の文字を、単純にドラッグして貼り付けていったら、その項目の数だけチャートに出てくることになる。そのままでは順番もバラバラで、読み手にとって分かりづらいうえ、チャートも美しくないだろう。

以上の観点からも、項目の数はおおむね5つ以下に抑えるべきである。項目がたくさんある場合は、重要度や優先順位の低いものを「その他」にまとめて入れるなどの整理をすれば、コンパクト化できてチャート自体も非常に見やすくなる。

さらに、項目を並べる際は、訴えたいものに焦点を合わせて配列することが大切である。ホテルの倒産原因の動向を取り上げた195ページ上のチャートでは、倒産理由として「販売不振・業界不振」の比率が年を追うごとに増加していることがニュースであり、最も強調したいところなので、グラフでもこの部分の色を濃くして目立つ処理をしている。

もし、「販売不振・業界不振」がグラフの一番上や真ん中にあったら、これほどの訴求力は生まれない。ハイライトしたいものを一番下に持ってきて、そこから重要度の高い順に並べていくやり方が基本であり、見やすさと分かりやすさを手助けしてくれる。チャートを作成したら、まず自分で見て分かりやすいかどうかをチェックすることを忘れないで欲しい。

販売不振・業界不信によるホテルの倒産が大幅に増加

◎ホテルの主因別倒産動向（1988〜2000年）

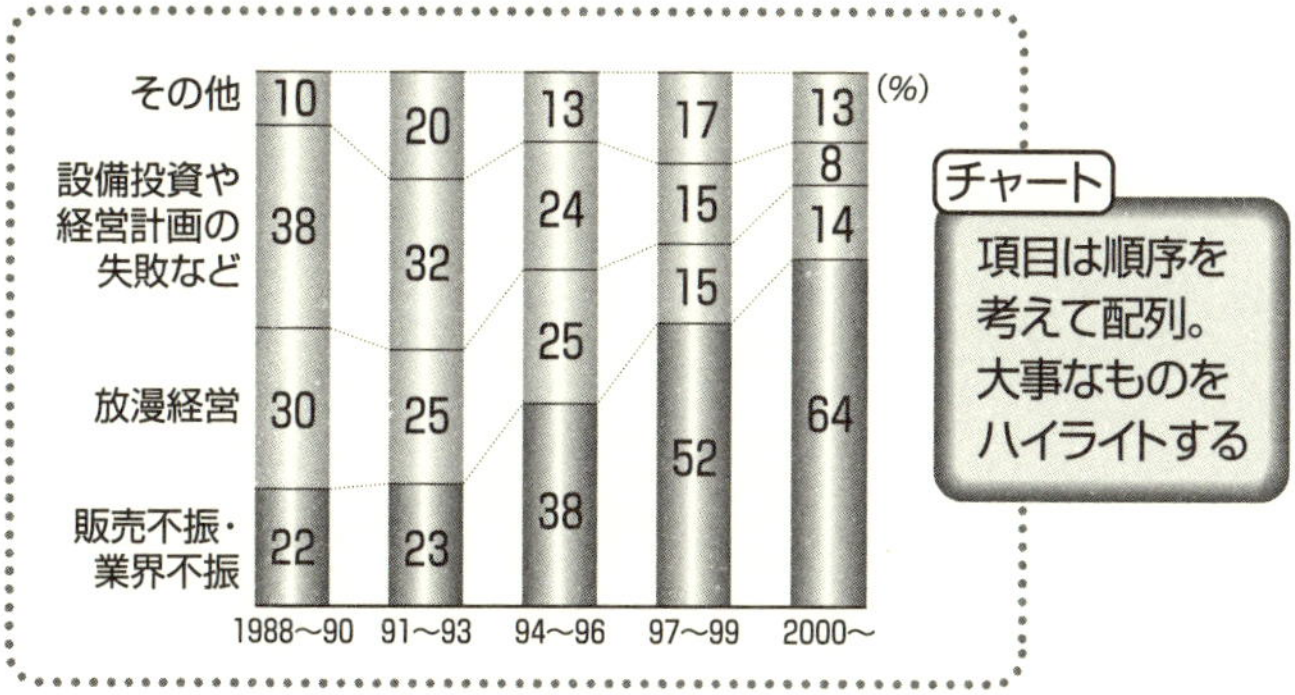

資料：帝国データバンク

近年、ホテルの主要事業である食事料と室料の割合が低下傾向にある

◎全国ホテルの売り上げ構成（1975〜97年）

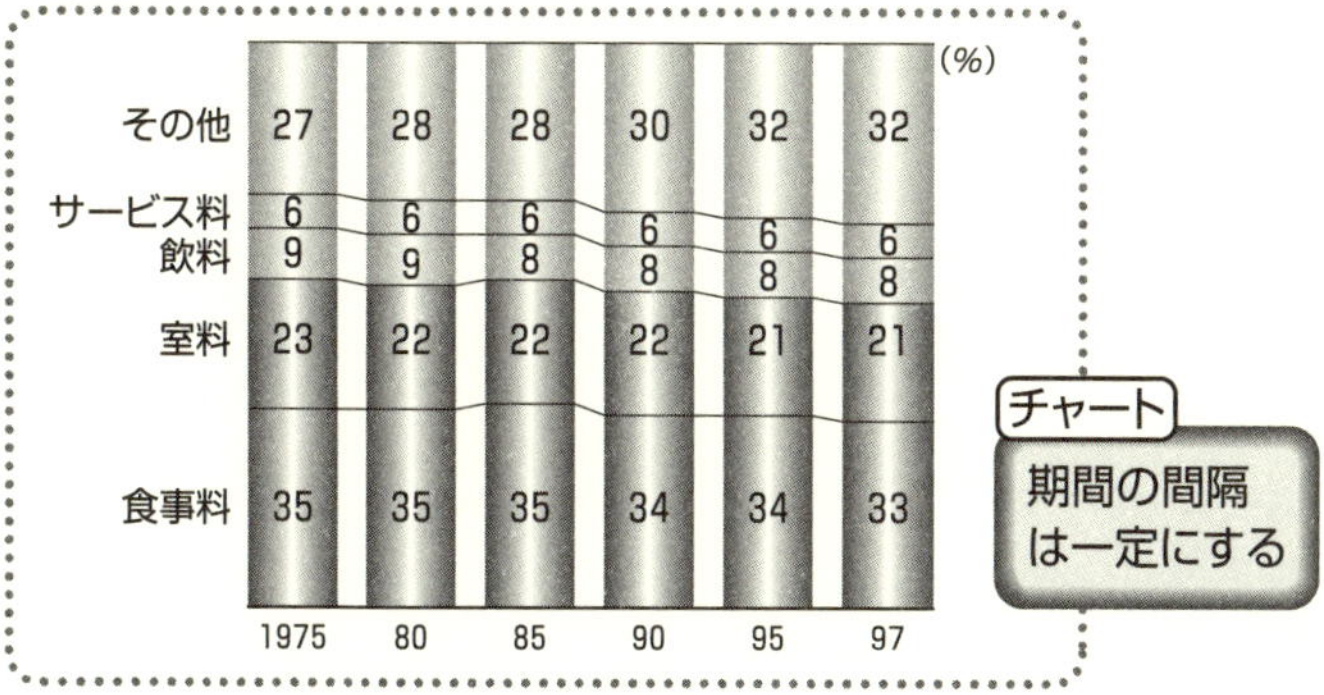

資料：全国主要ホテル経営実態調査（日本ホテル協会）

チャートに使うデータの中で、ある期間内の推移を見せる時には、期間の間隔を一定にすることにも神経を使わなければならない。１９５ページ下のチャートは、全国のホテルの売り上げ構成を部門別に示したもので、期間は左から順に75年、80年、85年、90年、95年、97年となっている。直近の97年だけが2年間で、それ以外の古いデータはすべて5年刻みで一定している。

間隔を一定にするのは、そこに作為が介在しないことを証明するために重要だからである。データを自分の都合のいいように使おうとすると、最初は2年間隔、次は4年間隔、次は1年間隔といったように、バラバラになっていくだろう。そのような間隔の一定しないチャートは信頼性も損なわれる、ということを留意しておくべきである。

また、このチャートでは、「食事料」と「室料」という2本の大きな柱が漸減傾向にあることを分かりやすく伝えるために、順序を考えて配列し、シェードをつけてハイライトしている。「その他」の比率もかなり大きいが、フィルターをかけて重要度の低いものをその他に入れた結果であり、項目数は基本通り5つ以下に収まっていて美しい。

■相関関係のチャートを学ぶ

次は、相関関係のチャートについて説明しよう。実質GDPと新車の販売台数の相関を表した197ページ上のチャートを例に取ると、X軸は実質GDPの伸び率で原因、Y軸は新車販売台数の伸び率で結果を表している。このグラフを書く時に大事なのは因果関係の検証になる。そのため因果関係

自動車の販売台数は、GDPとの間に相関がある

実質GDPと新車販売台数の相関（1960〜2000年）

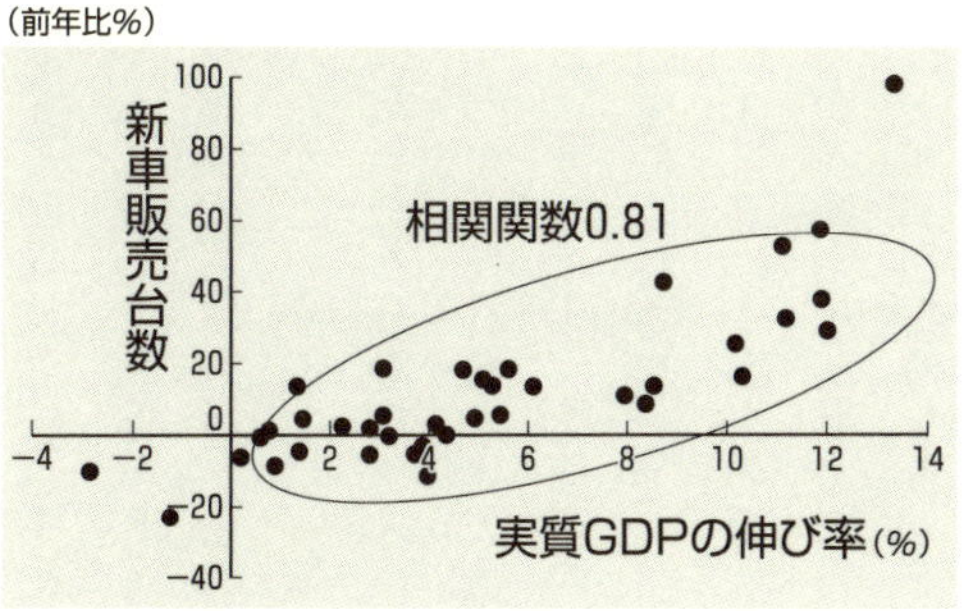

相関関係を見るときに使うチャート

ポイント：X軸が原因でY軸が結果

資料：日本自動車工業会、経済企画庁

若い人でも人数が多く世帯も幅広い家族だんらんにあこがれている

サザエさんのような大家族がうらやましい（2001年）

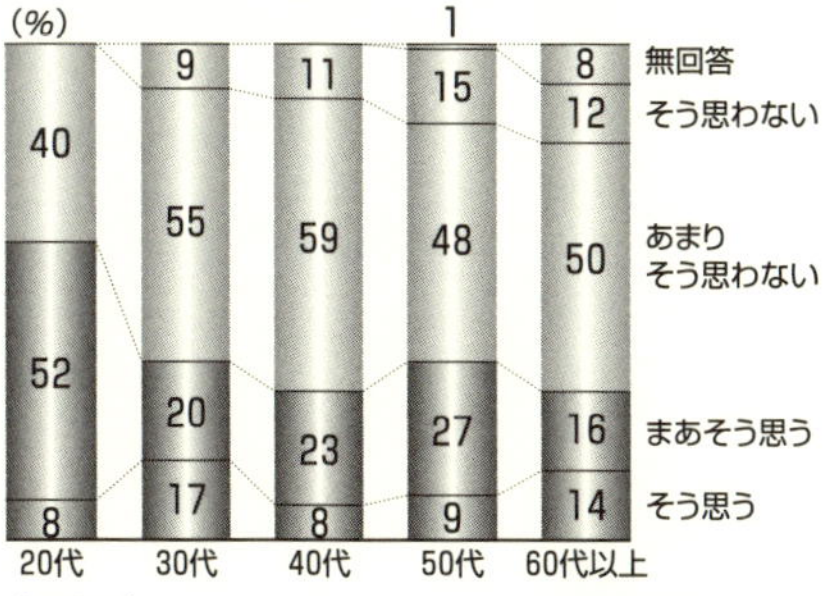

補足

メッセージを簡潔にするため、条件などの詳細は補足事項とする

注・家族に関する消費者の生活意識調査は、東京と大阪の既婚男女2000人を対象2000年11月7〜29日に郵送で実施

資料：日本経済新聞　2000年1月4日付

を示す変数をいろいろ選んで試してみることも必要になる。

チャートを作成する時は注意書きや出典・資料などの補足情報にも気を使って欲しい。197ページ下に「サザエさんのような大家族がうらやましいと思うか？」という年代別の調査のチャートがある。チャートを見る側からすれば、この調査がいつ、どこで、誰を対象に、どれぐらいの規模で、どんな手段で行われたかということは、知りたい情報の1つである。同時に、この情報が仮にメッセージを入れる場所にあったとしたら、メッセージは極めて冗長となり、何を言いたいかの焦点がぼやけてしまう。補足情報として注意書きに入れることで、読み手のニーズに応えるとともに、チャートを見やすくしている。メッセージを簡潔にするため、条件などの詳細は補足事項にするのがよい。

このことは、出典や資料の明記でも同様である。「女子大生の好きなお菓子」でスナック菓子がトップだったという199ページ上のチャートでは、調査概要もそうだが、データの出典があると信頼性が高まる。出典が新聞や雑誌記事ならば、日付けまで記しておくと後でたどりやすい。もし、基データを使って分析、加工したのなら、そのことも書いたほうがよい。

以上の要素がそろって初めてチャートの完成品が出来上がる。とにかく、チャートを書き終えたら、最後にもう一度見直して、完成度を確かめる習慣をつけることだ。

最後に、チャートを作成するうえでの9つのポイントをまとめておこう。
①簡単で分かりやすく、美しいこと。
②1チャートに1メッセージ。

女子大生が好きでよく買うお菓子のトップはスナック菓子

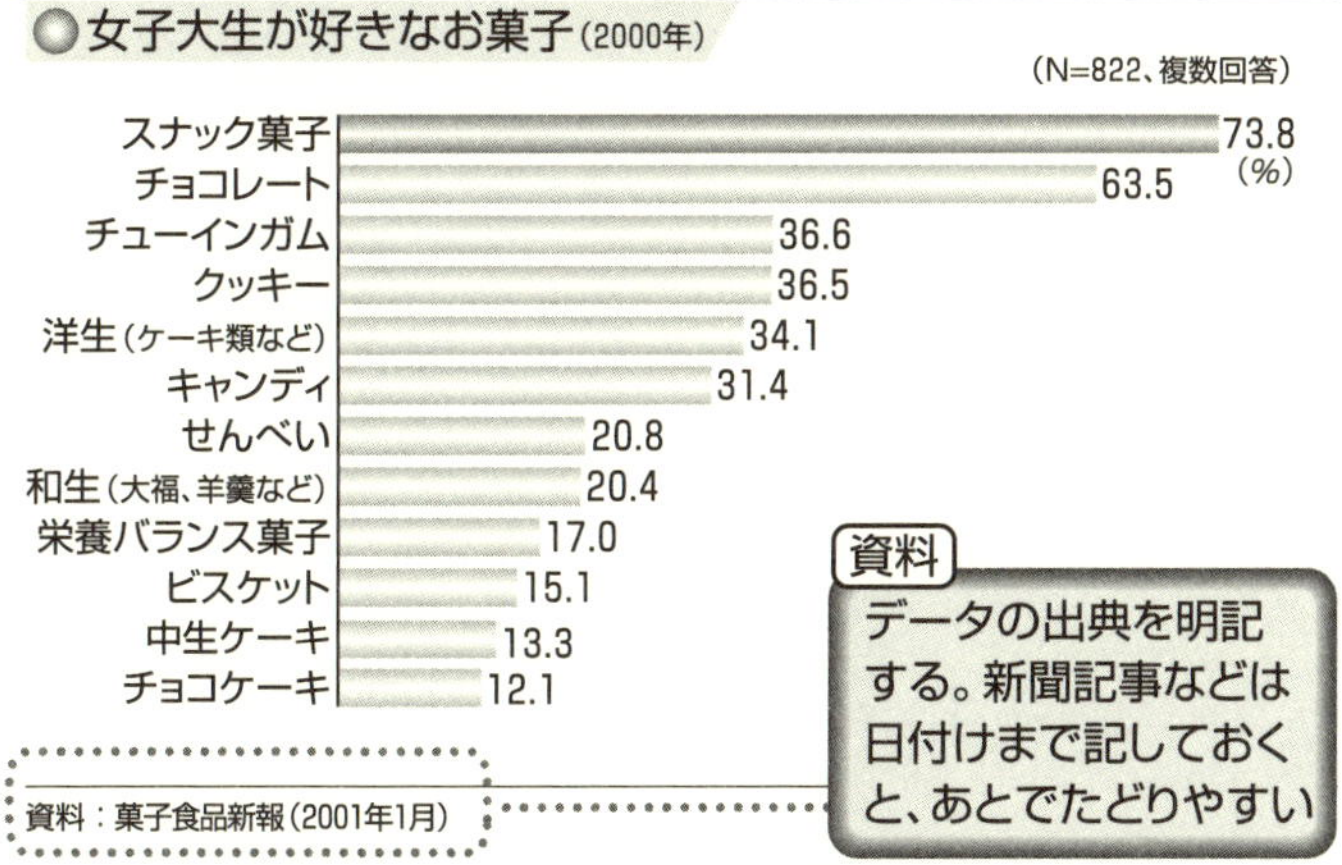

ここまでのポイント CHECK POINT

- 簡単で分かりやすく、美しいこと
- 1チャート1メッセージ
- メッセージとチャートが一致していること
- 項目は5つ以内に、重要でないものは「その他」に入れてしまう
- 順序は重要。大事なものをハイライトする
- 期間を一定の間隔にする
- 年代や単位も明確にする
- 資料欄には出典をきちんと書く
- 完成品であるかどうかを確認する

③メッセージとチャートが一致していること。
④項目は5つ以内に絞り、重要度の低いものは「その他」に入れる。
⑤項目の順序を考えて配列し、大事なものをハイライトする。
⑥使用するデータの期間を一定の間隔にする。
⑦データの年代や単位を明確にする。
⑧補足情報として、注意書きや出典をきちんと付ける。
⑨最後に、完成品であるかどうかを確認する。
以上9点を踏まえたチャートは、読み手にとって親切で理解しやすく、ビジネスを展開する中でも強い味方になってくれる。皆さんもぜひ実際に書いて慣れていっていただきたい。

第5章 フレームワークで考える

- 道具として情報を整理する
- 客観的に情報を理解する

道具として情報を整理する

CD-ROM §6・L37

問題を発見しようとする時、最も大変なことはどんなことだろうか？

「どんな情報を集めていいか分からない」とか、「どのように情報を加工していいか分からない」とか、「分析の仕方やチャートの解釈」も難しかったと思う。

それでも、これまでの学習で、情報の収集と分析、チャートからメッセージを捉えることまではどうにかできるようになってきた。

しかし、本質的問題解決のためには、さらに「分析結果を整理して、全体像を理解し《要は何か？》をまとめる」というステップが残っている。このステップは、本質的問題の発見のために最も重要で、最も困難なものと言えるだろう。

この章では、多くの情報を整理し、理解し、まとめ上げる時に有用な道具となる「フレームワーク（枠組み）」について基本的なことから学習していく。

■フレームワークは整理する道具

問題解決のためには、本質的な問題の発見が絶対条件となる。そのステップとして、情報を幅広く収集、分析し、チャートを書いてメッセージをつかむことを学んだ。だが、本質的な問題の所在を見つけ出すには、それだけでは不十分である。さらに、情報や分析結果を整理し、全体像を理解したうえでないと、問題の核心は見えてこないからだ。

そして、この情報や分析結果を整理し、まとめる作業をする時に役立つのが、フレームワークと呼ばれる道具である。ここでは、フレームワークの有用性とポイント、上手な情報整理の仕方について学んでいく。

問題を発見しようと試行錯誤した時に、これまで何が一番大変だったかを振り返ってみよう。どんな情報を集めていいか分からなかった、集めた

LEARNING POINT

内容

- フレームワークは、問題解決に必要な数多くの情報を整理する道具である
- フレームワークは、客観的に情報を理解することを助けてくれる
- フレームワークの軸を変えることで、別の視点で情報を理解することができる

情報がそのままでは使えないので、加工したり、分析しようとしたがうまくいかなかった、あるいは、チャートの解釈が難しかった、など、いろいろな悩みがあったことと思う。しかし、何よりも全体像を理解していない限り、問題の本質に迫ることはできない。つまり、全体像を理解することに最優先で取り組まなければならないのである。

　そして、この全体像を理解するというステップを経て初めて本質的問題の発見、すなわち課題形成が可能になるのだ。課題形成は、いわば問題解決へのアプローチであり、収集、分析した情報を整理、統合し、まとめ上げる中から生まれる。問題解決の流れを復習しておくと、最初に課題の発見があり、次に解決の方法を考え、最後にその発表資料を作成して説得し実行につなげる、と整理できるだろう。

　ところで、情報を集めて分析すること自体は、

今まで、問題を発見しようとした時、何が一番大変でしたか?

問題解決者の悩み

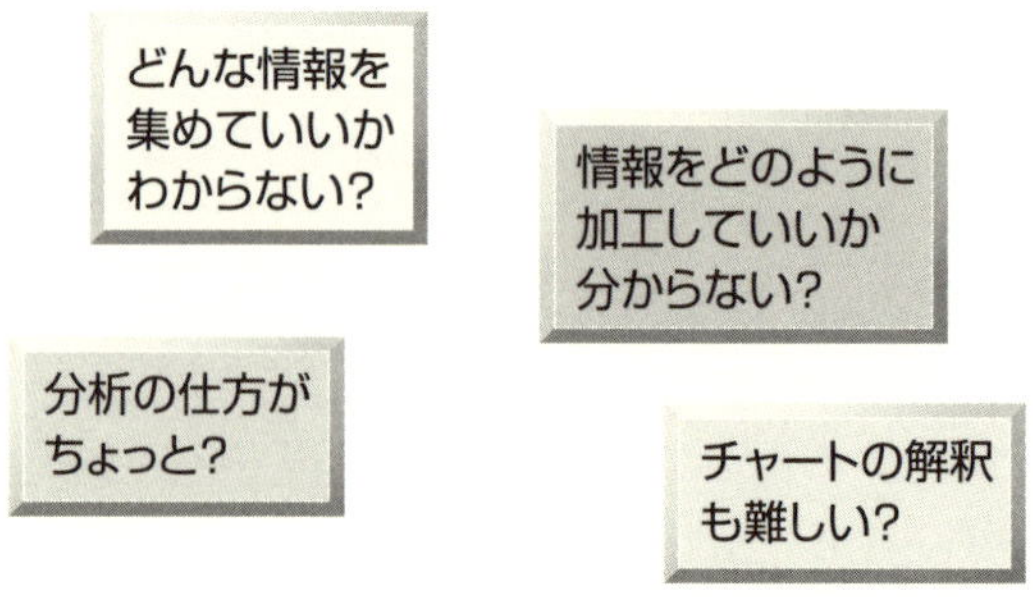

どんな情報を集めていいかわからない?
情報をどのように加工していいか分からない?
分析の仕方がちょっと?
チャートの解釈も難しい?

資料：フォアサイト・アンド・カンパニー

問題解決のアプローチを思い出してみると、整理・統合するのが難しいですよね

課題形成

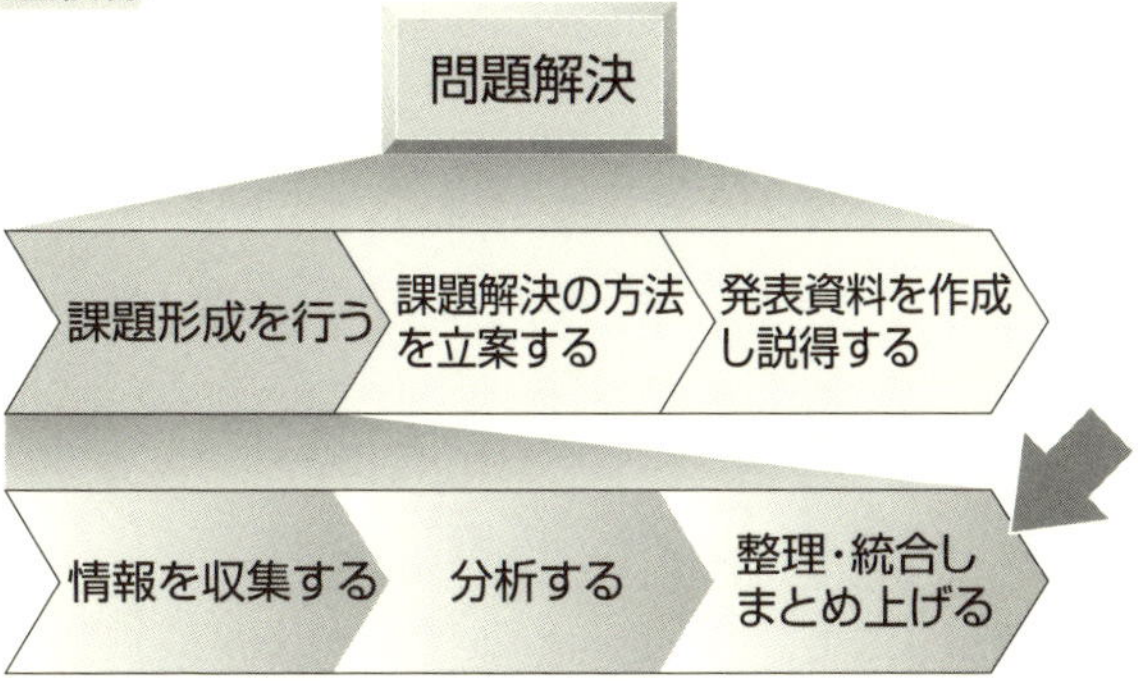

資料：フォアサイト・アンド・カンパニー

問題解決には多くの情報が必要だが、あまりにも多すぎて混乱してしまうことがけっこうある

たくさんの情報

資料：フォアサイト・アンド・カンパニー

それほど難しいことではない。分析とは、情報を細かく砕くことにすぎない。やはり一番難しいのは、整理、統合してまとめ上げる部分だろうと思われる。ここがうまくいかないと、何が問題なのかが分かりにくい。そして、それを手助けするのがフレームワークというものなのである。

■情報過多から整理する

まず、問題を解決するためは、幅広い情報の収集が欠かせない。インターネットを使えば楽だが、それだけでは十分とは言えず、様々な統計書にあたらなければならないことも珍しくない。この作業は、頭脳労働のように見えて、実際は根性のいる肉体労働である。そして、せっかく苦労して集めてきた情報が、気がついたら膨大、多岐にわたりすぎて、逆に混乱をきたすケースが少なからずあるから要注意である。

不幸にも、そういう事態に直面したらどうするか？　「環境」のところで取り上げたポイントを、もう一度思い出してほしい。情報過多による混乱を避けるためには、情報を項目別に分類して整理していくのがよいと指摘したはずだ。ビジネス環境を見る時の流れとして、影響を与える外的要因というマクロ情報があり、次に具体的にマーケットに関する情報、競争相手に関する情報があり、最後に自分の会社の状況という4つに分類した。要は、情報を共通項でくくっていくわけである。この手法をフレームワークというのだ。

一例を挙げれば、「自動車関連情報」という207ページ上のチャートの中には、ＧＤＰ推移、自動

例えば、「環境」では、こんなのがありました。これらのデータは混在しているので、起こっていることを理解するのは困難

自動車関連情報

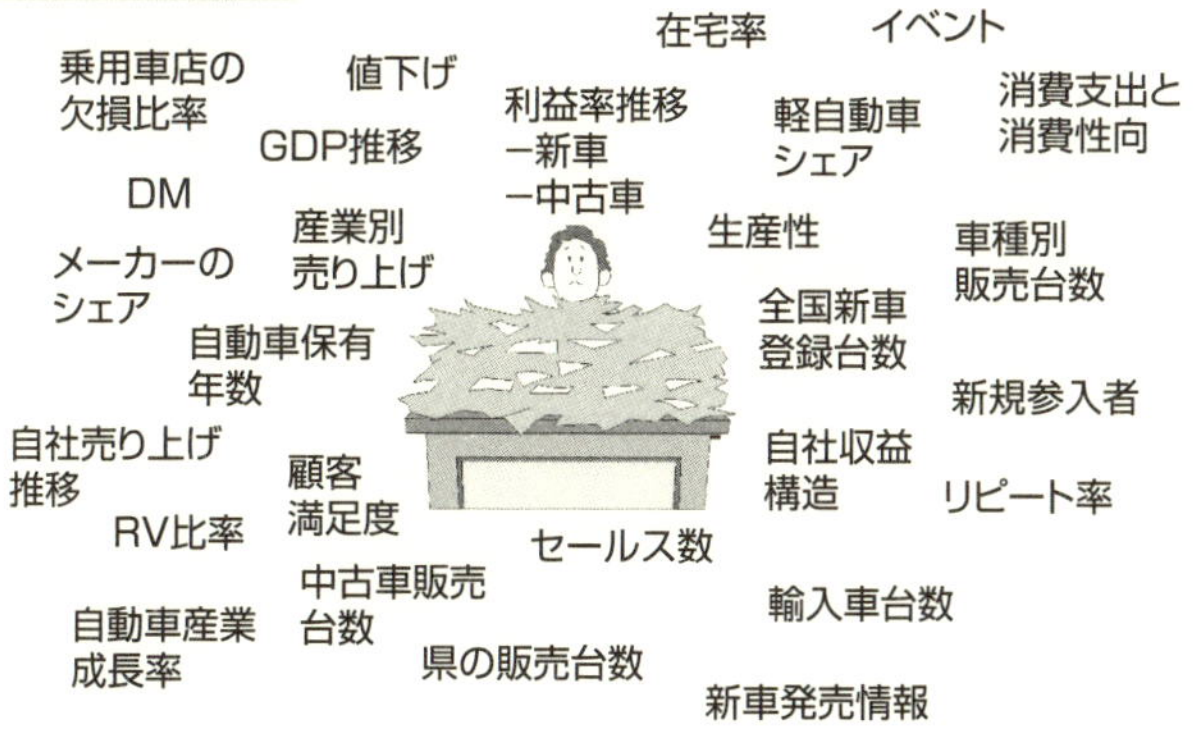

資料：フォアサイト・アンド・カンパニー

それを解決するためには、同じ項目をくくって分類していく方法があると、「環境」でやりましたね

環境を見る時の流れ

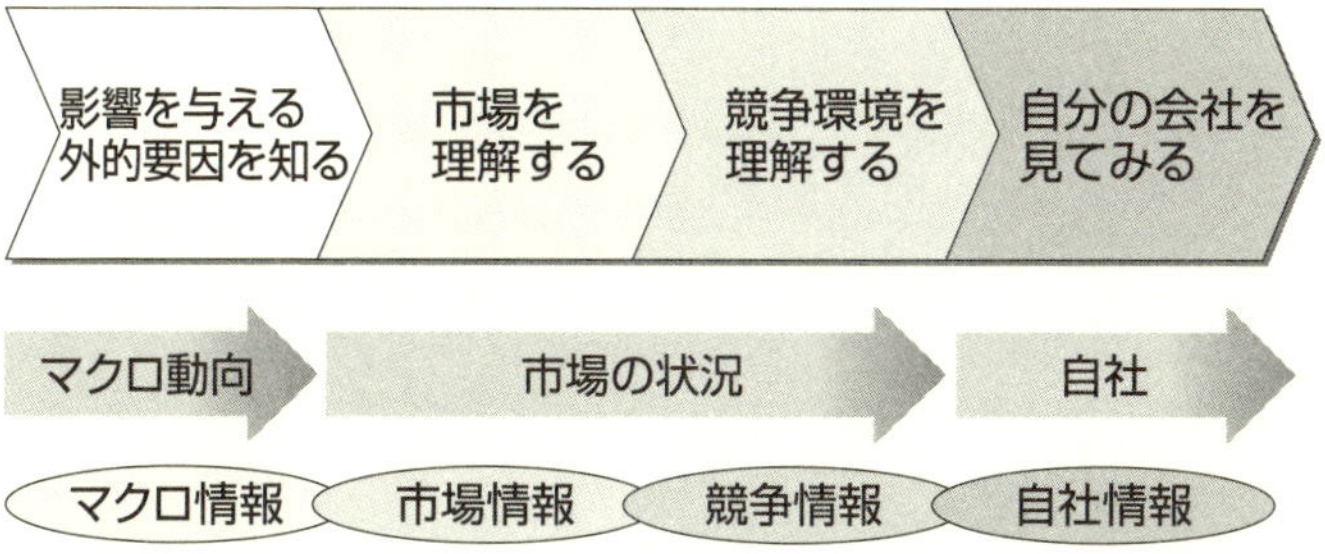

資料：フォアサイト・アンド・カンパニー

車保有年数、メーカーのシェア、自社売り上げ推移をはじめ、多種多様な情報が混在している。このように1つの業界のことを理解しようとしても、関連する情報は広範にならざるを得ないものだ。そして、一見、整理がつきにくそうに思えても、フレームワーク、つまり共通項でくくって分類していけば、案外、まとまるものである。逆に言えば、フレームワークを行わず、データが混在したままの状態で起きていることを理解しようとしても、それは極めて困難なことなのである。

同時に、問題の核心を探るためにデータを広く収集、整理し、それらを細かく分析すれば終わりというものではない。たとえば、時計が動かない、目覚ましのベルが鳴らないという原因を突き止めるために、その時計を分解したとしよう。注意して欲しいのは、その原因は分かったけれども、元通りに組み立てることができなければ、単に壊してしまったという結果しか残らない、ということなのである。

■分析したままではだめだ

情報の分析もこれと同じで、分析して明らかになったことが、どういう意味を持っているのかを理解しなければ、価値がないのだ。たしかに、分析すればいろいろな事実が明らかになってくるだろう。しかし、「それが何なんだ」と聞かれると、事実がたくさんあって答えに窮したという経験を誰もが持っているに違いない。

たとえば、ある会社の現状を分析した結果、次のようなことが分かったとする。①勤務時間が長い。②社員数の増加率はそれほど高くない。③社員の定着率は低い。④生産性に隔たりがある。⑤忙しい

そこで、これらを理解しようとすると、まず大きなくくりで分類していくのですよね

混在する情報

マクロ情報
- GDP推移
- 産業別売り上げ
- 消費支出と消費性向

競争情報
- 新規参入者
- メーカーのシェア
- 乗用車店の欠損比率
- 新車発売情報

ちょっと
分けてみても
こんなに違う

市場情報
- 自動車産業成長率
- 全国新車登録台数
- 中古車販売台数
- 自動車保有年数
- 車種別販売台数
  - ・輸入車台数
  - ・RV比率
  - ・軽自動車シェア

自社情報
- 自社売り上げ推移
  - ・サービス売り上げ
- 自社収益構造
  - ・値下げ
  - ・利益率推移
  - 新車・中古車
- 生産性
- セールス数
- イベント
- DM
- 在宅率
- 顧客満足度
- リピート率

資料：フォアサイト・アンド・カンパニー

例えば、具体的なことはいろいろ分かったのだけれど、それが何だと言われると…答えられない、というのがありますよね

分析して理解できた事象

- 勤務時間が長い
- 社員数の増加率はそれほど高くない
- 社員の定着率は低い
- 生産性に隔たりがある
- 忙しい時の顧客に十分対応できない
- 店舗数は急激に増加している
- 社員教育がほとんどない

資料：フォアサイト・アンド・カンパニー

時、顧客に十分対応できない。⑥店舗数は急激に増加している。⑦社員教育がほとんどない。以上、浮かび上がった7つの事実から、何が問題であるかを短時間で正確に導き出すのはなかなかやっかいだと思う。

そうすると、人間は結局、自分の思い込みを中心に理解しようとするか、理解不能と判断して放置してしまいがちになる。前者で言えば、たとえば「店舗数の急増にもかかわらず社員数は増えていない。そのため勤務時間が長くなり、社員は嫌になって辞めていく。社員教育もほとんどないため、顧客対応がおろそかになって店舗運営も成り立たない。だから、早急に社員数を増やす必要がある」と結論づけたとする。

理路整然として何となく正しそうに見えるが、果たして本当なのか疑ってみる姿勢が大切だ。こんな場合こそ、フレームワークを使って整理するとよい。それまでは、事実としてつかんだ「勤務時間が長い。社員教育がほとんどない」を定着率の低さに、定着率の低さを社員数が増加しない原因につなげていた。だが、「定着率の低さ」の左に「採用を控えている」を書き加え、「社員数が増加しない」の右に「店舗数が急激に増加」を置くなど、順にフレームワークで落としていくと、これまで注目してこなかった項目が浮かび上がってくる。

先ほどまでは社員数が増加しない点にばかり目がいっていたが、「店舗数の急激な増加」や「生産性に隔たりがある」についても、もっと慎重に検討する必要があることが分かる。そうすれば、社員数が不足気味なのは、店舗数の急増にもよるわけだし、早急な人材育成も難しいから、今後の出店計

結局、自分の思いこみを中心に理解しようとすることが多い。あるいは、理解不能で放置!

一般的に理解する方法

－店舗数の急増にもかかわらず社員数はあまり増えていません
－そのため、勤務時間は長く、そのせいですぐに社員が辞めてしまいます
－教育もほとんどないし、顧客対応もおろそかになり、店舗運営が成り立ちません
だから、早急に、社員数を増やす必要があります!

本当に?? 本当にそうだろうか??

資料：フォアサイト・アンド・カンパニー

フレームワークで整理すると、社員数の問題だけでなく、店舗数の急拡大や生産性にも問題があるかもしれないことが分かる

整理してみる

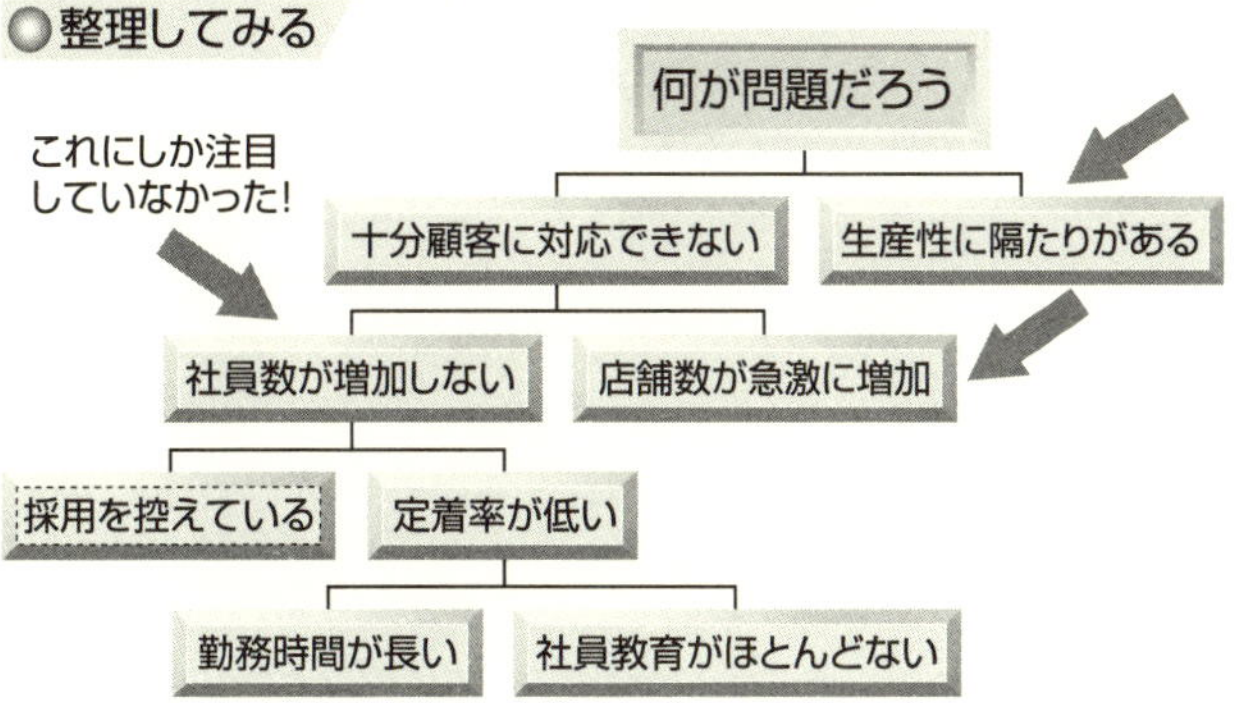

資料：フォアサイト・アンド・カンパニー

画を見直そうか、といった判断も生まれるだろう。

さらに、生産性に隔たりがあるのは社員数の問題ではなく、一人一人の資質や能力に問題があるからではないか、という新たな視点も出てくるのだ。

以上のことから、最初に出した結論が一見正しそうに見えて、いかに拙速で危なっかしいものだったかが分かるだろう。やはり、しっかりとフレームワークの箱に落として、因果関係を見ながら整理することが重要なのである。

もう1つ付け加えれば、客観的に物事を考え、判断する材料の精度を高め、理解を深めるためには、たくさんの情報から目的に合致したフレームワークを作ることがなによりも大切である。

冒頭、このフレームワークのことを「問題解決に必要な情報を整理する道具」と定義したが、考える道具はこのほかにも言葉や論理、数学や数式などいろいろある。場面によって使い分ければよ

つまり、さらに理解を深めるためには、目的に合致した枠組み（フレームワーク）で論理的に情報を整理する必要がある

情報の整理

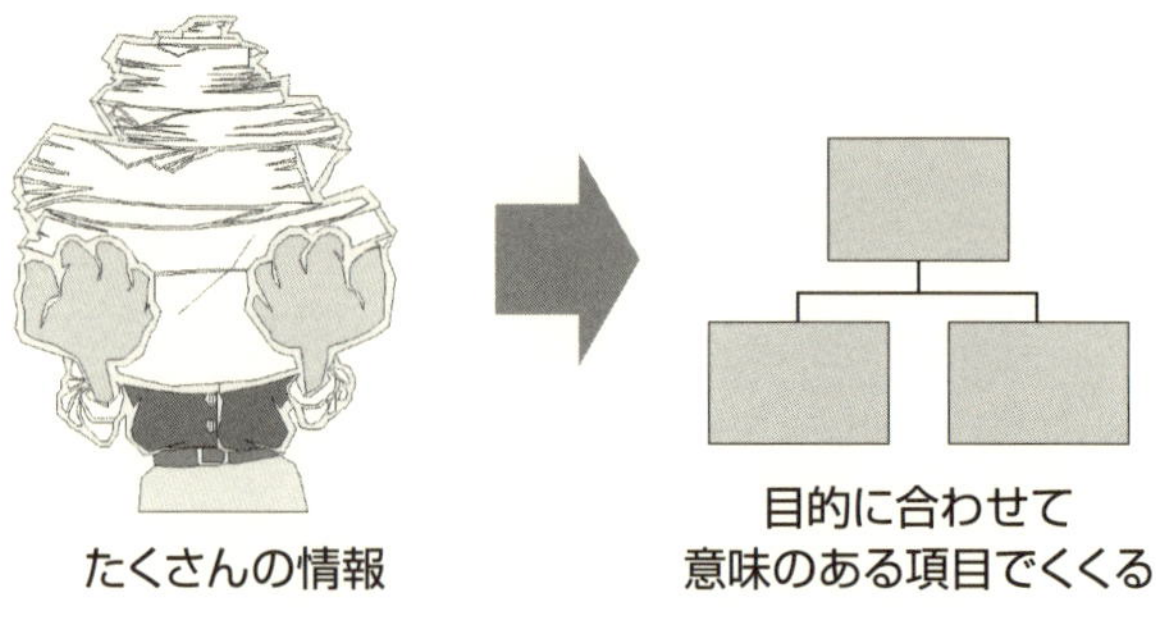

資料：フォアサイト・アンド・カンパニー

フレームワークは、収集されたあるいは分析された多くの情報を、どのようにすれば理解できるかを助けてくれる

フレームワークとは何か

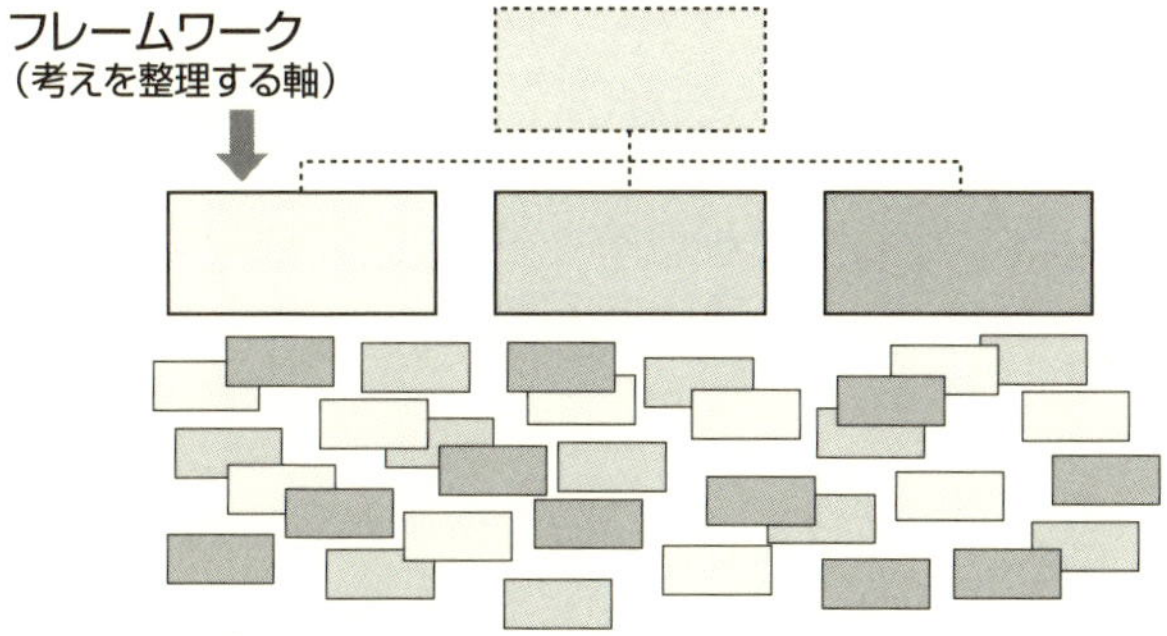

資料：フォアサイト・アンド・カンパニー

ちなみに、考える道具には色々あるので、場面によって使い分ければよいでしょう

考える道具

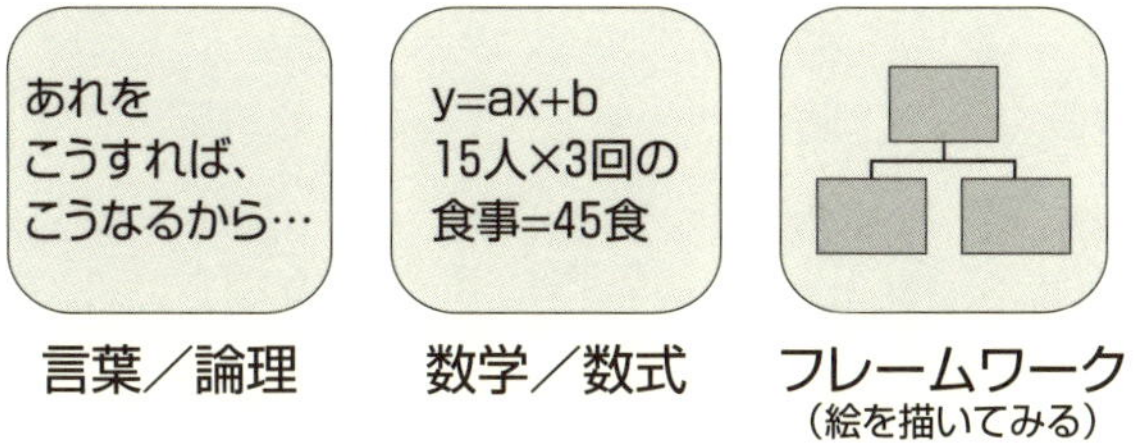

資料：フォアサイト・アンド・カンパニー

ここまでのポイント　CHECK POINT

- 情報をたくさん収集しても、集めたデータを詳細に分析していっても、結局、それらの全体像を理解しないと、問題の発見につながらない
- 混在する数多くの情報を理解するのは困難で、多くの場合、結局自分の思い込みで「理解した」ものと思いがち
- フレームワークは数多くの情報や分析結果を整理し、理解するための道具である

いし、フレームワークを作成する時は絵を描いてみると分かりやすくなる。

最後に、情報整理を行ううえでの注意点を3つ挙げておく。

①情報をたくさん収集しても、集めたデータを詳細に分析しても、それらの全体像を理解していない限り、問題の発見にはつながらない。

②数多くの情報が混在するままで理解しようとしても難しい。仮に、その状態で「理解した」と思っても、それは結局、自分の思い込みでしかないケースが多い。

③その錯覚や誤解を防ぐ手段がフレームワークであり、フレームワークは情報や分析結果を整理し、理解するための道具である。

以上3点に留意すれば、情報整理を効率的に行うことができ、問題解決へのアプローチも正確さを増す。皆さんには、ぜひ試していただきたい。

客観的に情報を理解する

CD-ROM §6・L38

問題解決を進めていくうえで、人間にはやっかいな「癖」がある。それは、えてして思い込みで物事を捉え、思い込みで情報を取捨選択し、そして物事を解釈するという「癖」である。

だが、この「癖」を極力排除しない限り客観的に物事を捉えられず、問題解決もできないというジレンマに陥るのだ。

「癖」を封じ込め、物事を客観的に理解することを手助けしてくれるのがフレームワークという道具である。

ここでは、フレームワークの有用性と、企業の取り組みを理解するために役立つ既存のフレームワークを具体的に学んでいく。

■身の回りのフレームワークはかなり見つかる

フレームワークと言うと、何か特別で難しいようなイメージを持つ人が案外多い。しかし、身の回りでフレームワークを使うケースはけっこうあるのだ。それをフレームワークと意識してこなかったから気づかなかっただけなのである。

たとえば、図書館に行くと図書がきちんと分類されている。その分類の仕方には一定の決まりがあり、日本の場合は十進法で分類・整理されている。これも項目でくくっていくわけだから、ある種のフレームワークと呼んでいいわけだ。

あるいは、今度、海外から異動してきた新しい課長の人物像について、同僚から質問があったとしよう。「新しい課長になった佐藤さんってどんな人？」「背が高くて7頭身。思いやりのある人で、論理的にものを考えられて、記憶力も抜群。それでいて優しい人だし、数字にも強いの。で、けっこうハンサム。とてもすてきな課長さんよ」。普通の会話だったら、このままで済まされるが、フレームワークを作る場合はそうはいかない。新しい課長の特徴をどうやって整理するかを考えるのがフレームワークなのである。

今、佐藤新課長の人物像をたぐる情報は8つあった。これではバラバラで、「なんとなくすごい人みたいだけど、よく分からない」としか伝わらない。そこで、8つの情報を項目ごとにくくってやる必要があるのだ。

その分類の仕方だが、まず、8つの情報に共通する項目がどれだけあるかを検討してみる。そうす

気づいていないが、身近なところでは、けっこうフレームワークが使われている

図書の分類

資料：日本十進法分類、フォアサイト作成

海外から異動してきた新しい課長について同僚からの質問がありました

新しい課長の特徴

同僚：今度新しく課長になった佐藤さんってどんな人？

自分：とってもすてきな課長さん。佐藤さんってね

ー背が高くて
ー7頭身
ー思いやりのある人で
ー論理的にものを考えられて
ー記憶力も抜群
ーそれでいてとても優しい人
ーそうそう、数字にも強いの
ーで、けっこうハンサム！

同僚：へぇ～、よかったね…ええな～

資料：フォアサイト・アンド・カンパニー

ると、８つの情報は「頭」、「心」、「体」のいずれかに関係したものであることが分かる。

つまり、「論理的に考える」「記憶力が抜群」「数字に強い」は頭脳、「思いやりがある」「優しい」は人間性、「背が高い」「７頭身」「ハンサム」は身体的特徴にそれぞれ関連した情報ということである。

これで８つの情報はフレームワークによって３つにくくり直すことができ、佐藤新課長は「ずいぶんと頭のいい人」「豊かな人間性を持った人」「見かけも素晴らしい人」と評価できるようになる。

大切なことは、自分の思い込みで判断するのではなく、たくさんの情報をいくつかの箱に分類し、それで理解する習慣をつけることである。この情報を分けていく箱がフレームワークなのである。

■思い込みでは本質的な問題は発見できない

なぜ、フレームワークを重視するかというと、

人の特徴を整理するのに使う、頭・心・体なども1つのフレームワークと言える

人を評価するフレームワーク

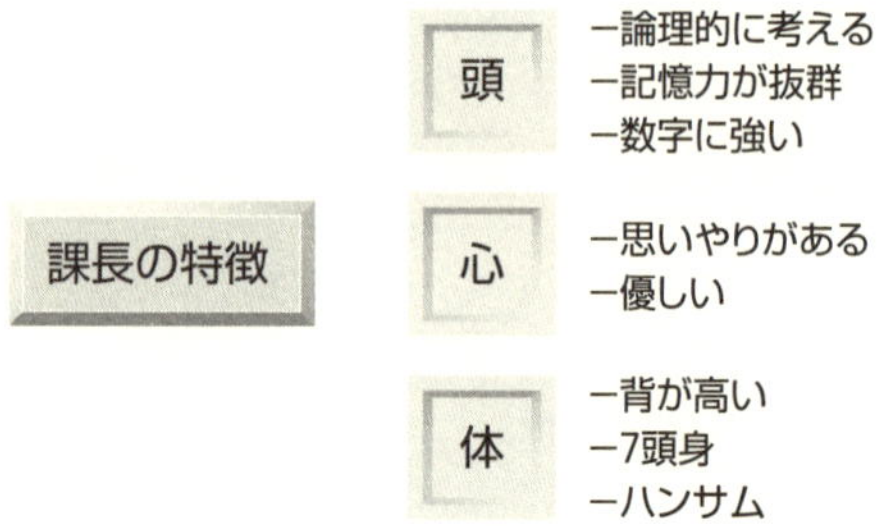

資料：フォアサイト・アンド・カンパニー

自分の思い込みではなく、情報を分けていく“箱”がフレームワーク

フレームワークとは何か

資料：フォアサイト・アンド・カンパニー

先ほども触れたが、多くの場合、思い込みが先にある。そしてそれを証明するためのデータに注目したいのが人情

思い込み

思い込み		データ
–新車販売がふるわない	⇒	–月間新車販売台数
–世の中の景気も悪いけど、みんなのやる気がない		–県の新車販売台数
–もっと頑張らなくては!		–拠点別目標台数達成率
		–従業員アンケート

資料：フォアサイト・アンド・カンパニー

人間は思い込みの動物だからである。そして思い込みがあると、本質的な問題は絶対に発見できないからである。

自動車販売を例に取って説明してみよう。新車販売がふるわないと、担当者はえてして「世の中の景気も悪いが、結局、セールスマンのやる気がないからではないか?」「もっとがんばらなければいけない!」と考えがちだ。

そして、その推測を裏付けるためのデータだけに注目したくなるのが人情である。たとえば、あるテリトリーにおける新車販売台数を取ってシェアを見てみたり、拠点別の目標台数や達成率を点検してみたり、従業員を対象にアンケートを取って「がんばる気がない」「どういう意識を持っているか」などを理解しようとしたりするわけだ。つまり、自分がこうだと思っていることに合わせて、興味の主体に合わせてデータを集める可能性が高くなっていくものなのだ。

それを避けるためには、得られた情報を既存のフレームワークを使って客観的に分類すればよい。

■3つの〝C〟を理解する

たとえば、何が起きているのか知りたければ、「顧客」「競合」「自社」の大きな枠組みで整理すると理解が深まる。「顧客（Customer）」「競合（Competitor）」「自社（Company）」は英語の頭文字を取って3Cと呼ぶが、この原理原則に立ち返ることで、本質的な問題の輪郭が浮かび上がってくるのだ。

思い込みを避けるためには、得られた情報を既存のフレームワークを使って客観的に分類する方法がある

◎客観的な考え方

何が起こっているのか？

- 顧客
  - 新車／中古車販売台数
  - 車種別販売台数
  - 消費者保有車動向
  - 消費者購入動機
- 競合
  - 競合の営業体制
  - 顧客取り込みのための工夫
  - 優良ディーラーの取り組み
  - 新規参入者
- 自社
  - 自社収益構造
  - 自社顧客満足度
  - 拠点別目標達成率
  - セールスマン生産性

資料：フォアサイト・アンド・カンパニー

あるいは目的は何か、その目的を満たすためには何を知るべきか、からスタートすることもできる

◎目的から開始する考え方

企業の業績を伸ばしたい

- 車のユーザーはどんな車を求めているのか
  - 新車／中古車販売台数
  - 車種別販売台数
  - 消費者保有車動向
  - 消費者購入動機
  - （あと、どんなデータ？）
- 競争相手はどのようにして顧客を獲得しているのか
  - 競合の営業体制
  - 顧客取り込みのための工夫
  - 優良ディーラーの取り組み
  - 新規参入者
  - （あと、どんなデータ？）
- わが社の問題は何か
  - 自社収益構造
  - 自社顧客満足度
  - 拠点別目標達成率
  - セールスマン生産性
  - （あと、どんなデータ？）

資料：フォアサイト・アンド・カンパニー

あるいは、もっと具体的に「会社の業績を伸ばしたい」など、ある目的を持ってスタートする考え方もある。そうすると、フレームワークは「顧客」「競合」「自社」から「ユーザーはどんな車を求めているのか」「競争相手はどのようにしてお客さんを獲得しているのか」「わが社の問題は何か」というように具体性を増し、それとともに必要な情報や、現在不足しているデータが何であるかが、より鮮明になってくる。

単に、今まであるデータを3つのCの枠組みの中に分類していくだけでなく、目的を持ってフレームワークを作り変えることで、その目的を満たすために何を知るべきかが確認できるのだ。

3つのCのフレームワークは、企業の取り組みを理解するうえで有効に活用していくとよい。たとえば「お客さんは誰だ?」という問いも、当たり前の質問のように聞こえるかもしれないが、決してそうではない。仮に「1億2700万人だよ」という答えしか出てこなかったら、それはお客さんではない。お客さんとは、自分たちが商売のターゲットにする人たちのことであり、対象をしっかりと見極めることが大切なのである。

これは、競争相手についても同じことが言える。競争相手を創業以来いつも戦ってきた企業や人と言うようでは失格である。たしかにその可能性は否定しないが、競争相手はどんどん変わってきているのだ。先述したように、ファストフード・チェーンのある経営者が、「競争相手は携帯電話だ」と言ってもあながちおかしなことではないのである。これまで顧客だった層が、携帯電話にお金を多く使う分、ファストフードを食べないということもあるからだ。

企業行動を知るためのフレームワークとして3Cがある。
それらを理解することで、自社がどのような状況にあるか知ることができる

◎3Cのフレームワーク

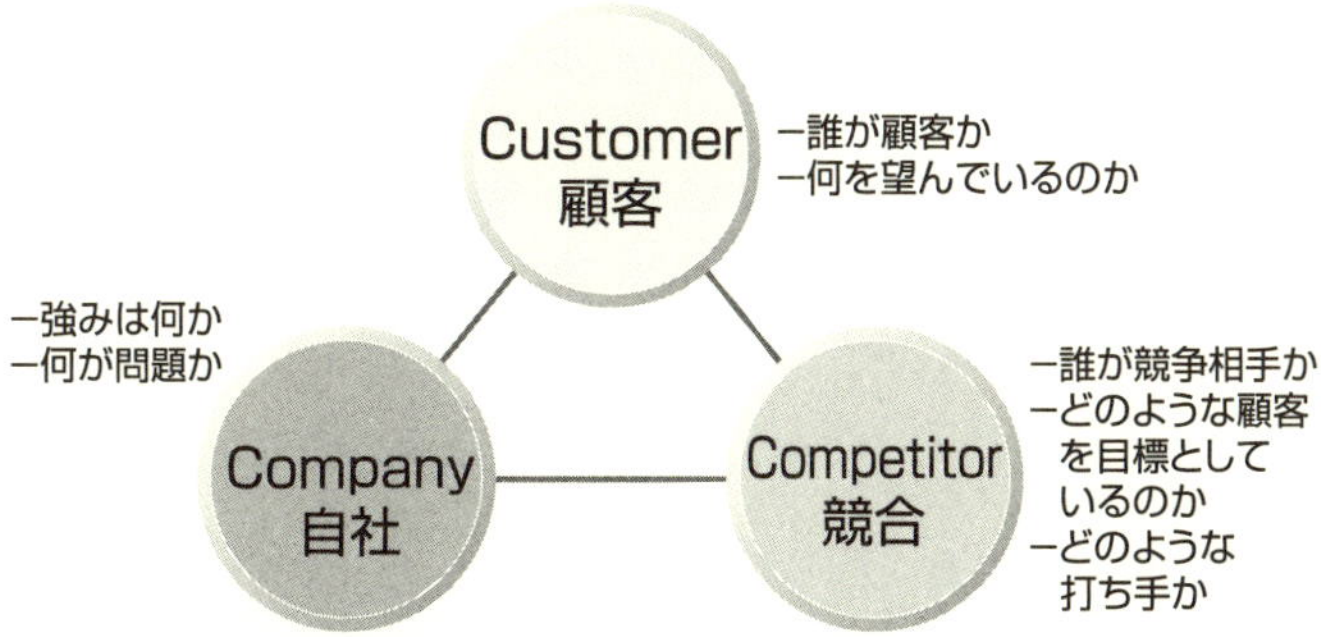

資料：フォアサイト・アンド・カンパニー

大きく業界を理解するのに有効なフレームワーク。
プレーヤーの影響を評価することは非常に重要

◎マイケル・ポーターのファイブ・フォーシズ・モデル

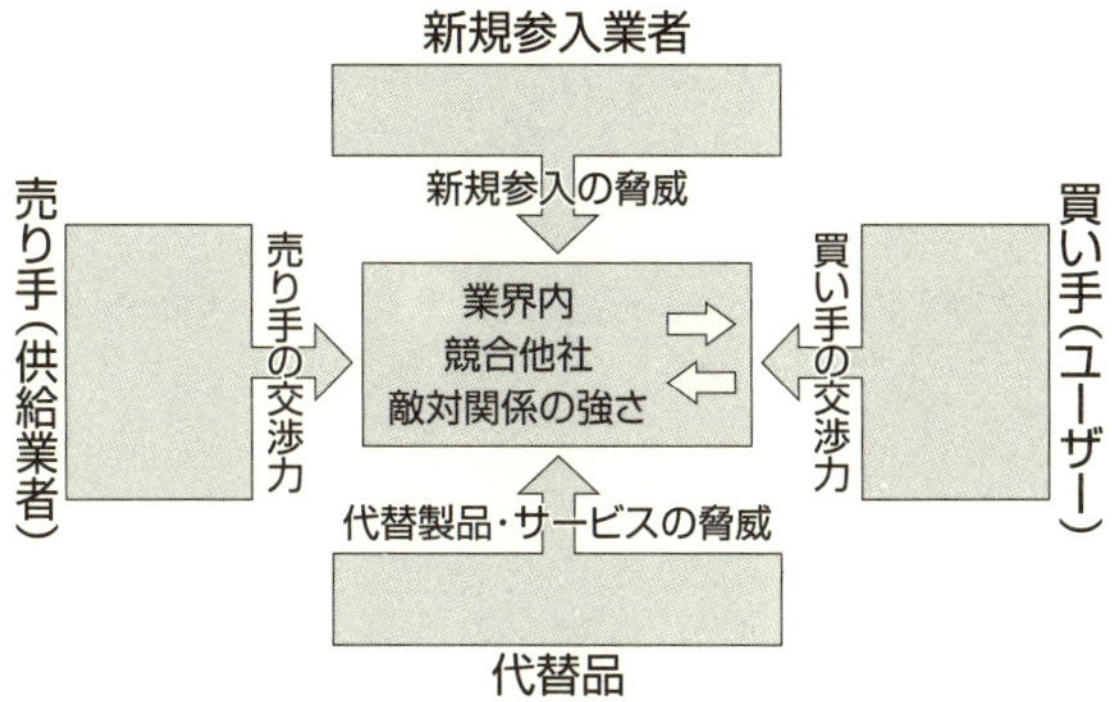

資料：『競争の戦略』（マイケル・ポーター）

3つのCのフレームワークを使うことで、自社が今、置かれている状況を整理して、客観的に把握することができるのである。類似のフレームワークとして、ハーバード・ビジネススクールのマイケル・ポーター氏が作成した223ページ下の「ファイブ・フォーシズ・モデル」を使って説明する。チャートの真ん中に位置するのが業界内の競合である。そして、その左側が売り手（供給業者）で川上、反対が買い手（ユーザー）で川下、上が新規参入業者、下が代替品だ。業界は売り手と買い手、双方からの交渉を受けるほか、新規参入の脅威と代替製品や代替サービスの脅威にさらされている。だから1つの業界を理解する時は、この5つの要素を見ることが大切であり、これによって理解度が深まるのである。

普通、「今、業界で誰が儲かっているのか？」と聞かれたら、ほとんどの人は自分たちがいつも意識しているライバルのことを気にすると思う。ところが、こういうフレームワークを知っていたら、5つの要素をしっかりと並べて見つめ直す習慣がつく。その結果、自分の主観が入らず、客観的に物事を把握することができるわけだ。

経営資源の要素をよく、人・モノ・金・情報と分類して考えるのもフレームワークの1つと言ってよいだろう。これに、ブランドという要素を追加してもよい。

このほか、80年代に出版された『エクセレント・カンパニー』（トム・ピーターズ著）という本で紹介された225ページ下の7Sも、会社分析を行うのに適したフレームワークと言える。チャートの真ん中に共通の価値観・使命やビジョンがあり、その周りに戦略、人材、組織、運営の仕組み、

経済の要素について、よく使うフレームワーク

経営資源

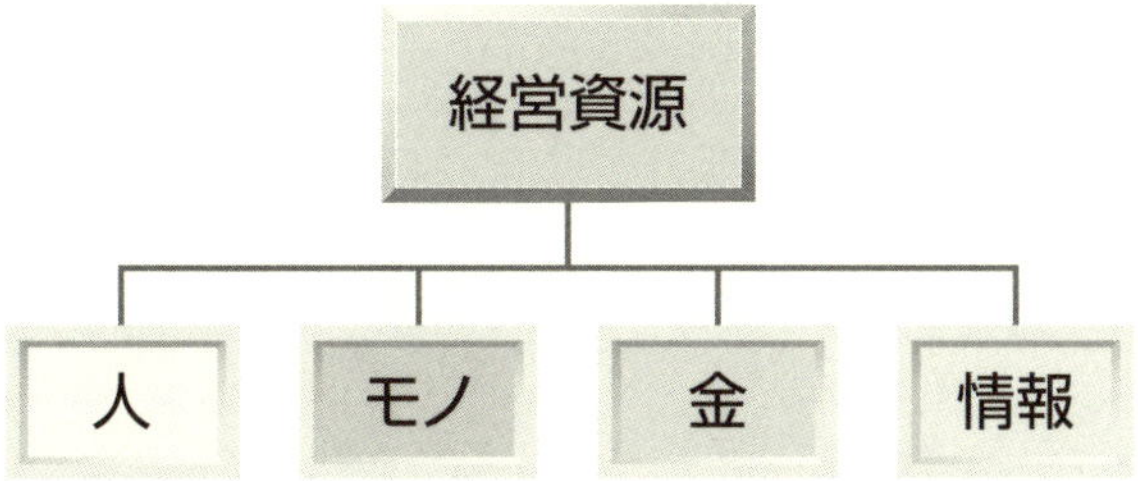

資料：フォアサイト・アンド・カンパニー

7Sは会社で分析を行うのに、適したフレームワークである

7Sモデル

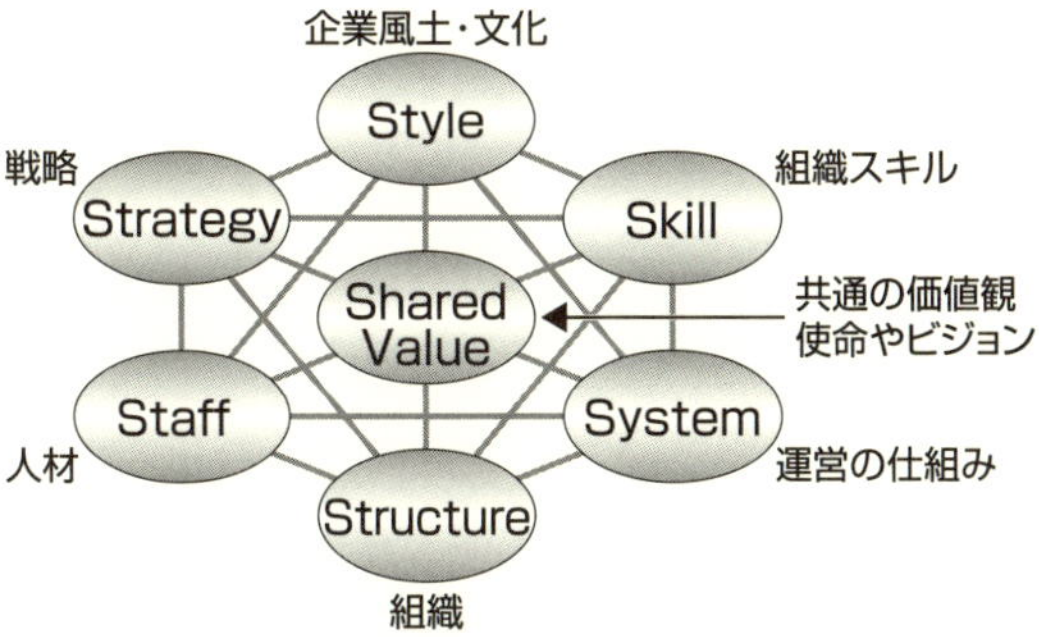

資料：『エクセレント・カンパニー』（トム・ピーターズ）

組織スキル、企業風土・文化の6つを配している。そして、優良企業を目指すには、この7つのSがしっかりとできていないといけない、というものだった。

これを活用して、1つの企業を見る時に、関係する情報をこの7つの箱の中に入れて整理したり、調べたりすることによって、その会社全体がどういうことを目指しているかが分かるのである。だから、「あの会社のことを少し新聞で見てみよう」というやり方ではなく、こういうフレームワークを作って、そこに情報を入れていくというやり方を覚えて実践していただきたい。

あるいは、マーケティング戦略を考えるためのフレームワークとして、マーケティングの4Pというものがある。これは、「商品（Product）」「価格（Price）」「流通（Place）」「広告宣伝（Promotion）」の英語の頭文字から付けたもので、この枠組みで会社のことを整理してみても、何をやっているかがよく分かる（227ページ上）。

多岐にわたる情報を交通整理し、その中から問題点や置かれた状況を客観的に把握する手段として、フレームワークを利用することがいかに有効であるか。フレームワークは、無意識のうちに犯しがちな自己にとって都合のよい情報の選択や思い込みを排除してくれるのである。

ここまでの内容を整理しておこう。

①人間は、多くの場合、思い込みがあり、そのために偏った情報や分析で物事を解釈しがちである。

②まず、原理原則に戻って、大きな枠組みから整理することが大切であり、それによって理解を深めることができる。

マーケティングの4Pはマーケティング戦略を考えるためのフレームワークとして有効

マーケティングの4P

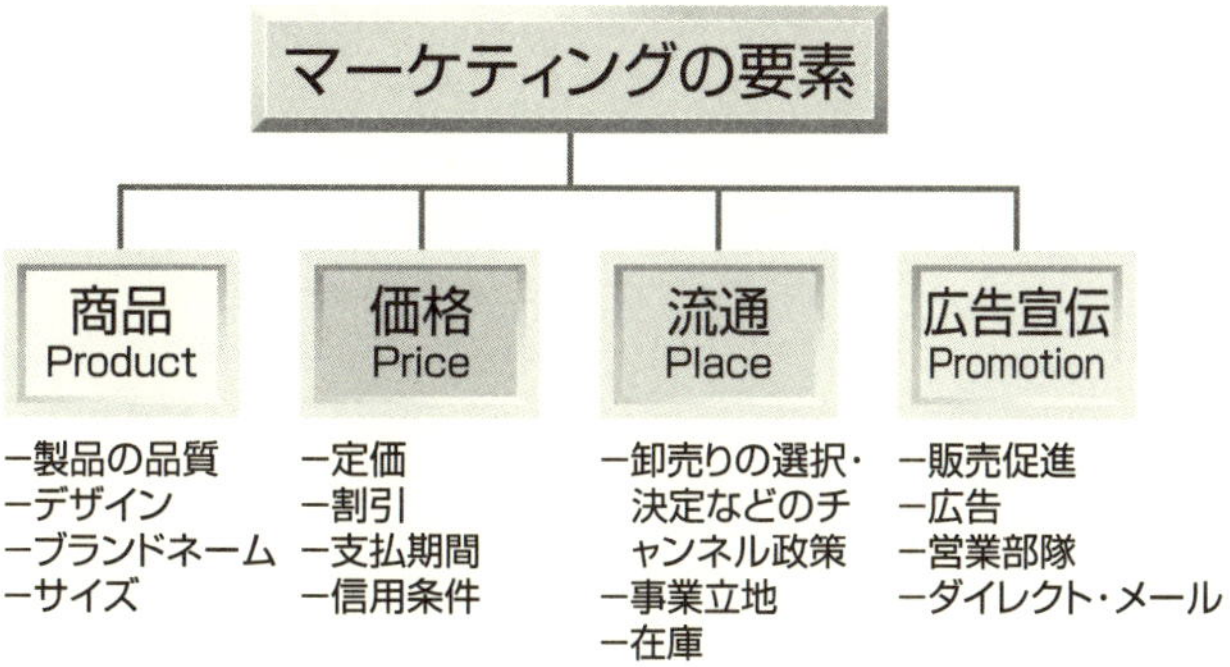

資料：フォアサイト・アンド・カンパニー

ここまでのポイント　CHECK POINT

- 多くの場合、思い込みがあり、そのための偏った情報や分析によって物事を解釈してしまう
- 原理原則に戻って大きな枠組みから整理することによって、理解が深まる
- 企業の取り組みを理解するのに役に立つ既存のフレームワークを活用する

③企業の取り組みを理解する際は、既存のフレームワークを活用する。
客観的に情報を理解するために、以上の3点をぜひとも心がけていただきたい。

第6章 演習問題

本質的な問題を発見しない限り、問題解決は、絶対にできない。
皆さんは、これまでの内容を理解できただろうか？
ここまで勉強してきて、問題解決には1つの流れがある、
アプローチがある、ということに、気がついたと思う。
ここでは自分なりに考え、うまくデータを使いながら、
実際に演習問題に取り組んでみよう。
パソコンを使う必要もあるかもしれないが、
なによりも自分なりの考えを紙に書いてみることが大事である。
今までのことをしっかりと勉強できた人にとっては、
ここで取り上げる演習問題は、すんなりと理解できるはずだ。
では、これまで学んだことを活用して、
この演習問題に取り組んでいただきたい。

演習Ⅰ

Q　京都に住んでいる母親が同居したいと言っている。母親はいろいろと理由を挙げ、同居を求めている。

CD-ROM 演習Ⅰ

まず、京都に住んでいる母親が同居したいと言っている吉田さんの話を取り上げてみよう。吉田さんに、どういうアドバイスをしてあげたらよいだろうか。

吉田さんは、現在、4人の家族と一緒に東京のマンションに住んでいる。最近の悩みの種は、京都にある実家で1人暮らしをしている母親がしきりに「ああ、東京で同居したい」とぼやくこと。

母親は、どちらかというと社交的な父親が亡くなってから、人と会うことが少なくなった。そのせいかどうか分からないが、老け込んでくる。そう思うと、少し気の毒だから、同居も考えてみようかと思うが、自分が住んでいる今のマンションでは、少し手狭。おまけに奥さんが、狭いところに同居するのは大変だと、あまり賛成してくれない。こういう状況は、実社会でもよく見られることだ。さて、これに対して皆さんはどんなアドバイスをしたらよいか？　すぐに解答への道筋へ行くのではなく、自分で考えてみることが大切だ。

解答への道筋

なかなかの難問だが、どのような答えが出ただろう? おそらく、以下のように考えた人が多いのではないか。

「同居に妻が反対している。ここが問題点だから、妻のご機嫌をとりながら説得し、同意してもらおう」

ほかにこんな答えを書いた人はいないだろうか。

「どのみち今の家は狭い。この際、奮起して、母親と一緒に住める二世帯住宅の購入を考えてみたらいいんじゃないか」

あるいは、こんな考え方をした人もいるかもしれない。

演習:京都に住んでいる母親が同居したいと言っています。皆さんは吉田さんにどのようなアドバイスをしてあげますか? ちょっと背景を見てみましょう

4人の家族と東京でマンション暮らしをする吉田さん。近頃の悩みの種は、実家の京都で1人暮らしをする母親が、しきりに東京で同居することを求めてくること。母親は、社交的な父親が亡くなってからは、人と会うことも少なくなり、めっきり老け込んでしまった。それを思うと、同居を考えなくはないが、今のマンションでは手狭だし、妻は“同居はねぇ……”とあまり肯定的ではない。さて、どうすればいいのだろうか???

これは難問。
どのように考えて
みるかな……

資料:フォアサイト・アンド・カンパニー

「東京に来るなんてそもそも無理。なんとかして母親には自分で自分の問題を解決してもらおう」

「少し冷たい気もするが、解決案の1つとして、母親には習い事をしてもらおう。習い事に通えば、いろいろな人と付き合いが増える。あまり寂しがることもないのではないか」

皆さんは、まず問題点というのはこんなことだろうと予測し、それに対する答えを考えたと思う。しかし、それで本当に問題解決につながるだろうか。皆さんが認識した問題や解決案は、自らの思い込みや独りよがりにすぎず、当の母親にとっては何の解決にもならない可能性がないだろうか。

最初に「なぜ母親は東京に来て、みんなと一緒に住みたいと言っているのか？」ということを理解する必要がある。それを理解しない限り、正しいアドバイスはできない。言い換えれば、問題の本質を認識しない限り、解決はできないのだ。

つまり、これまで母親は、日頃からどのようなことを言っていたのかを突き止める必要が出てくる。母親の言葉を詳しく思い出してみると、まず「病気になりやすくて、健康に不安を感じる」と言っていた。さらに「京都の家は大きくて、掃除が面倒だ」「友達が少なくなってきたからつまらない」ともぼやいていた。

吉田さんの母親は、いろいろと理由を言っていることが分かってきた。しかし、本当に言いたいことは何なのか？　これは、フレームワークで考えてみることが重要だ。つまり、自らの思い込みに陥らないよう、客観的に考えてみるのである。

たとえば「病気になりやすくて、健康に不安を感じる」という言葉。これをフレームワークで考え

このように考えた人はいますか？
たしかに吉田さんの気にしていることへの対応策を考えてしまいますね。でもこれで問題の解決になるでしょうか

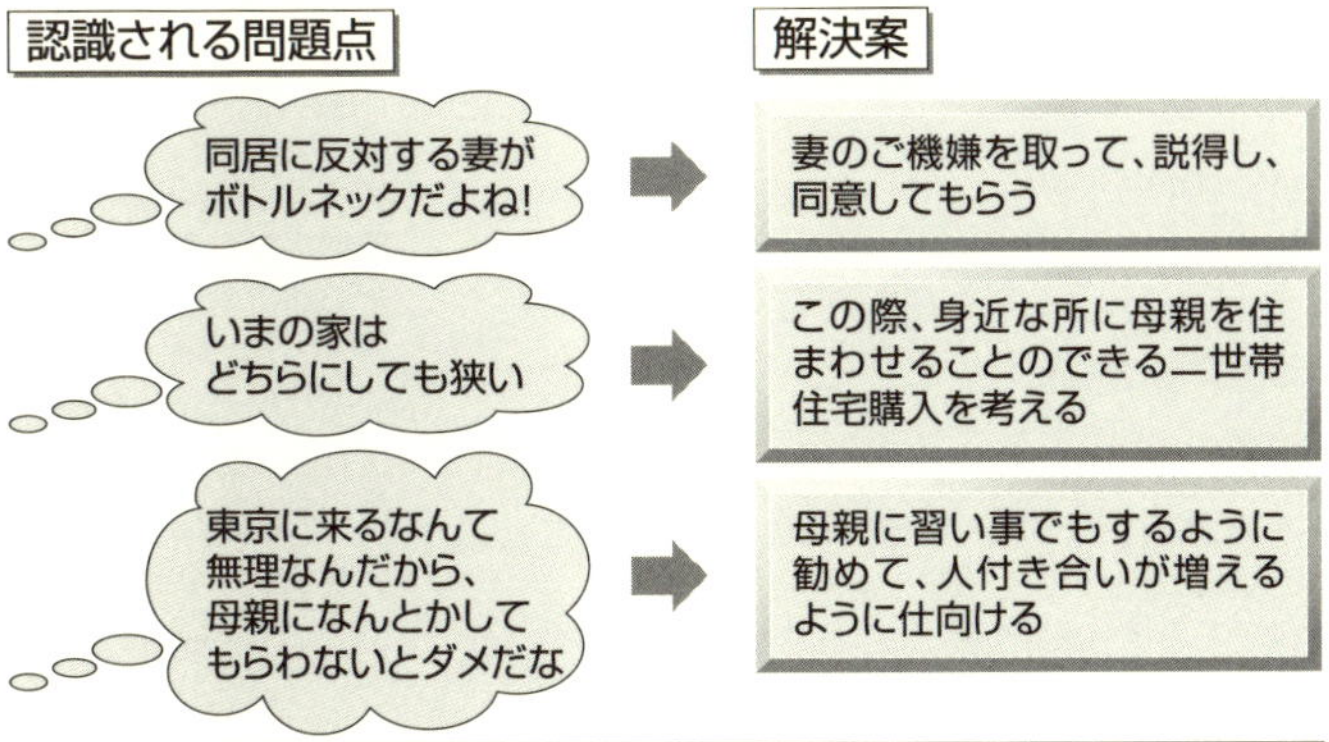

認識される問題点
解決案
同居に反対する妻がボトルネックだよね!
妻のご機嫌を取って、説得し、同意してもらう
いまの家はどちらにしても狭い
この際、身近な所に母親を住まわせることのできる二世帯住宅購入を考える
東京に来るなんて無理なんだから、母親になんとかしてもらわないとダメだな
母親に習い事でもするように勧めて、人付き合いが増えるように仕向ける

資料：フォアサイト・アンド・カンパニー

ると、母親自身の問題を訴えていると捉えることができる。さらに、自分自身のことに関しては、「蓄えが少なくなって、経済的に不安」「車を運転していたが、このごろ年をとって目が悪くなってきたし、反射神経も鈍ってきたから、運転したくない」とも言っていた。

また、「家が大きくて、掃除が面倒」という言葉は、環境の問題と捉えられる。「冬の京都は寒すぎる」「何でもそろう東京は魅力的だ」などの言葉も同様だ。

最後の友達の話は、自分以外の人の問題というふうに考えることができる。「息子夫妻は仕事で忙しいから、子供の面倒をみたい」という言葉も、自分以外の人の問題を表現した言葉と理解できる。あるいは「親戚も東京に多いものね」という言い回しも、同じようにくることができるだろう。

では、「なぜ、母親が同居を求めてきたのか」を理解するためにはどうしますか？　母親の言っていたことを思い出してみる。このままでは分かりにくいので、
フレームワークで考えてみましょう

本質的な問題点の理解ー例示

自分の問題

ー病気になりやすく、健康に不安を感じる
ー蓄えが少なくなってきたため、生活が不安
ー車の運転が困難になってきた

環境の問題

ー冬の京都はすごく寒い。寒いのはいや
ー1人には家が大きく掃除が面倒
ー何でもそろう東京が魅力的

人の問題

ー友達が少なくなったので、つまらない
ー吉田さん夫婦は仕事に忙しいので、子供の面倒をみたい
ー親戚も東京に多い

母親と話をして、問題点が分かれば、対応策は考えやすくなる。どれが最も大きな問題か分かれば完璧！　そして、その時の取り組みは成果をもたらす

問題解決をしようと思うと、本質的な問題を発見しないとダメなんですよね。

資料：フォアサイト・アンド・カンパニー

このように、母親の言葉を似たような内容同士でくくってみることによって、母親が本当に深刻に受け止めている問題が見えてくる。どうやら「人の問題」であるとか「環境の問題」というのは、それほど重要なことではなさそうだ。むしろ「自分自身の問題」が最も深刻なのではないか、ということである。それを認識したうえで対応策を考えなければならない。

ポイントは、問題を解決するためには、まず本質的な問題を把握することだ。ただ、その前に細かな情報が次々と目に飛び込み、耳に入ってくる。家庭の問題も会社の問題も同じで、いろいろな現象がある。その現象1つ1つに反応するのではなく、まずはそれぞれの現象をいくつかのグループに分けること。そうすると、現象の重要度が明確になるはずだ。

そうやって分類した結果、吉田さんの母親の場合は、「孤独さ」がすべての根本にあると分かる。そこから対応策を考えれば問題解決ができる。

繰り返すが、現象面に振り回されてはいけない。まず、本質的な問題を見つけ出さなければならないのだ。

演習Ⅱ

Q1　あなたは通信事業会社の社員だ。上司から最近、「携帯電話の国内市場は飽和状態になりつつあると聞いている。1日という短い時間で調べられることは限られているが、携帯電話の国内市場について全体像を知りたい」と言われた。

CD-ROM 演習Ⅱ-1

上司から、携帯電話市場について、どうも全体像が分からないから、1日ぐらいで調べてくれないかと言われたわけだ。

この場合、まず最初に「アプローチ」を考えて欲しい。大げさに言えば、作業計画と言ってもいい。作業をどのように進めていくかをしっかりと考えることによって、効率を上げることもできるし、良い結果にもつながるのだ。

では、どのような作業の「流れ」が必要かを考えてみよう。

解答への道筋

何か課題があると、たいていの人はすぐ作業に入ってしまう。しかし、やみくもに作業を行うと効率が悪いし、おもしろい発見もできないことが多い。まずは、大まかな流れをイメージすることが大切だ。

そのためには、真っ先に顧客（今回の場合は上司）が何を求めているかを理解しなければならない。「顧客がこの仕事に何を求めているか」、言い換えれば相手の期待値をしっかりと把握していれば、それに沿った情報を集め、分析することができるからだ。そして、その次にフレームワークで要約し、整理するという大切な段階がある。

まずは「目的」と「背景」を知ることだ。そして「自分が今、何を知ろうとしているのか」とい

さて、ここで、携帯電話市場のことを調べてみましょう

あなたは、ある通信事業会社の社員です。あなたは上司から、次のような指示を受けました。

「最近、携帯電話の国内市場は飽和状態になりつつあると聞くけど、実際のところ、どうなってるの？ 細かいことは分かっているんだけど、どうも全体像がつかめなくてね。どうなっているのか1日程度で調べてくれない?」

さぁ、市場ではどんなことが起こっているのでしょう?
ちょっと調べてみてください。

資料：フォアサイト・アンド・カンパニー

うことを常に明確にしておかなければならない。

そのうえで情報を集める。そして集まった情報やデータを基にチャートを書く。チャートを書くのは「何が起こっているのか?」ということに対する理解を深めるためである。そして、出来上がったチャートを見ながら「なぜ、こんなデータが生まれるのか?」「この変化はどうして起こったのか?」などと問いかけて、理解をどんどん深めていくのである。

ところで、私が言う「分析」とは、現在起こっていることを理解できるように、細かく砕いていくことを意味する。チャートは、その分析を進めるための道具である。

チャート作成の次は、共通のテーマでデータや情報をまとめてみる。そうしてグループを「ひと言で表現すると、どうなるか」と要約する。これが全体の流れである。

では、1つ1つ押さえていってみよう。皆さんは、自分自身でアプローチを考えた。そして「上司の期待値はどこにあるのか?」「期待に沿うには、どのような情報を収集したらいいのだろう?」と考える。

ここで、少し再考していただきたい。「期待値って何だっけ?」と。自分で思うことを、どんどん書いてみて欲しい。

さて、どうなるだろうか。目的と背景、それから知るべきことの明確さということから言うと、大事なことは「1日ぐらいの時間で全体像が分かるような情報やデータを集める」ということだ。これが上司の期待値である。とくに、「1日ぐらい」という部分が重要だ。1日しか時間がないので、細出来ましたか？　やみくもに作業を行うと効率が悪いだけでなく、おもしろい発見もできないですよね。
大きな流れはどうでしたっけ？

作業の流れ

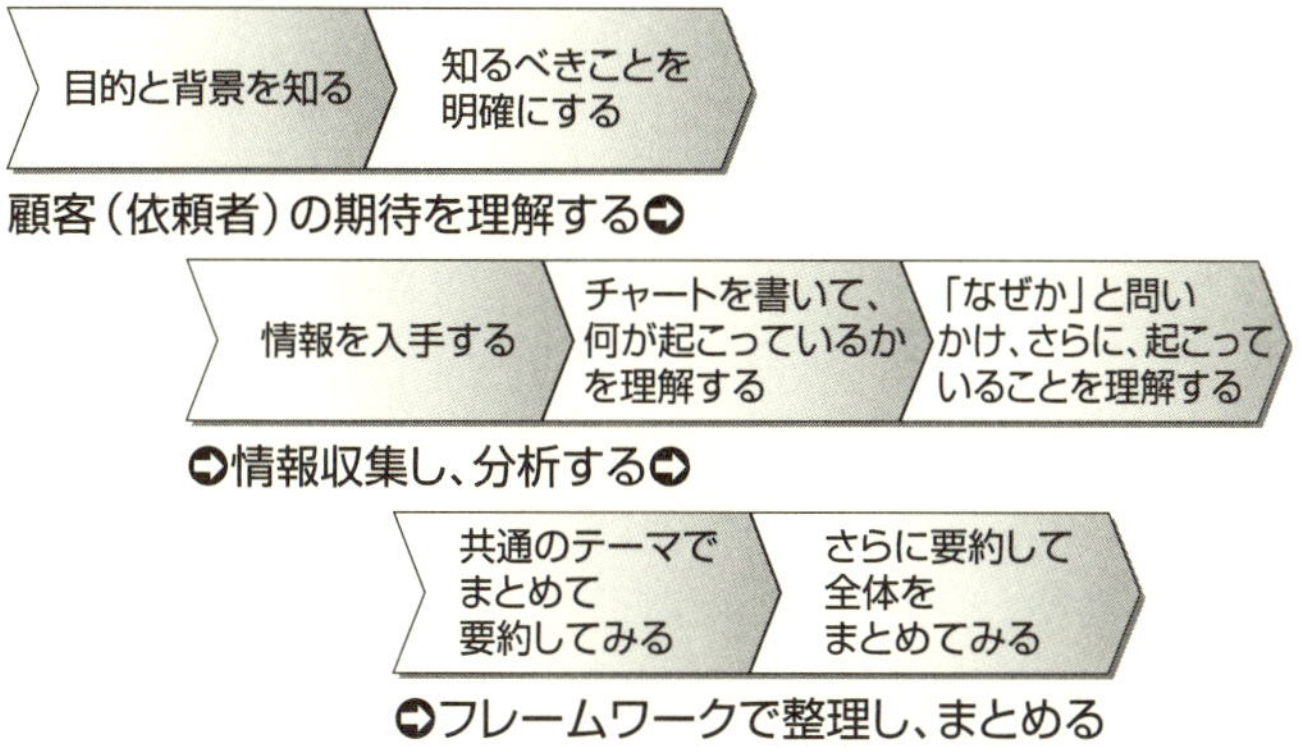

資料：フォアサイト・アンド・カンパニー

演習Ⅱ

かいところをどんどん追求していくわけにはいかない。かといって、表層をさらう程度の内容でよいというわけでもない。「重要な点についてはしっかり調べよう」「さして大事でないところは、後の課題にしておこう」「全体像が見えるようにすることも忘れてはならない」——心がけるべき条件は、こんなところだろう。

次に情報を入手する。大切なことは、最初から細かいところではなくて、全体像が分かるようなものを探すことだ。最初から細かいところへ行ったら、収拾がつかなくなる。

実際、一生懸命に仕事をしているのに成果が出ないというのは、多くの場合、やっていることが細かすぎるのだ。だから一度、原点に戻って、全体の絵を描いたうえで、今どこにいるのか、ということを考えていただきたい。

今回の場合も、まずは業界全体の概況が分かる情報やデータを入手する。それから業界の変化を理解するための情報やデータを集め、ついでに競合状況が理解できるような情報やデータを集めていこう。大きなところ（全体）から小さなところ（細部）へ下りていくという流れである。

業界の全体像というのは市場の変化、流れだから、業界全体の動向、顧客の動向、競合状況を調べてみよう。フレームワークで考えれば、「3つのC（顧客＝Customer、競争相手＝Competitor、自分の会社＝Company)」のうち、今回は

そうですよね、1日程度の時間で全体像が分かるような情報やデータを集めることですね

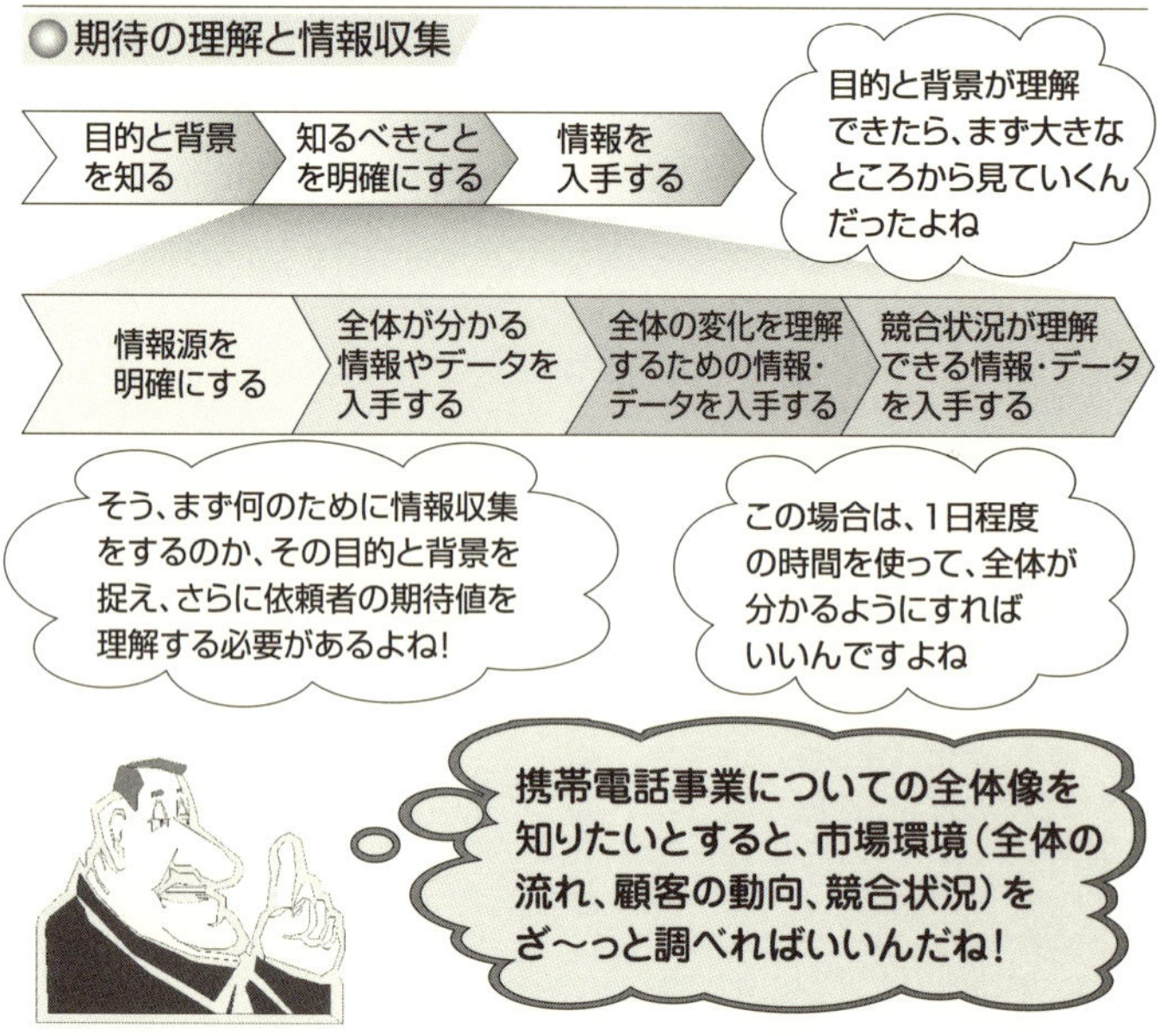

期待の理解と情報収集
目的と背景を知る
知るべきことを明確にする
情報を入手する
目的と背景が理解できたら、まず大きなところから見ていくんだったよね
情報源を明確にする
全体が分かる情報やデータを入手する
全体の変化を理解するための情報・データを入手する
競合状況が理解できる情報・データを入手する
そう、まず何のために情報収集をするのか、その目的と背景を捉え、さらに依頼者の期待値を理解する必要があるよね！
この場合は、1日程度の時間を使って、全体が分かるようにすればいいんですよね
携帯電話事業についての全体像を知りたいとすると、市場環境（全体の流れ、顧客の動向、競合状況）をざ〜っと調べればいいんだね！

資料：フォアサイト・アンド・カンパニー

自分の会社の話ではないので、最初の2つを見ていくわけだ。

次に、どんなデータを集めるかが課題になる。ここで皆さんが「こんなデータを集めよう」「こんな情報が知りたい」と思いつくようなら、素晴らしいことだ。「業界全体の絵を描くために、こんなことを知りたい」とイメージすることは大事であり、意外に難しいことだからである。

さて、どのような疑問が出てくるだろうか。おそらく皆さんは「携帯電話市場は、どれぐらいの規模があるのか」「成長しているのか、衰退しているのか」「主なお客さんはどんな人たちか」といった疑問を持ったと思う。こういう疑問を持てば、しめたものだ。きっと上司も同じような疑問を感じているはずだからである。

次は、競争相手だ。ここでは「現在、市場に参入している企業はどれくらいか」「どんな企業が参入しているのか」「新規参入しようとする企業はあるのか」「成功している会社があるとすれば、成功の秘訣は何か」といった具合いに、どんどん知りたいことが出てくるだろう。ただし、ビジネスにおいて何かを考える時は、やみくもに「何でもかんでも知りたい」ではいけない。フレームワークを頭の中に思い描きながら、その枠組みの中で考えることが必要だ。

次の段階では、情報源について考えなければならない。最初は手近な資料を探すべきだ。まず、インターネットで検索してみる。携帯電話業界に関連する官庁や業界団体のサイトなどを見ていくわけだ。すると、総務省や電波産業界などのサイトが現れるはずだ。

さらに調べようと思ったら、書店や資料センターに行ってみるとよい。「外出は効率が悪いから、

演習Ⅱ

インターネットだけで調べるべき」と考える人がいるかもしれないが、それは間違っている。書店や資料センターでは、知りたい本が目の前に並んでいる。それをざっと見るだけでも、情報に加え、さまざまな〝刺激〟を受けることができる。これは業界の全体像をつかむうえで、意外と重要なのだ。

逆にインターネットだと、1項目ずつ選んで、それだけを見て満足してしまうことも多い。むろん悪いことではないが、たとえば日本能率協会総合研究所のマーケティング・データ・バンク（MDB）や政府刊行物サービス・センターなどに行ってみると、大量に関連書籍や統計書がある。そういうものを知ったうえで知りたいデータを絞り込み、さらにネット検索を活用すれば、より深みのある情報を得ることができる。

ただ、書店や資料センターにも弱点はある。統計の場合、一番新しくても1年ぐらい前のものしか存在しない、ということだ。まとめて発行するまでに時間がかかるためである。もっとも、大学の先生にとっては、それで十分な資料だ。研究と教育を手がける場合、確かな資料であれば多少古くてもかまわない。だが、「最近起こっていることを十分に理解する」ことが必要不可欠なビジネスにおいては、より新しい情報が求められる。だからこそ、インターネットなどで最も新しい情報に触れることが重要になってくるわけだ。

情報がある程度集まったら、チャートを書く。チャートを書く理由は、分析を効率よく進めるためである。分析とは、集めたデータや数字がいったい何を意味しているのか考えるということだが、生のままの数値データというのは、見ているだけではなかなか頭に入ってこない。それをチャート化す

演習Ⅱ

取り掛かる項目が決まったら、必要な情報が入手できる情報源を探してみましょう。これって大事なのですよね

●情報源の明確化

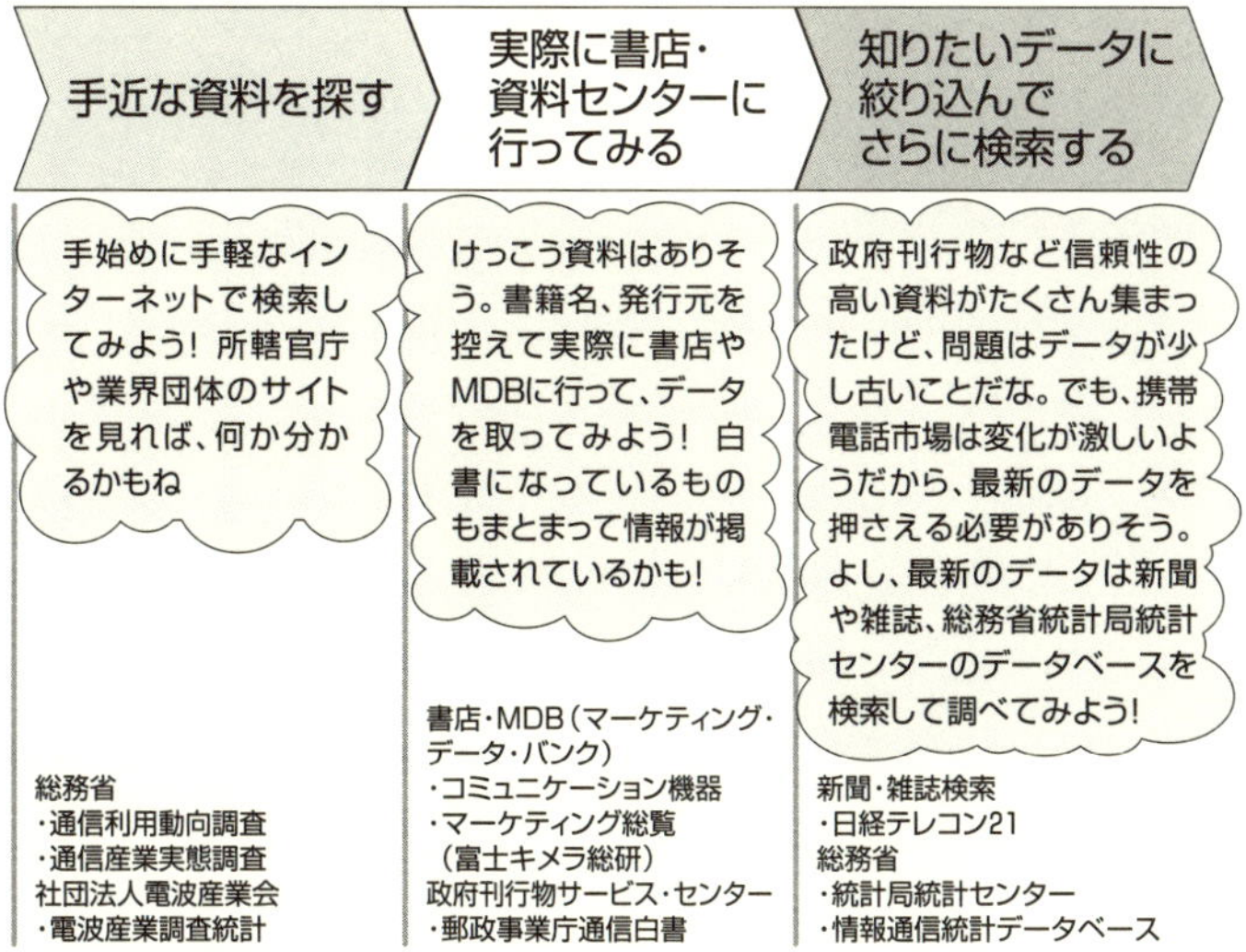

手近な資料を探す
実際に書店・資料センターに行ってみる
知りたいデータに絞り込んでさらに検索する
手始めに手軽なインターネットで検索してみよう！ 所轄官庁や業界団体のサイトを見れば、何か分かるかもね
けっこう資料はありそう。書籍名、発行元を控えて実際に書店やMDBに行って、データを取ってみよう！ 白書になっているものもまとまって情報が掲載されているかも！
政府刊行物など信頼性の高い資料がたくさん集まったけど、問題はデータが少し古いことだな。でも、携帯電話市場は変化が激しいようだから、最新のデータを押さえる必要がありそう。よし、最新のデータは新聞や雑誌、総務省統計局統計センターのデータベースを検索して調べてみよう！
総務省
・通信利用動向調査
・通信産業実態調査
社団法人電波産業会
・電波産業調査統計
書店・MDB（マーケティング・データ・バンク）
・コミュニケーション機器
・マーケティング総覧（富士キメラ総研）
政府刊行物サービス・センター
・郵政事業庁通信白書
新聞・雑誌検索
・日経テレコン21
総務省
・統計局統計センター
・情報通信統計データベース

資料：フォアサイト・アンド・カンパニー

ると、視覚的に理解することができ、分析が一気に進むのだ。さらに図を見ながら「あれ？　なぜ、このようになっているのかな？」と、新たな分析の手がかりが見つかることもある。

　言うまでもないが、チャートを書くことが目的ではない。チャートは理解度を深めるための道具にすぎないのだ。そしてチャートを書く時も、大きなところから小さなところへ、全体像を描いてから細部を見ていくというアプローチを必ず取っていただきたい。

　では、実際にチャートを書いてみよう。パワーポイントを使っても、エクセルを駆使してもいい。ただの

理解を深める道具とはいえ、それなりのものは作らねばならない。そのためにアプリケーションソフトを探してみるのも悪くはない。ちなみに本コースでは、「ＳＯＬＯ（ソロ）」という非常に良いプレゼンテーション資料作成ソフトを使っている。実際、美しいチャートを見せられると、なんとなく内容があるように感じてしまうこともある。良いものを作ろうという工夫は欠かせない。

２４５ページ上の携帯電話市場のチャートでは、縦軸を金額ベースと設定した。その単位は兆円。「携帯業界は巨大市場」ということが、これだけで伝わるはずだ。また、全体だけ見ているのもおもしろくないので、最大手の『ＮＴＴドコモ』と「携帯ＮＣＣ（携帯電話新規参入事業者）」というカテゴリーに分けた。

さらに、グラフにＣＡＧＲと書いてある。ＣＡＧＲとは対象期間（この場合は7年間）の平均年間成長率（複利計算されている）のことだ。

携帯電話は１９９３年から２０００年までのたった7年間で、年率38・２４％も伸びている。恐ろしいばかりの伸び方であることは、誰でも分かるはずだ。これを見て皆さんは「なぜ、こんなに成長したのか」「そういえば、最近は誰でも持っている。きっと加入者数が増えたのだ」と、自問自答するのではないか。ここで、加入者数という言葉が頭に浮かんだ。ならば加入者数を調べ、再びチャートを書いてみよう。

２４５ページ下のチャートでは、累計加入者数を追った棒グラフに、加入者数の対前年増加率の折れ線グラフを加えてみた。これを見れば、昔の伸び率はものすごく大きいが、年を追って小さくなっ

携帯電話の市場規模は堅調に成長している

携帯電話市場規模*推移（1993～2000年）

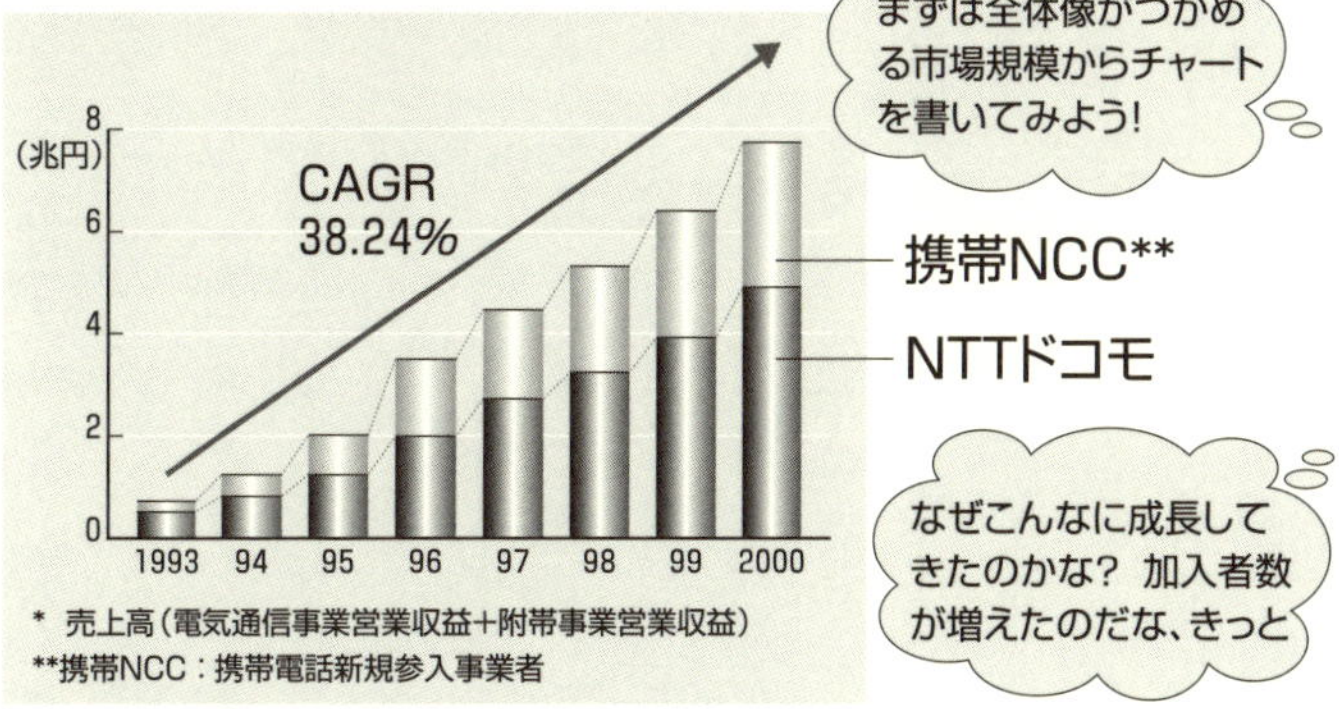

まずは全体像がつかめる市場規模からチャートを書いてみよう!
8
(兆円)
6
4
2
0
CAGR
38.24%
携帯NCC**
NTTドコモ
1993
94
95
96
97
98
99
2000
なぜこんなに成長してきたのかな? 加入者数が増えたのだな、きっと

* 売上高（電気通信事業営業収益＋附帯事業営業収益）
**携帯NCC：携帯電話新規参入事業者

資料：電波産業調査統計（平成14年）、情報メディア白書2002年版

携帯電話の加入者数は堅調に伸びてきたが、年々その増加率は低下してきている

携帯電話への累計加入者数と対前年増加率（1988～2000年）

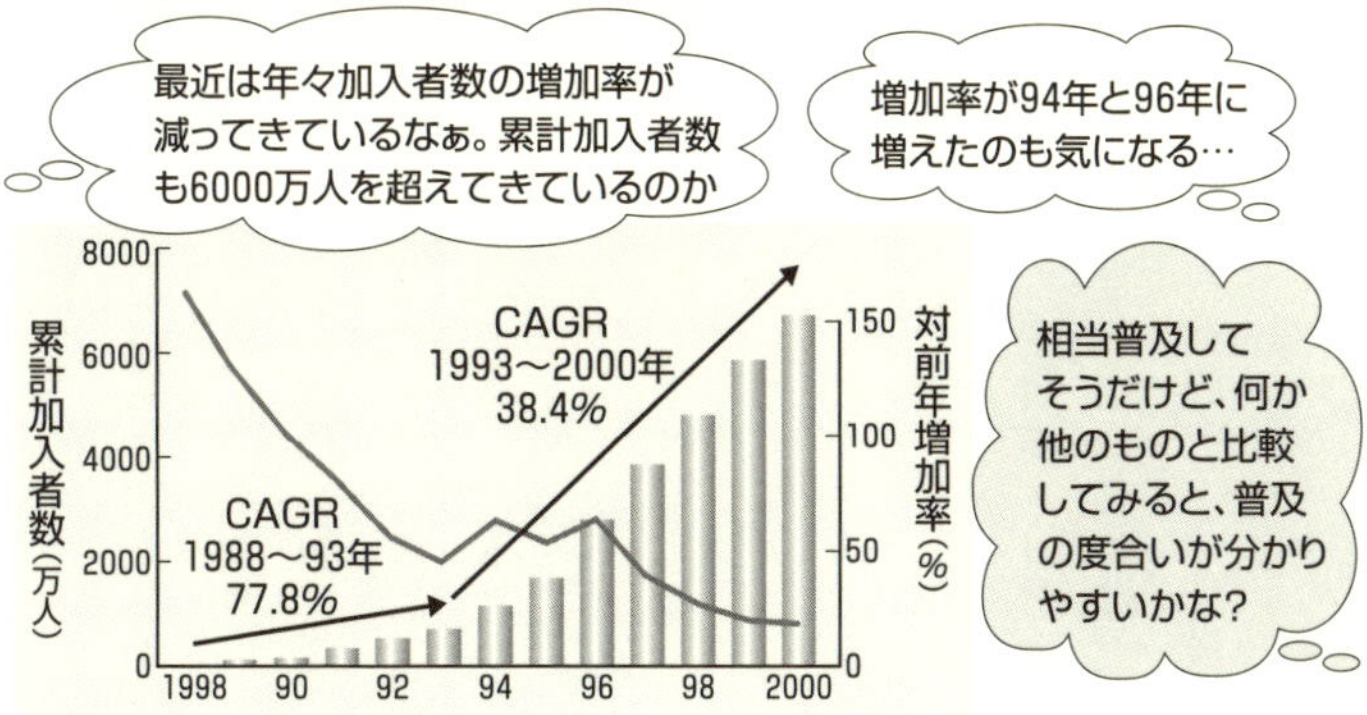

最近は年々加入者数の増加率が減ってきているなぁ。累計加入者数も6000万人を超えてきているのか
増加率が94年と96年に増えたのも気になる…
累計加入者数（万人）
8000
6000
4000
2000
0
CAGR
1993～2000年
38.4%
CAGR
1988～93年
77.8%
150
100
50
0
対前年増加率（%）
1998
90
92
94
96
98
2000
相当普及してそうだけど、何か他のものと比較してみると、普及の度合いが分かりやすいかな?

資料：富士キメラ総研「コミュニケーション機器マーケティング総覧」を 基に作成

演習Ⅱ

ているということに気づくはずだ。

一方、累計加入者数は7000万人ぐらいに達している。むろん、複数持っている人もいるから「日本国民1億2700万人のうち、7000万人が携帯電話を持っている」とは言えないだろうが、ここで大事なことは、「伸び率がどんどん落ちてきている」ということだ。このチャートから、携帯電話の市場はもはや昔のような成長は期待できない、ということがはっきり見てとれるわけだ。

さらに「なぜか分からないが、94年と96年の対前年伸び率は上昇している」ということにも着目し、疑問を持って欲しい。こういう変化が起きた時は、必ず原因がある。それを調べることも欠かせない作業なのだ。それを怠ったままチャートを上司に差し出すと、「この変化はどうして起こったの?」と質問された場合、全く対応できない。せっかく仕事をしても評価を下げられるだけである。

では、94年と96年は、なぜ伸びたのだろうか? 新聞検索で、その当時どういうことが起こったのか調べてみよう。すると、94年に売り切り制度が導入され、それまではレンタルだった携帯電話が自由に選んで買い取れるようになった。そして、新規に『ツーカー』と『デジタルホン』が参入し、価格競争が始まった。その結果、一気に携帯電話の加入者数が増えたのである。96年には、携帯電話の新規加入料を廃止している。余計なお金がかからなくなったことで、加入者数も増えたわけだ。

あるいは、数字を他の情報通信機器と比較してみる、という視点も大切だ。そのテーマで書いた247ページ下のチャートは、縦軸に成長率、横軸に保有率と設定した。

すると、携帯電話は、パソコン、ファクス、PHSなどと比較すれば、普及率は非常に高く、それ

目立った点に注目し、その要因を調べることも市場を理解するうえで重要

94年及び96年に増加率が伸びた理由

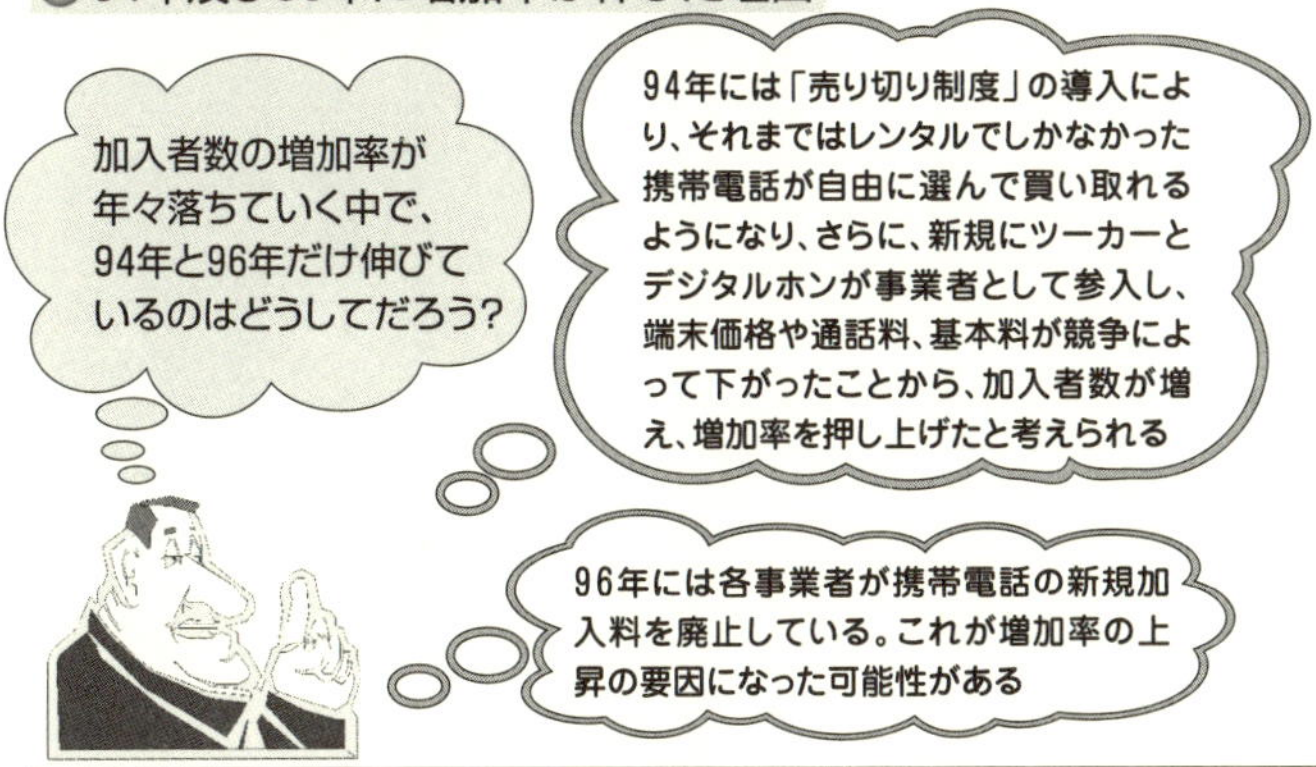
加入者数の増加率が年々落ちていく中で、94年と96年だけ伸びているのはどうしてだろう？
94年には「売り切り制度」の導入により、それまではレンタルでしかなかった携帯電話が自由に選んで買い取れるようになり、さらに、新規にツーカーとデジタルホンが事業者として参入し、端末価格や通話料、基本料が競争によって下がったことから、加入者数が増え、増加率を押し上げたと考えられる
96年には各事業者が携帯電話の新規加入料を廃止している。これが増加率の上昇の要因になった可能性がある

資料：日経産業新聞1996年7月11日、1997年1月13日付

他の情報通信機器と比較してみるとおもしろいですね。保有率と成長率で比較してみると、いかに携帯電話が高成長であるかが分かる

情報通信機器の世帯保有率と成長率（1996～2000年）

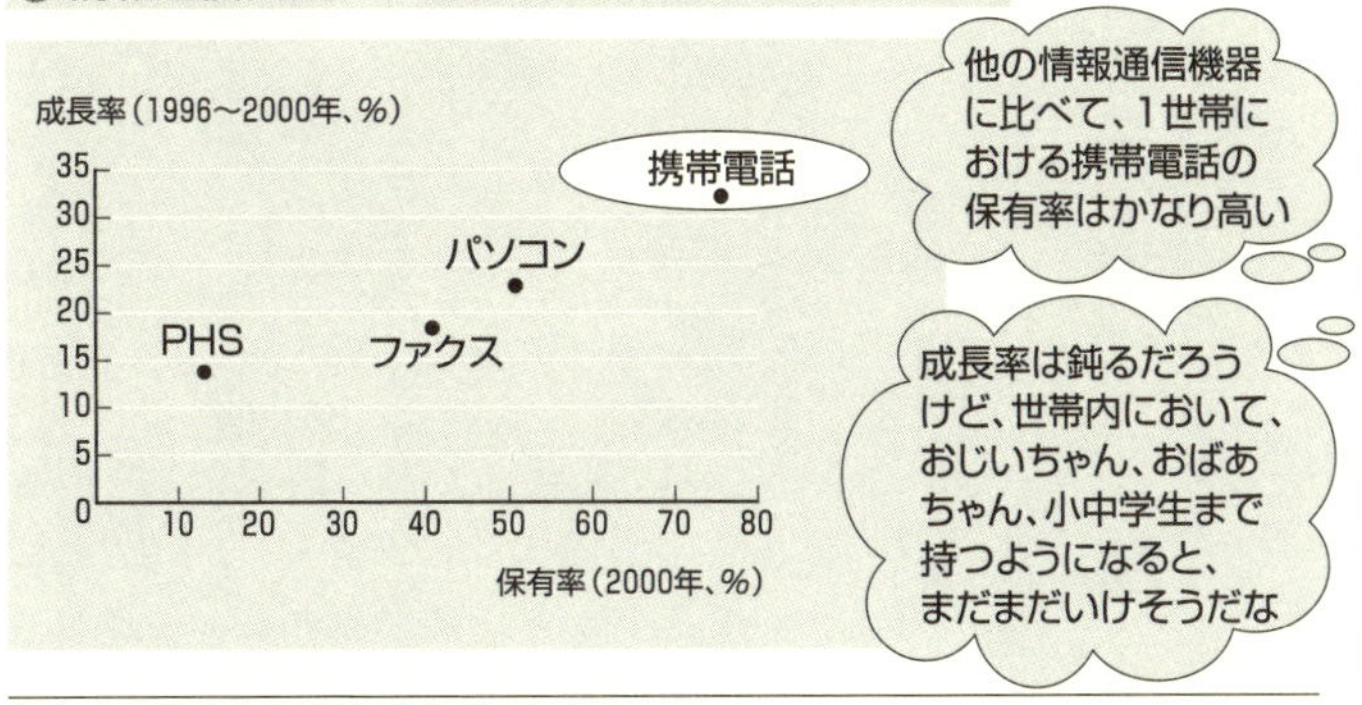
成長率（1996～2000年、%）
35
30
25
20
15
10
5
0
10 20 30 40 50 60 70 80
保有率（2000年、%）
携帯電話
パソコン
PHS
ファクス
他の情報通信機器に比べて、1世帯における携帯電話の保有率はかなり高い
成長率は鈍るだろうけど、世帯内において、おじいちゃん、おばあちゃん、小中学生まで持つようになると、まだまだいけそうだな

資料：総務省情報通信政策局「通信利用動向調査」

でいて成長性も高い商品であることが分かる。
また、このチャートで「世帯保有率」という言葉に着目し、「携帯電話はもうかなり普及したし、成長率は鈍ってきている。しかし、このチャートは世帯保有率を示しているだけだ。その世帯の中に祖父母や小中学生がいる可能性が当然ある。この人たちがみんな携帯電話を持っているとは思えないから、携帯電話の市場はまだまだ伸びるかもしれない」と、類推できるようにもなって欲しい。類推とは可能性を論理的に考えてみることである。そして、その作業がチャートを見るだけでできるようになったら、実に素晴らしいことである。

Q2　ここまででは調査の目的を理解したうえで、市場の全体像について見てきた。次に顧客と競合状況を見ながらチャートを書き、まとめていってもらいたい。

CD-ROM 演習Ⅱ-2

いろいろな事実が分かってきた時に、そのままにしておいてはいけない。事実を提示した後、相手から「なぜ、そんなことが起きるのか？」と質問されて「分かりません」では、調べた意味がないからだ。そうならないためにも、分かった事実を書き出したうえでまとめなければならない。せっかく調べた事実も、そのままにしておくと忘れてしまう場合すらある。だから、調べた結果をチャートに書いて、必ずまとめて欲しいのだ。
では、実際にやってみよう。まずは大きなところ（全体）から取り組む。最初から小さなところ（細

市場と同様に、まずは大きいところから、
チャート化して理解してみよう

年代別携帯電話保有率（1999年）

まずは大きいところから。いったいどれくらいの人が携帯電話を持っているのか、また、持っていないのかを知りたいよね

年代	保有率（%）
10代	57.1
20代	79.7
30代	77.1
40代	55.4
50代	47.2

よし、チャートができた！ とくに50代の携帯電話の保有率が低いなぁ

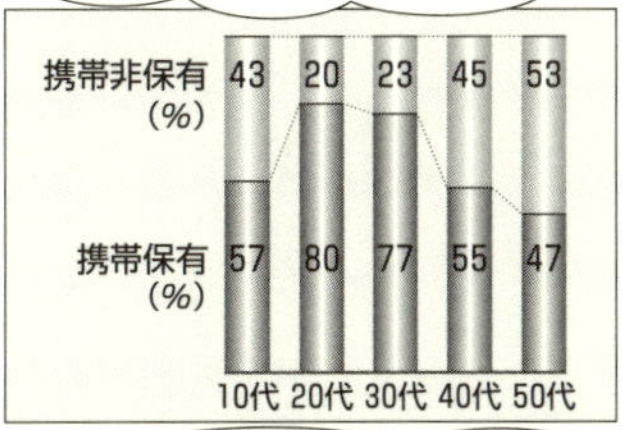

あれ、でもちょっと待てよ！ 年代によって人口は違うよなぁ…それを加味したチャートにするとどうなるかな？

資料：情報メディア白書2000年版及び人口推計年報平成11年度版より算出

部）に取り組んだら失敗する。

具体的に言うと、「携帯電話の保有率、保有者、非保有者を知りたい」「保有年数や携帯電話の利用形態はどうなっているのか」「携帯電話をどのように使っているか。電話だけなのか、あるいはメールまでやっているのか」「機能に満足しているか」――。そういうことを、いくつか頭の中に思い浮かべてみる。書き出してみてもいいだろう。

解答への道筋

最初は「携帯電話の保有率」を年代別に見てみよう。データで見ると、年代によって持っている人といない人の割合が違う。この数字を基にチャートを書いてほしい。数字だけを見て意味を引き出すのは、なかなか難しい。だから必ずチャートを書いてみるのだ。

きっと、年代別の保有者・非保有者率を棒グラフで示す２４９ページ上のようなチャートが出来上がったと思う。たしかに、この数字からは、そういう内容のことしか書けないだろう。しかし、ここで「年代によって人口が違うのでは?」と思った人もいるのではないか。つまり、実際の人間の数を入れたら、もう少し意味合いが違ってくるかもしれない、ということだ。で、それを調べてみた。すると、人口は30代、40代、50代と年齢が上がるに従って増えている。一方、携帯電話の保有率は年齢が上がるに従って下がっていく。これでチャートを書くと、どうなるか。

人口分布と保有率のチャートを左右に並べた人はいるだろうか。残念ながら、それは実に分かりにくい。チャートの作り方によっては、余計に見づらくなってしまうこともある。「２つの違うチャートを左右に並べる」は、その一例だ。

それでは、２５１ページ下の左のようなチャートはどうか。つまり「棒グラフの縦軸のスケールに人数をとり、その棒の中で比率を示す」。これなら分かる。しかし、まだ少し工夫が要る。全体人数と比率が分かっても、保有者と非保有者の絶対数が見えづらいからだ。

その点を踏まえ、２５１ページ下の右のようなチャートを書いてみた。「横軸に人数規模を取る。縦軸は年代。中央に軸を設ける。そして、右側に保有者、左側に非保有者を書く」。これなら「40代、50代は非保有者が多い。つまり、新たな可能性を秘めた大きな市場である」「10代でも、意外と保有率が低い。高校生未満ではあまり持たないせいか?」といったことが一目瞭然に理解できる。チャートを書く時は、その目的や伝えたいメッセージをしっかりと考え、自分なりに工夫、加工することが

おっとっと、これではかえって分かりづらいですよね

じゃあ、年代別の人口と保有率を比べてみよう!

30代以降は年代が上がるにつれて人口は増加しているが、携帯電話保有率は逆に下がっているなぁ

年代別人口分布と保有率(1999年)

年代	人口(千人)	保有率(%)
10代	14416	57.1
20代	18785	79.7
30代	16594	77.1
40代	17340	55.4
50代	18554	47.2

でも、なんかこのチャート見にくいよね? もう少し工夫できない?

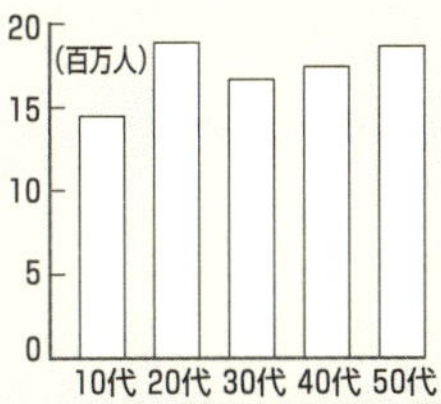

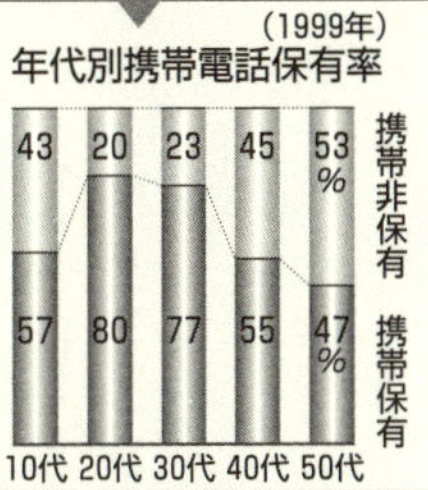

資料:情報メディア白書2000年版及び人口推計年報平成11年度版より算出

保有者と非保有者の人口規模が重要となる場合、チャートも工夫が必要

年代別携帯電話保有者・非保有者及び割合(1999年)

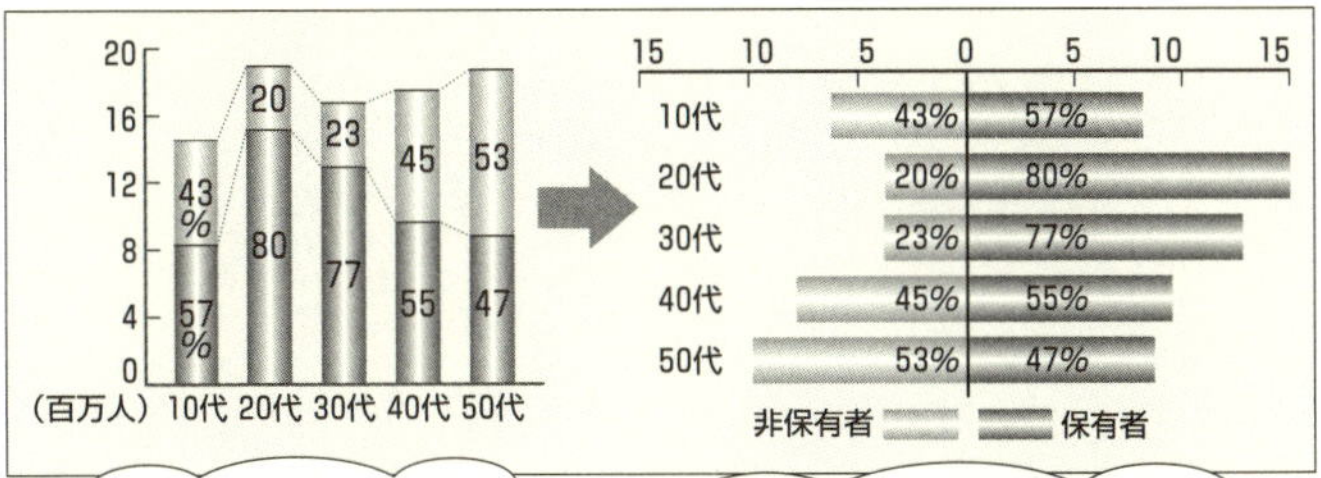

このチャートはどうだろう。やっぱりなんか分かりにくい

右のチャートの方が、各年代の保有者数・非保有者数が分かり、しかも年代間での比較ができて、視覚的に理解しやすいよね!

資料:情報メディア白書2000年版及び人口推計年報平成11年度版より算出

演習Ⅱ

極めて大切なのである。

次は、もう少し細かいことに取り組もう。「携帯電話は、どのような使い方をされているのだろう?」である。使い方は重要だ。とくに年代別に全く違うということは、調べる前から分かる。たとえば、皆さんのおじいちゃん、おばあちゃんで携帯電話を持ってはいても、ずっと電源を切ったままの人はいないだろうか。あるいは、電話は使うけれどもメールなどは全くやらない、という場合もあるだろう。

折れ線グラフを使った253ページ上のようなチャートが出来上がった。横軸に12~19歳、20~34歳、35~49歳、50~69歳という年齢別の幅を取っている。一番上の実線が通話、以下メール、情報提供サービス、データ通信の線である。いわゆる若年者がメールをすごく使っていて、壮年、高齢者と年齢が上がるにつれて利用者はどんどん少なくなっている。また、情報提供サービスは、20~34歳がピークになっている。つまり、若い世代の人たちは、携帯電話の機能を、かなりフルに使っていると言える。逆に年齢が高くなると、付加機能はあまり使われていないことも明らかになった。

さらに「携帯電話は新製品がよく発表されるなぁ。みんな、どのくらい使って買い替えるのだろう」と思った人もいるはずだ。その視点から、年代別の携帯電話使用期間というチャートも作ってみた。これを見ると、10代、20代はどんどん新製品に買い替えていることが分かる。

ならば、皆さんが携帯電話業界の人間だったらどうするか? たとえば40代、50代では携帯電話そのものを持っていない人がずいぶんいる。と同時に、若い人は新製品に飛びつく。実際、若い年代の

年齢が高くなるにつれて、メール、インターネット接続による情報提供サービス、データ通信を携帯電話ではあまり行っていないことが分かるな

年代別携帯電話利用目的（2001年、複数回答）

若い世代の人たちは携帯電話の機能をフルに使っていると言えるが、年齢層の高い人たちは、通話機能重視という感じだな

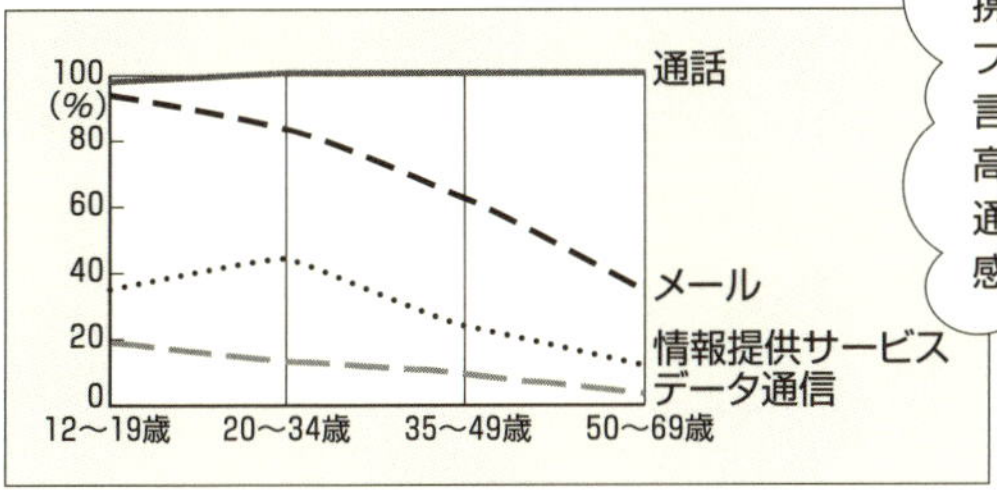

資料：ビデオリサーチ「携帯電話の所有と利用状況」

10代・20代では携帯電話の使用期間が短く、短期間に買い替えを行っている

年代別携帯電話使用期間*（2001年）

携帯電話って頻繁に新製品が出てるみたいだけど、みんな、どれくらいで新しいものに買い替えてるんだろ？

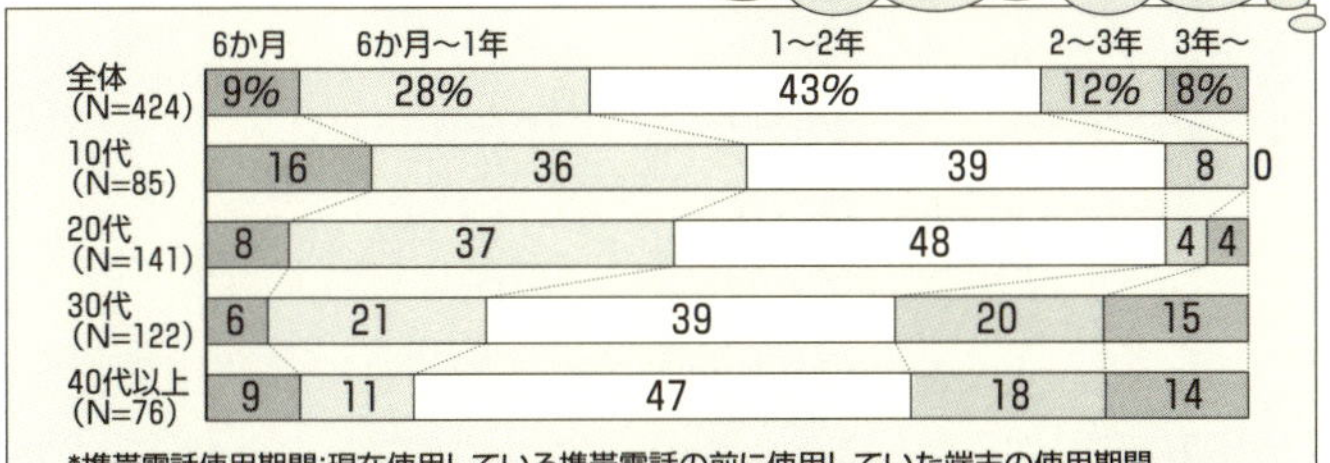

*携帯電話使用期間:現在使用している携帯電話の前に使用していた端末の使用期間

若い年代の人たちの約半数が、1年以内に携帯電話を買い替えていることになるなぁ

この買い替え期間が短い若い年代の人たちは、どんなことを大事にして携帯を購入しているんだろう？ ファッション性？ 機能？ 時間があれば調べてみてもおもしろいな

資料：携帯電話とPHSの利用実態調査 2002年（情報通信ネットワーク産業協会）より算出

人たちの約半数が、1年以内に携帯電話を買い替えている。そこにビジネスチャンスの芽がある、と考えられるのではないか。

ここで、もし皆さんに余裕があれば、「いったい、携帯電話の何が気に入ってるのだろう？　ファッション性なのか？　それとも機能なのか？」ということも調べていくべきだろう。しかし、上司は「1日ぐらいで」と言った。その条件下なら、調査はこの辺で止めておいていい。

これで携帯電話のユーザーの話が分かってきた。次は、競争相手について調べよう。つまり競合状況のことである。どのようなことを知る必要があるのか、イメージしていただきたい。まず、全体をイメージできる情報は何か、おおその〝あたり〟をつけることが大切だ。たとえば「市場参入している企業は、どれぐらいあるのか」「各企業のシェアはどうなっているのか」という具合いである。

なかには「通信関連は猛烈な勢いで動いてるから、きっと携帯電話業界も激しい動きをしているのではないか」と思った人もいるだろう。ものすごくグッドだ。非常に変化の激しい業界は、時系列で追う必要がある。それを見れば、時代の流れの中で参入企業がどう変化してきたか、よく分かるからだ。また、シェアの変化の調査は必ずやっていただきたい。参入企業のうち、どこが強くて、どこが弱いのか、どこが力をつけつつあるのかということが、それによって分かってくるからだ。

まず、時代の変化に伴い、参入企業がどのように変化してきたかを追ってみよう。もし皆さんが、そういうデータを入手したら、チャートを書いてみたらどうだろう。それがエラアナリシスだ。

実際に書いてみると、255ページのようなチャートが出来上がる。一番上がＮＴＴドコモグルー

携帯電話業界は、認可制のため参入障壁が高く、また大規模な設備投資が必要なことから近年新規参入はなく、逆に企業統合が進んでいる

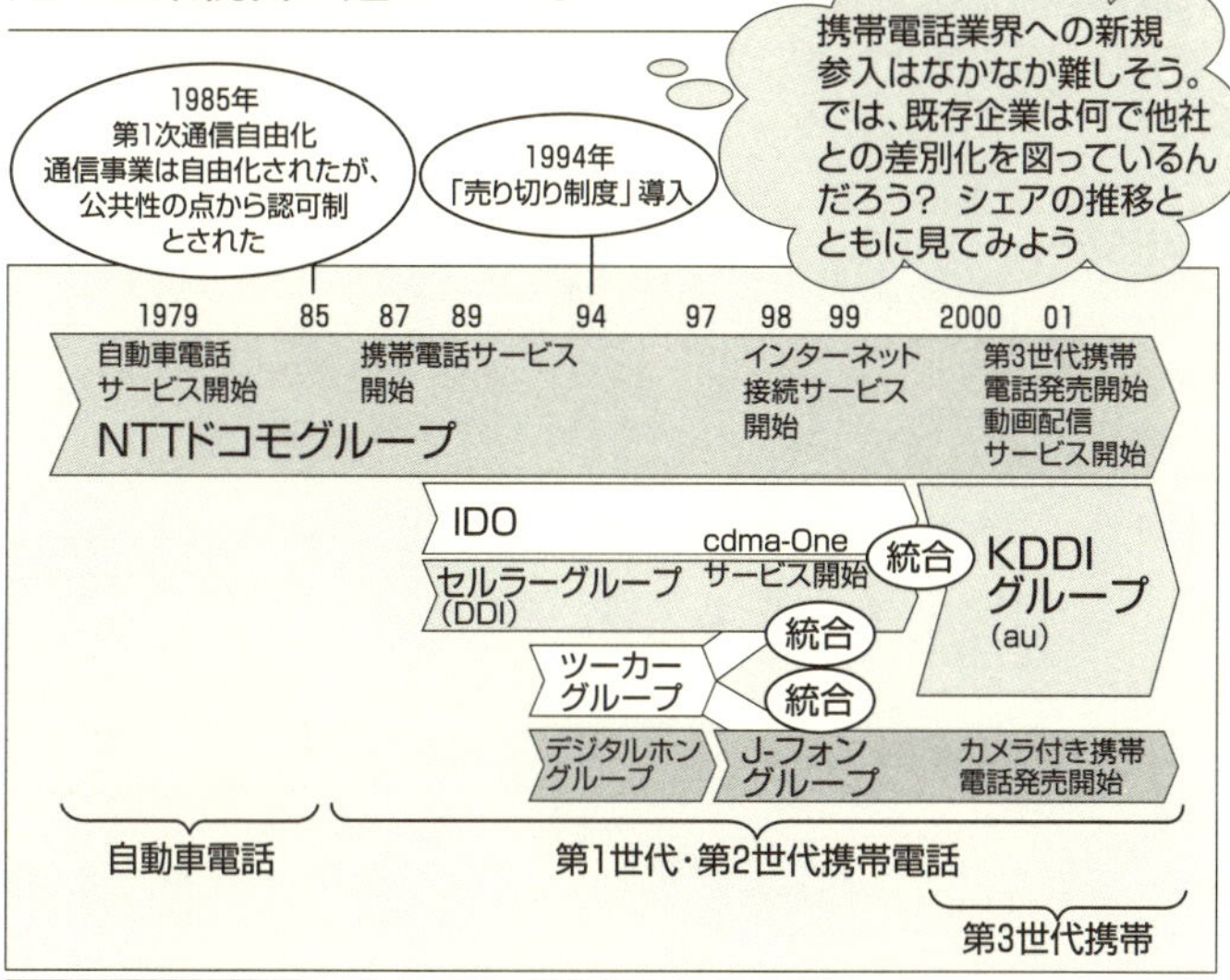

資料：「通信サービス」2002

プだ。さらにその上に「1985年……」と書き込まれた楕円が目に入るだろう。これは85年に第1次通信の自由化が行われたことを示している。エラアナリシスで大事なことは、横軸に年代を置き、重要な出来事を時系列で書いていくことだ。ちなみに次の楕円には、94年の売り切り制度の導入ということが書いてある。88年からIDO、セルラーグループ（DDI）が参入してきて、ツーカーグループが参入してきて、デジタルホングループが登場する。さらにこのチャートから、自動車電話の時代、それから第1世代・第2世代の携帯電話、そして今、第3世代の携帯電話へと時代が変化していることが分かる。

NTTドコモ、J-フォンは新サービスの提供とともに、シェアを伸ばしている

事業者別シェア推移（1996～2001年）

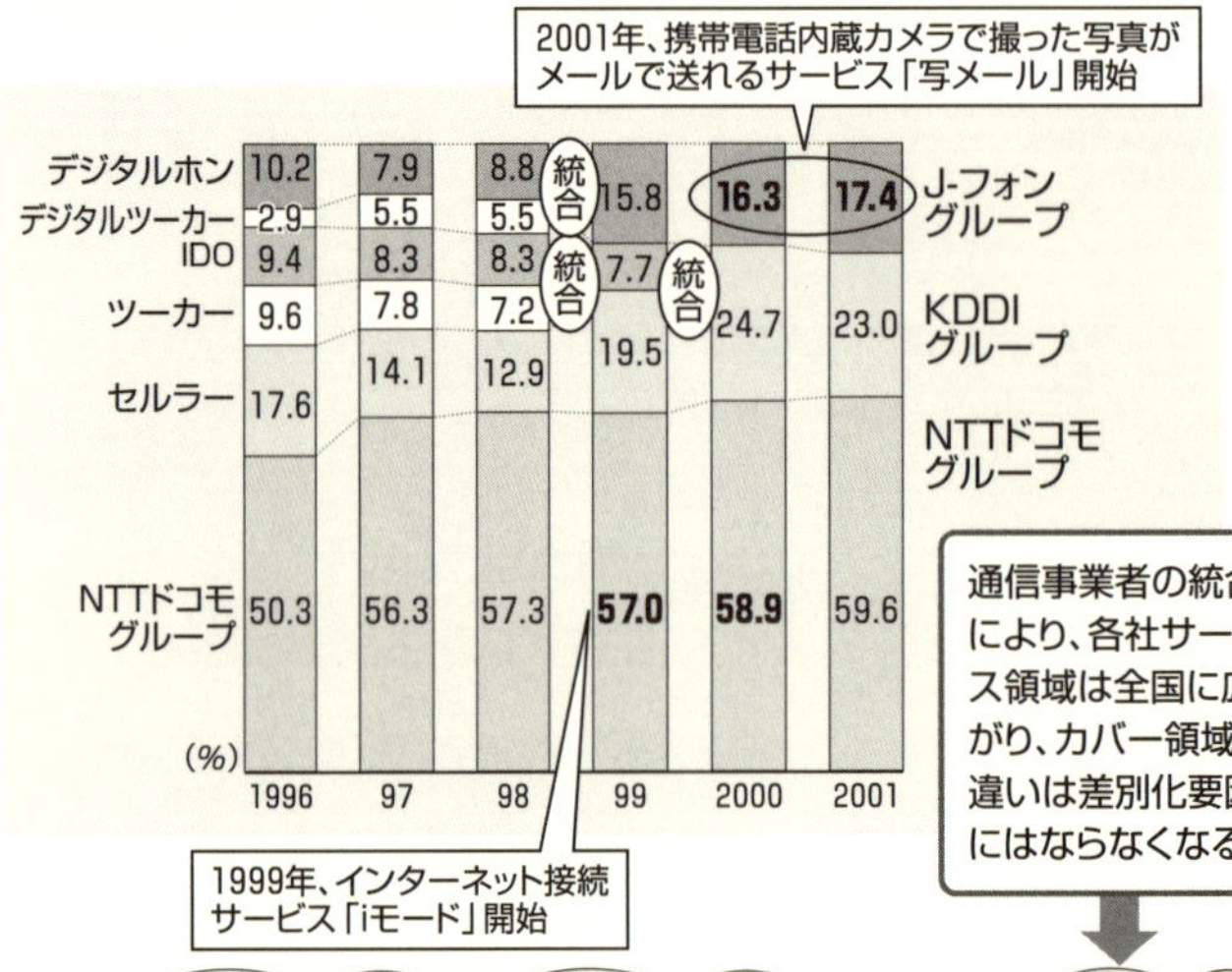

通信事業者の統合により、各社サービス領域は全国に広がり、カバー領域の違いは差別化要因にはならなくなる

「iモード」「写メール」のサービスで、それぞれドコモとJ-フォンは大きくシェアを伸ばしているということは、事業者のサービスが差別化のポイントということかな？

では、いったい何で差別化を図ろうとしているの？

資料：社団法人電気通信事業協会調査資料より作成

続いて、256ページのチャートでシェアを見てみよう。この業界では企業間統合もあったから、それも加味する必要がある。おもしろいことに、新規参入はなかなか難しいことが分かるだろう。左側の端に、デジタルホン、デジタルツーカー、IDOなど、昔の参入企業が書いてある。それが統合されて結局、右端に書いてある、J-フォングループ、KDDIグループ、NTTドコモグループの3つになった。それで、この流れからいくとNTTドコモグループが59・6ポイントというシェアを握っている。KDDIグループは23ポイント、J-フォングループが17・4ポイントという状況だ。

このように見てくると、シェアというのは競争力を表している、ということが分かるはずだ。では、何が差別化の要因となって競争力に差が生まれたのか。「iモード」や「写メール」は、大きな差別化要因になったのではないだろうか。実際、チャートでもNTTドコモとJ-フォンは、新サービスの提供とともにシェアを伸ばしている。

次に大事なことは、新聞・雑誌記事検索だ。なぜなら、移り変わりがものすごく激しい業界だけに、最新の情報が極めて大切になってくるからだ。

2002年3月6日付の日経産業新聞に非常に良い記事が出ていた。ここで重要なことは、その1つ1つを十分に理解することである。ただ、これではたくさん記事がありすぎて、何だかよく分からない。そこで思い出して欲しい。「たくさん集めてきた情報、とくに記事検索などで取ってきた情報についてはフレームワークで整理すべきである」ということを。つまり、記事を自分の考える軸、整理する軸によってくくり直し、改めて見直すのだ。それによって、何が起こっているのか理解しやす

どんなことが情報として得られましたか？ ちょうど、日経産業新聞の2002年3月6日付に素晴らしい記事があったので、それを例として使ってみましょう

情報を書き出してみる

情報源が見つかったら、まずは情報を書き出して、「事実」を理解してみよう

- 液晶画面に文字を大きく表示する携帯電話機が人気
- 携帯電話の普及率が50%を超え、新規加入の伸びが鈍化
- 大文字表示の携帯電話は中高年だけでなく、若者にも「見やすい」と評判
- 携帯各社は一段と開発、販売に力を入れようとしている
- 携帯電話ショップでJ-フォンの大文字表示できる携帯電話「シンプルフォン」に入荷待ちの札
- 「シンプルフォン」を求める客のうち約1割が若者
- 「シンプルフォン」はボタンに日本語での説明書きを加え、操作性を徹底して追求
- ケンウッド製の「J-K31」はメールや電話をよくやりとりする相手を1人登録し、ボタンを押すだけで簡単に通話できる「ペア機能」が特徴
- 携帯電話各社は使いやすさを追求した文字の大きな携帯電話機を発売、NTTドコモは「らくらくホン」、KDDIは「かんたんケータイ」という名称で販売
- 「らくらくホン」最新機種では、文字の大きさは他の機種の約2.5倍、受け取ったメールを自動的に音声で読み上げる機能もついている
- KDDIの同種の累計販売台数は50万台に迫る
- KDDIの最新機種では、通常の電話機にはついていない説明書きの表示を日本語でボタンにつけた
- 分厚いマニュアルを見直し、大きな文字で必要最低限のことだけを表示した「かんたんマニュアル」に特徴
- J-フォンの「シンプルフォン」は最もデザイン性が評価され、売れ筋の「J-K31」は若者層の支持も高い
- 移動電話（携帯・PHS）の市場規模は2001年後半から伸び悩む
- 移動電話の国内出荷は昨年6月以降、前年割れが続き、契約ベースの伸びも鈍化
- 2001年の純増数は約890万台で統計を始めた1996年以降、初めて900万台を割る
- 業界予測では年間純増数は今年500万台まで落ち込む
- 各社幹部は「次のターゲットは高齢者層と主婦層」と口をそろえる
- これまでは高機能機種で若者層への拡販を競ってきた
- 市場の成熟とともに売れ筋機種も二分化
- シンプルや操作性が売りの携帯電話が、新たな市場拡大の原動力になろうとしている

情報が書き出せたら、次は共通項でくくって整理するんでしたよね！

資料：日経産業新聞2002年3月6日

書き出した情報を共通項でくくって整理してみましょう。
どんなものが共通項になるでしょう?
市場動向、顧客ニーズ、企業動向でくくれそうですね

市場動向

—携帯電話の普及率が50%を超え、新規加入の伸びが鈍化
—移動電話（携帯・PHS）の市場規模は2001年後半から伸び悩む
—移動電話の国内出荷は昨年6月以降、前年割れが続き、契約ベースの伸びも鈍化
—2001年の純増数は約890万台で統計を始めた1996年以降、初めて900万台を割る
—業界予測では年間純増数は今年500万台まで落ち込む
—市場の成熟とともに売れ筋機種も二分化

顧客ニーズ

—液晶画面に文字を大きく表示する携帯電話機が人気
—大文字表示の携帯電話は中高年だけでなく、若者にも「見やすい」と評判
—携帯電話ショップでJ-フォンの大文字表示できる携帯電話「シンプルフォン」に入荷待ちの札
—「シンプルフォン」を求める客のうち約1割が若者
—J-フォンの「シンプルフォン」は最もデザイン性が評価され、売れ筋の「J-K31」は若者層の支持も高い
—シンプルや操作性が売りの携帯電話が新たな市場拡大の原動力になろうとしている
—KDDIの同種の累計販売台数は50万台に迫る

企業動向

—携帯各社は一段と操作性のよい携帯電話の開発、販売に力を入れようとしている
—各社幹部は「次のターゲットは高齢者層と主婦層」と口をそろえる
—これまでは高機能機種で若者層への拡販を競ってきた
—「シンプルフォン」はボタンに日本語での説明書きを加え、操作性を徹底して追求
—ケンウッド製の「J-K31」はメールや電話をよくやりとりする相手を1人登録し、ボタンを押すだけで簡単に通話できる「ペア機能」が特徴
—携帯電話各社は使いやすさを追求した文字の大きな携帯電話機を発売、NTTドコモは「らくらくホン」、KDDIは「かんたんケータイ」という名称で販売
—「らくらくホン」最新機種では、文字の大きさは他の機種の約2.5倍、受け取ったメールを自動的に音声で読み上げる機能もついている
—KDDIの最新機種では、通常の電話機にはついていない説明書きの表示を日本語でボタンにつけた
—分厚いマニュアルを見直し、大きな文字で必要最低限のことだけを表示した「かんたんマニュアル」に特徴

資料：日経産業新聞2002年3月6日

くなるのだ。

たとえば、「普及率が50%を超え、新規加入の伸びが鈍化」などの記事は、市場動向について報道している。「『シンプルフォン』を求める客のうち約1割が若者」などは、顧客ニーズの記事と言えるだろう。「各社幹部は『次のターゲットは高齢者層と主婦層』と口をそろえる」といった記事は企業動向、すなわち競合状況に関連するものだ。つまり、これらの記事は「市場動向」「顧客」「企業動向」の3つのカテゴリーに分かれるのだ。

そして、それぞれのカテゴリーについて「要は何を言っているのか?」を要約してみよう。これが一番難しい。それでは、次にまとめ方の例を示しておく。

まずは、最初の市場動向。「普及率の増加とともに伸びが停滞し、今後は大幅に減少する。また売れ筋は二分化しているのではないか」というふうに、まとまるかもしれない。続いて、顧客のニーズ。これは市場にも関連するだろうが「中高年層に限らず、いわゆる若者層からも、シンプルさや使いやすさが携帯電話に求められてきている」というふうに要約できる。「企業動向」については「高機能機種の若者層への拡販路線に加え、操作性の良い機種を目指すことで、高齢者層あるいは主婦層の取り込みに力を入れている」ということが言えるのではないか。

さらに、この3つを要約すると「携帯電話市場は、普及率の増加とともに伸び率が停滞してきた。そのような現状の中で、シンプルさ、使いやすさといった、操作性の良い携帯電話への注力によって、事業者は新たな顧客層をつかもうとしてるのではないか」というふうに言えるだろう。あれほど大量

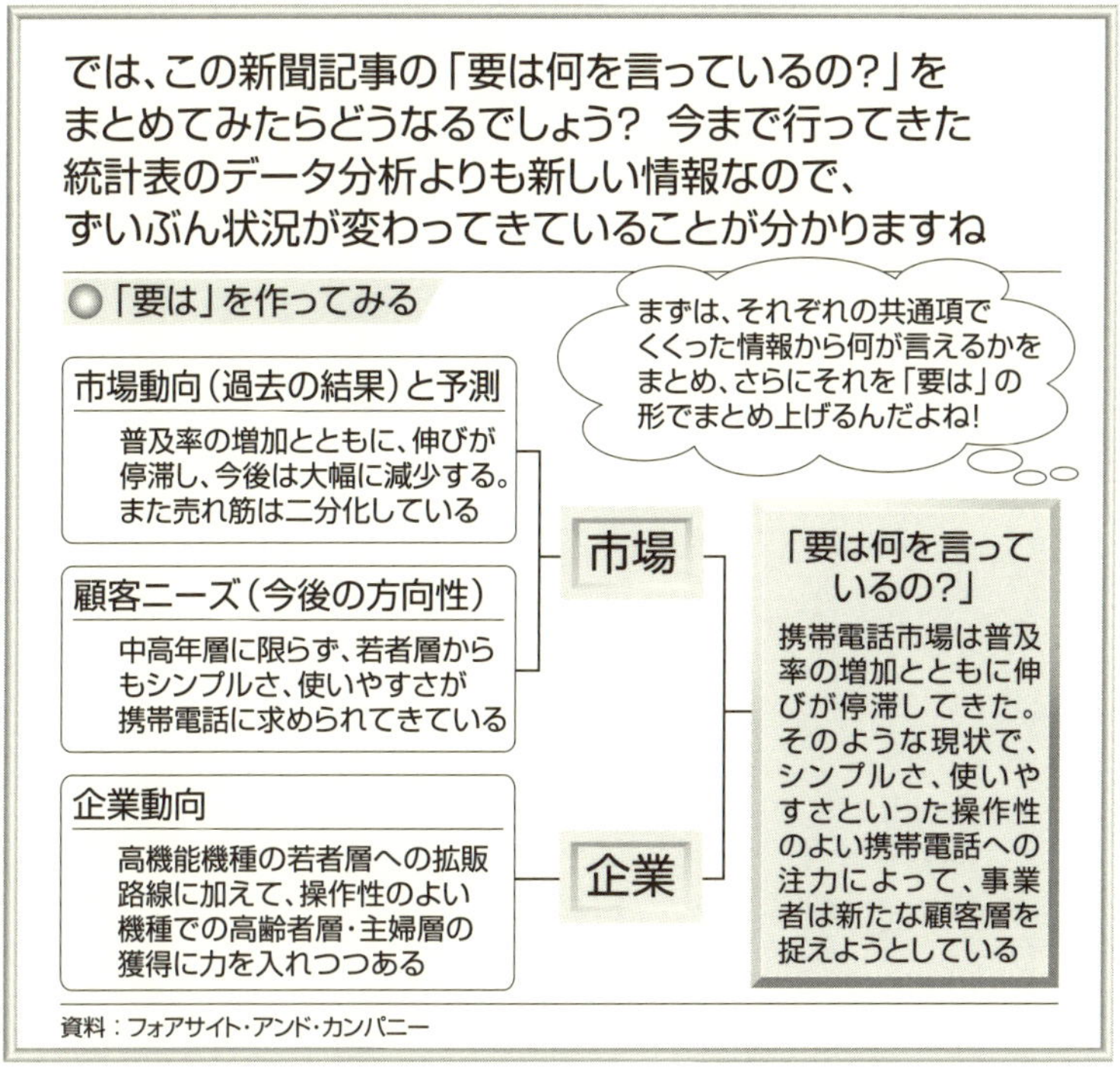
では、この新聞記事の「要は何を言っているの?」をまとめてみたらどうなるでしょう? 今まで行ってきた統計表のデータ分析よりも新しい情報なので、ずいぶん状況が変わってきていることが分かりますね
「要は」を作ってみる
まずは、それぞれの共通項でくくった情報から何が言えるかをまとめ、さらにそれを「要は」の形でまとめ上げるんだよね!
市場動向（過去の結果）と予測
普及率の増加とともに、伸びが停滞し、今後は大幅に減少する。また売れ筋は二分化している
顧客ニーズ（今後の方向性）
中高年層に限らず、若者層からもシンプルさ、使いやすさが携帯電話に求められてきている
企業動向
高機能機種の若者層への拡販路線に加えて、操作性のよい機種での高齢者層・主婦層の獲得に力を入れつつある
市場
企業
「要は何を言っているの?」
携帯電話市場は普及率の増加とともに伸びが停滞してきた。そのような現状で、シンプルさ、使いやすさといった操作性のよい携帯電話への注力によって、事業者は新たな顧客層を捉えようとしている
資料：フォアサイト・アンド・カンパニー

にあった情報も、１つのメッセージで伝えることができるわけだ。

さて、次に最近の新聞・雑誌記事検索をやって分かったことと、今までに作ったチャートを全部ひっくるめて要約してみたい。一番難しいところだが、答えを聞いたら、「ああ、そうか」となると思う。それがまさに上司に伝えるメッセージになるわけで、そのメッセージの後に前出のチャートを付ければよいのである。

市場の動向（全体の流れ）については「高い成長率のもとで成長を続けてきたが、普及率の高まりにより、新規加入者数は減少。今後、需要も大きく減少し、５００万台を切る可能性もある」。これにハイライトとなる数字を

少し入れたりすると、なお良いかもしれない。

顧客についてはこうだ。「若者層の携帯電話保有率は高いが、買い替え期間が非常に短い。高齢者層は、総体的に人口が多いものの保有率が低く、新たな市場となる可能性が大きいことが分かった。また、若者層、高齢者層の両者に、デザイン性に加えて、シンプルさ、使いやすさといった操作性というニーズが生まれてきている」。

そして最後の競合状況については「高い参入障壁と投資規模の大きさから、市場参入企業は少なく、各企業は独自のサービスで差別化を図ろうとしている。また、シンプルさや使いやすさという操作性の良い携帯電話の開発・販売に注力し、若者だけでなく、高齢者・主婦層の取り込みを図っている」。今まで言ってきたことを全部まとめると、このように要約することができると思う。

ここで忘れてはならないのは、上司に「おい、1日で調べてくれと言ったけど、何が分かったのかな?」と聞かれた時に、細かいことから言ってはいけない、ということだ。まず、次のように簡潔に答える。

「携帯電話市場は、普及率の増加に伴い、成長が鈍化してきました。そのような現状の中、各企業は携帯電話の操作性を高めた商品を投入することで、新たな顧客層の取り込みを目指していると思われます」。当然、上司からは「ふーん、どうしてそんなことが言えるの?」という反応があるはずだ。その段階で、市場動向、顧客の動き、競合状況を要約して説明すればいいのである。その時、さらに細かいことを理解してもらうために、チャートも用意してある。これでパーフェクトだ。

どうなりましたか？
上司に全体像をうまく説明できそうですか？

それでは、今まで調べてきたことを
全部まとめてみましょう。
どんなことが言えますか？

まとめ

携帯電話市場は普及率の増加に伴い、成長性が鈍化してきた。そのような現状の中、各企業は携帯電話の操作性を高めた商品の投入を行うことで、新たな顧客層の取り込みを目指している

市場

高い成長率のもと、成長を続けてきたが、普及率の高まりにより新規加入者数は減少。今後、需要も大きく減少し、500万台を切る可能性もある

顧客

若者層の携帯電話保有率は高いが買い替え期間が短く、高齢者層は相対的に人口が多いが保有率が低い。また、若者層・高齢者層の両者に、デザイン性に加え、シンプルさ、使いやすさといった操作性というニーズが生まれてきている

競合状況

高い参入障壁・投資規模の大きさから、市場参入企業は少なく、各企業は独自のサービスで差別化を図ろうとしている。また、シンプルさや使いやすさという操作性の良い携帯電話の開発・販売に注力し、若者だけでなく、高齢者・主婦層の取り込みを図っている

資料：フォアサイト・アンド・カンパニー

以上が、1つのテーマを調べ、それを誰かに伝えていくという作業である。読んでいたら、割と簡単だろう。だが、実際に自分でやるのは難しい。

今までやってきたことは問題解決の「序論の序論」にすぎないが、これをしっかりと身につけることによって、皆さんの能力は飛躍的に向上するはずだ。会社の業績が悪いと嘆くのはもうやめにして、問題解決者の道を選んでみたらどうだろう。

問題解決能力は、一生ものである。皆さんがどのような仕事に就いても、世界のどこに行っても必ず役に立つ武器、すなわち「ビジネス・ウエポン」だ。自分自身に対する最高の投資だと思って、まずは「本質的問題『発見』コース」に参加していただきたい。本書に収められているような演習問題が60問用意されている。徹底的に鍛えてほしい。それからぜひ、さらに上のレベルまで本格的に学んでいただきたい。

お問い合せ先　株式会社ビジネス・ブレークスルー
LTE事業部　経営管理者育成プログラム事務局
東京都千代田区五番町二―七　五番町片岡ビル2F
ホームページ：www.LT-empower.com　フリーダイヤル：0120―48―3818

「本質的問題『発見』コース」の構成と本書第2部に収録されている講義、演習の関係

【講義目次】 ★は本書付録のCD－ROMに収録されている講義です

●問題解決基礎スキル講座

§1 問題解決とは何か

L1：オリエンテーションⅠ★
L2：問題解決スキルを獲得することの重要性（Ⅰ）
L3：問題解決スキルを獲得することの重要性（Ⅱ）
L4：本質的課題の発見
L5：問題解決に必要なスキルの理解★
L6：オリエンテーションⅡ★

§2 取巻く環境を評価する

L7：知ることの重要性
L8：流れで周りを理解する（Ⅰ）★
L9：流れで周りを理解する（Ⅱ）★
L10：流れで周りを理解する（Ⅲ）★
L11：自社の立場を理解する（Ⅰ）
L12：自社の立場を理解する（Ⅱ）
L13：成果物の価値を高める（Ⅰ）
L14：成果物の価値を高める（Ⅱ）
L15：成果物の価値を高める（Ⅲ）★

§3 効果的情報収集法

L16：情報収集をスキルとして学ぶ必要を知る
L17：価値ある情報を理解する
L18：情報収集のアプローチを知る★
L19：情報収集のコツを知る★
L20：実際の情報収集の流れを試してみる（Ⅰ）
L21：実際の情報収集の流れを試してみる（Ⅱ）
L22：〝意味合いの価値〟を理解する
L23：情報を創造する
L24：インタビュー・アンケート実施のコツ

§4 SOLOを使ってみる

L25：SOLOについて理解する
L26：SOLOの起動とテンプレートの使い方
L27：数字を使ったチャートの作成
L28：文字入力と描画
L29：ドキュメント作成の全体像を知る
L30：プレゼンテーションしてみる

§5 データからチャートへ

L31：チャート作成の目的（Ⅰ）★
L32：チャート作成の目的（Ⅱ）★
L33：基本的なチャートの書き方（Ⅰ）
L34：基本的なチャートの書き方（Ⅱ）
L35：基本的なチャートの書き方（Ⅲ）
L36：チャート作成の基本ルール★

§6 フレームワークで考える

L37：道具として情報を整理する★
L38：客観的に情報を理解する★
L39：別の視点で情報を理解する
L40：7つの原則（Ⅰ）
L41：7つの原則（Ⅱ）
L42：工夫して使いこなす

●業界分析・企業分析の基礎講座

§ 業界分析：カメラ業界
LI1：業界分析の意味を理解する
LI2：業界の全体像を理解する（Ⅰ）
LI3：業界の全体像を理解する（Ⅱ）
LI4：業界の構造を理解する（Ⅰ）
LI5：業界の構造を理解する（Ⅱ）
LI6：競争環境を理解し、業界の特徴を整理する

§ 企業分析：キヤノンの分析
LC1：企業分析の意味を理解する
LC2：企業の全体像を理解する
LC3：財務分析をしてみる
LC4：事業展開の特徴を理解する
LC5：ビジネスシステム上の強みを見る
LC6：価値観やリーダーシップから学ぶ

●ロジカル・シンキング講座
LL1：「論理とは何か」を考える
LL2：論理の基本単位は何か
LL3：原則1 論理の基本単位は命題である
LL4：原則2 ピラミッド構造であること
LL5：原則3 下部構造に抜けや歪みがないこと
LL6：原則4 抽象のレベルが揃っていること
LL7：原則5 最下部は事実か蓋然性の高いメッセージであること
LL8：演繹を使いこなす
LL9：帰納を使いこなす
LL10：課題への取り組みとイッシュー・ツリー
LL11：イッシュー・ツリーの展開
LL12：賢いイッシュー・ツリーをつくる
LL13：コミュニケーションを考える
LL14：文章によるコミュニケーションを考える
LL15：口頭のコミュニケーション

●ビジネスコミュニケーション講座
LB1：問題解決とコミュニケーション
LB2：問題解決型コミュニケーションの基本原則
LB3：プレゼンテーションの設計上の基本原則
LB4：プレゼンテーションの実行上の基本技術
LB5：実践のための基礎スキル（Ⅰ）
LB6：実践のための基礎スキル（Ⅱ）
LB7：実践のための基礎スキル（Ⅲ）

【演習の目次】
（本書付録のCD-ROMに収録されている演習は以下のものとは異なります）

●問題解決基礎スキル講座
§1 問題解決とは何か
E1：夫婦の会話
E2：上司とうまくいかない
E3：田中君の退職
§2 取り巻く環境を評価する
E4：外食産業の動向
E5：ホテル業界（Ⅰ）
E6：ホテル業界（Ⅱ）
E7：ホテル業界（Ⅲ）
E8：アイスクリーム業界（Ⅳ）
E9：アイスクリーム業界（Ⅴ）
E10：アイスクリーム業界（Ⅵ）
§3 効果的情報収集法
E11：スナック菓子の事例(Ⅰ)

E12：スナック菓子の事例（Ⅱ）
E13：スナック菓子の事例（Ⅲ）
E14：スナック菓子の事例（Ⅳ）
E15：スナック菓子の事例（Ⅴ）
E16：スナック菓子の事例（Ⅵ）
E17：スナック菓子の事例（Ⅶ）
E18：スナック菓子の事例（Ⅷ）
E19：スナック菓子の事例（Ⅸ）

§4 SOLOを使ってみる

E20：折れ線グラフ
E21：棒グラフ
E22：積上げ・積下げ・プロットグラフ
E23：2つのグラフの組合せ
E24：コンセプトチャート（Ⅰ）
E25：コンセプトチャート（Ⅱ）

§5 データからチャートへ

E26：ウォーミングアップ
E27：トレンド分析
E28：差異分析
E29：相関分析
E30：漏れ分析
E31：クラスター分析

§6 フレームワークで考える

E32：マンションでペットを飼うための問題
E33：転職相談と引越しにまつわる問題
E34：アンケートなどの項目を整理する
E35：スポーツ用品メーカーの課題
E36：新人の心得と新聞記事を整理する
E37：文章を整理して要は何かを考える

●業界分析・企業分析の基礎講座

§ 業界分析：ビール業界の分析

EI 1：市場を定義する
EI 2：市場の全体像を理解する
EI 3：川下を理解する
EI 4：新規参入等を理解する
EI 5：競合を理解する
EI 6：ビール業界のまとめ

§ 企業分析：ワタミの分析

EC 1：業績を理解する
EC 2：財務を理解する
EC 3：他社との違いを理解する
EC 4：事業面での強みを理解する
EC 5：組織上の強みを理解する
EC 6：課題と提案を考えてみる

●ロジカル・シンキング講座

EL 1：演繹を使いこなす（Ⅰ）
EL 2：演繹を使いこなす（Ⅱ）
EL 3：帰納を使いこなす（Ⅲ）
EL 4：帰納を使いこなす（Ⅳ）
EL 5：イッシューを展開する
EL 6：不十分な論理を補う
EL 7：文章の構造を理解する（Ⅰ）
EL 8：文章の構造を理解する（Ⅱ）

●ビジネスコミュニケーション講座

EB 1：有効なメモを書く
EB 2：有効なプレゼンテーションの進め方を考える（Ⅰ）
EB 3：有効なプレゼンテーションの進め方を考える（Ⅱ）
EB 4：説得力のあるプレゼンテーション資料をまとめる

大前研一

OHMAE KENICHI

1943年、福岡県に生まれる。早稲田大学理工学部卒業後、東京工業大学大学院原子核工学科で修士号を、マサチューセッツ工科大学大学院原子力工学科で博士号を取得。(株)日立製作所原子力開発部技師を経て、1972年、マッキンゼー・アンド・カンパニー入社。以来ディレクター、日本支社長、アジア太平洋地区会長を務める。1992年11月には政策市民集団「平成維新の会」を設立、その代表に就任する。1994年7月、20年以上勤めたマッキンゼー・アンド・カンパニーを退職。同年、国民の間に議論の場を作るとともに、人材発掘・育成の場として「一新塾」を設立し、2002年9月まで塾長として就任。96年には起業家養成のための学校「アタッカーズ・ビジネス・スクール」を開設、塾長に就任し現在に至る。現在、株式会社 大前・アンド・アソシエーツ、株式会社 大前・ビジネス・ディベロップメンツ、株式会社 ビジネス・ブレークスルー(BBT757)、株式会社 エブリデイ・ドット・コム(EveryD. com, Inc.)、株式会社 ジェネラル・サービシーズ(GSI)の創業者兼代表取締役を務めるかたわら、アカデミー・キャピタル・インベストメンツ(ACI)、スクウェアの取締役も務め、カリフォルニア大学ロサンゼルス校(UCLA)大学院政策学部教授、オーストラリアのボンド大学の客員教授、ペンシルベニア大学ウォートンスクールSEIセンターのボードメンバーも兼ねている。2002年9月に中国遼寧省、及び、天津市の経済顧問に就任。著書に『チャイナ・インパクト』『やりたいことは全部やれ!』(講談社)『質問する力』(文藝春秋)『サラリーマン・サバイバル』『ドットコム・ショック』『中国シフト』『サラリーマン・ウエポン』(小学館)など多数。

大前研一ホームページwww.kohmae.com

齋藤顯一

SAITOH KENICHI

大阪府出身、国際基督教大学教養学部卒。1975年マッキンゼー・アンド・カンパニー入社。1987年同パートナー、1989年大阪支社副支社長。1995年同社退社。1996年株式会社フォアサイト・アンド・カンパニー創立。代表取締役に就任、現在に至る。新会社設立以降は、欧米企業の日本市場参入、自動車販売会社の販売効率改善、医薬品販売会社の不採算事業からの撤退戦略、マルチメディア企業の提携候補会社の評価、化学会社の営業戦略と組織設計、法人向けサービス会社の人事戦略などを行ってきた。また、「問題解決のできる人材」を育成すべく、企業研修を開始し高い評価を得ている。

実戦！問題解決法

2003年6月10日　初版第1刷発行

著者　大前研一／齋藤顯一

発行者　竹内明彦

発行所　株式会社 小学館

〒101-8001 東京都千代田区一ツ橋2-3-1
編集 03(3230)5800
制作 03(3230)5333
販売 03(3230)5739
振替 00180-1-200

印刷・製本　図書印刷株式会社

DTP　株式会社 吉野工房

装丁　近江デザイン事務所

本文レイアウト　櫛引直通

校正　西村亮一

編集　中村嘉孝　熊谷ユリ(小学館)

　ISBN 4-09-389607-0